KB041921

직장인 동기부여의 기술

강한 동기가 강한 열정을 부른다

직장인 동기부여의 기술

초판 1쇄 인쇄일 2016년 5월 13일
초판 1쇄 발행일 2016년 5월 19일

지은이 김해원 · 김미양
펴낸이 양옥매
디자인 남다희
교 정 조준경

펴낸곳 도서출판 책과나무
출판등록 제2012-000376
주소 서울특별시 마포구 방울내로 79 이노빌딩 302호
대표전화 02.372.1537 **팩스** 02.372.1538
이메일 booknamu2007@naver.com
홈페이지 www.booknamu.com
ISBN 979-11-5776-190-6(03320)

이 도서의 국립중앙도서관 출판시도서목록(CIP)은 서지정보유통지원 시스템
홈페이지(http://seoji.nl.go.kr)와 국가자료공동목록시스템
(http://www.nl.go.kr/kolisnet)에서 이용하실 수 있습니다.
(CIP제어번호 : CIP2016011588)

강한 동기가 강한 열정을 부른다

직장인
동기부여의
기술

김해원 · 김미양 공저

책과나무

| 목 차 |

■ 제2장 ■

타인 동기부여법

강한 동기가
강한 열정을 부른다

"내 자식도 내 뜻대로 하지 못한다."는 말은 다른 사람을 자기 뜻대로 움직이는 것이 얼마나 어렵고 힘든가를 말해 준다. 민심이 천심이고, 사람의 마음을 얻는 것이 세상을 얻는 것이라는 말이 있듯 사람의 마음을 얻는 것은 어려운 일이다. 자기 마음도 자기 스스로 조절하지 못하는데 남을 자기 뜻대로 움직이게 하는 것은 정말로 어려운 일이다.

그래서 선인들은 자기를 다스리지 못하는 사람은 다른 사람을 다스릴 수 없다고 말한다. 즉, '수신제가치국평천하修身齊家治國平天下'라는 말처럼 남을 다스리려면 우선 자기를 잘 다스려야 한다.

"세상에서 가장 강한 적은 자기 자신"이라는 말이 있듯 어떻게 보면 남을 다스리는 것보다 자기 자신을 다스리는 것이 더 어렵다. 그럼에도 불구하고 조직의 수장首將으로 있는 사람들은 어떻게 하면 조직원들을 자기가 원하는 방향으로 이끌 수 있는가를 고민하고 있다. 또, 어떻게 해야 조직원들을 열정적으로 행동하게 할 수 있을까에 대한 해답을 구하려고 애쓰고 있다.

사실 자기가 원하는 방향으로 사람을 이끌고 조종할 수 있다면 참 좋을 것이다. 마치 사이비 교주가 신자들을 이끄는 것처럼 다른 사람을 자기가 원하는 방향으로 이끌 수 있다면 살맛이 날 것이다. 그런데 앞서 말한 바와 같이 자기 자식도 자기 마음대로 하지 못하는 세상에, 하물며 피 한 방울 섞이지 않고 이해득실이나 힘의 논리를 따져 움직이는 사람을 자기 마음대로 한다는 것은 더욱 어렵고 힘들다.

그래서 많은 사람들이 리더십 이론을 습득하고 사람의 마음을 아는 비결, 타인을 내 편으로 만드는 기술, 상대방에게 호감을 보이는 대화 스킬과 신뢰를 두텁게 해 주는 커뮤니케이션 스킬을 배우려고 애쓰고 있다.

과연 어떻게 해야 사람을 열광하게 만든단 말인가? 그 특별한 비결은 무엇일까? 사노라면 자기 의사와는 전혀 다른 선택을 하게 되고, 자기도 모르게 영업사원의 테크닉에 휘둘려 고가의 물품을 구입하기도 한다. 전혀 하고 싶지 않은 일인데 뭔가 귀신에 홀린 사람처럼 그러는 것을 보면 분명 사람을 자기 마음대로 조종할 수 있는 비법은 있다는 생각이 든다.

또 주인에게 대들고 말썽 피우던 동물이 조련사의 조련에 힘입어 착한 동물로 변하는 경우를 종종 본다. 또 고집불통이라서 남의 말이라고는 전혀 듣지 않는 사람이 설득되고, 눈에 흙이 들어가는 한이 있어도 협상하지 않겠다던 사람이 정반대로 변하는 상황을 보면 분명히 뭔가 있다.

내가 이 책을 쓰게 된 계기는 내가 속한 조직에서 부정적인 사람, 중도에 포기하는 사람을 내가 원하는 방향으로 이끄는 비결을 찾기 위해서다. 이 책은 그러한 비결을 찾기 위한 인간 심리에 관한 책이다.

이 책에는 실제로 조직 생활을 하면서 하지 않으려는 사람을 하게 하는 비결, 잘하는 사람을 계속 잘하게 하는 비결, 중간에 포기하는 사람을 열정적인 사람으로 변화시키는 비결 등 실제로 조직 생활을 하면서 27년간 직·간접적으로 경험한 노하우가 많이 녹아 있다.

당신이 리더라면 이 책에서 조직의 성과를 창출하기 위해 조직원을 어떻게 이끌지에 대한 힌트를 제공받을 수 있을 것이다. 또 마케팅 분야에 종사하는 사람이라면 어떻게 해야 고객의 마음을 사로잡을 수 있을지에 대한 힌트를 제공받을 수 있을 것이다.

'동기부여'라는 단어 안에는 이미 강한 정신적 폭약이 가득 담겨 있다. 그 폭약의 뇌관에 어떻게 불을 붙일 것인가의 2차적인 문제만 남아 있을 뿐이다. 이 책이 그 동기부여의 뇌관에 불을 붙여 주는 도화선이 될 것이다.

김해원 동기부여연구소장
김미양 동기부여전문강사

직장인
동기부여의
기술

1
자기
동기부여법

1
동기부여를 안다

동기를 부여한다는 것은 무엇을 의미하는가? 하지 않으려는 사람에게 하고자 하는 의욕을 갖게 하고, 현실에 안주하려는 사람에게 새로운 힘을 주는 것을 의미한다.

결과적으로 동기부여는 정지해 있는 사람을 움직이게 하고 움직이는 사람을 정지시키는 영향력이다. 즉, 움직이는 것은 계속 움직이려고 하기에 일정한 자극을 주어서 멈추게 해야 한다. 마치 달리고 있는 자동차의 브레이크를 밟아 서서히 속도를 줄이고 원하는 지점에 정지시키는 듯한 동기부여 기술이 가미되어야 한다. 또 멈춰 있는 것을 움직이게 하기 위해서도 일정한 자극을 주어야 한다.

자동차를 움직이게 하기 위해서는 자동차에 연료가 있어야 하고 시동을 켤 수 있을 정도의 전력이 있어야 한다. 그다음 시동을 걸고 기어를 넣은 다음 가속페달을 밟아야 한다. 이처럼 정지해 있는 것을 움직이게 하기 위해서는 많은 에너지를 필요로 한다.

사실 정지해 있는 것을 움직이게 하는 것은 움직이는 것을 정지하게 하는 것보다 더 많은 힘이 들어간다. 그것은 새로운 습관을 갖는 것보다 과거 습관을 버리는 것이 어려운 것과 같다. 그런 측면에서 볼 때, 사람에게 동기를 부여하는 것은 움직이지 않는 자동차를 움직이게 하는 것과는 다른 차원에서 논의되어야 한다. 즉, 사람이 사람에게 동기를 부여한다는 것은 사람의 마음을 움직이게 하는 고차원적인 기술이다.

또한 다양한 상황과 십인십색의 많은 사람들의 성격을 감안하여 맞춤형으로 부여해야 한다는 것을 생각하면, 과학보다 더 심오한 인간 심리학에 관한 것이라고 볼 수 있다. 그렇다. 동기부여는 인간을 움직이게 하는 것에 대한 것이다. 그것도 스스로 움직이게 해야 하고, 일순간 움직이는 것이 아니라 계속 움직이게 해야 한다. 그러기에 동기부여는 종합적인 인간 심리에 대한 것이라고 볼 수 있다.

이처럼 동기를 부여하기 위해서는 인간에 대한 깊이 있는 지적능력이 수반되어야 한다. 어떻게 생각하면 극히 단순하고 다른 한편으로 생각하면 복잡 미묘한 것이 아닐 수 없다. 즉, 사람의 마음이라는 것은 알 듯 말 듯하고, 쉬운 듯하면서도 어렵고, 또 어려운 듯하면서도 쉽게 움직이는 경향이 있기 때문이다. 사람에 따라 말하지 않아도 자발적으로 움직이는 사람도 있고, 숱하게 말을 해도 돌부처처럼 꼼짝하지 않는 사람도 있다.

그러므로 동기부여의 의미와 그 본질에 대해서 알아야 한다. 사냥꾼이 늑대를 잡기 위해 늑대의 속성을 공부하듯 동기부여 스킬을 구사하기 위해서는 사람을 움직이게 하는 속성이 무엇인지를 알아야한다. 동기부여가 무엇인지, 동기부여를 왜 하는지, 동기를 부여해서 궁극적으로 얻고자 하는 것은 무엇인지 등 동기부여에 관한 알파와 오메가를 알아야 한다. 물론, 절대적인 진리가 없다는 말이 있듯 동기부여 스킬에 대한 방법 역시 다양하다.

동기부여의 '동'은 일치를 의미한다

『천부경』에 "하나는 단순히 하나이고, 그 하나에서 비롯된 것이 전부가 되며 결국에는 모든 것은 하나다."라는 말이 있듯 동기를 부여하려는 것은 상대방이 자기와 동일한 마음을 갖게 하는 것이다. 사람의 마음을 자기 마음과 일치시키고, 일하는 코드를 자기의 코드와 일치시키는 것이다. 즉, 자기와 상대방 마음의 조준선을 정렬하는 것이다.

공동으로 지향하는 목표를 얻기 위해서는 상호 조화를 이뤄야 한다. 그래서 한마음 한뜻을 지닌 동지가 되어야 한다. 그래서 동기부여의 '동'은 동기부여 하는 사람과 받는 사람이 일치되는 것을 의미한다.

동기부여의 '기'는 기운을 의미한다

동기를 부여한다는 것은 자동차에 연료를 주유하는 것과 같고, 방전된 밧데리에 전기를 충전하는 것과 같다. 움직이지 않으려는 사람에게 움직일 수 있는 필요성을 심어 주고 움직이게 하는 동력을 제공하는 것이다.

움직이려고 해도 힘이 없어 움식이지 못하는 경우에는 힘을 불어넣어 주어야 하고, 힘이 있음에도 불구하고 움직이지 않는 사람에게는 움직일 수 있는 기를 불어넣어 주어야 한다. 즉, 힘이 없으면 기氣를 채워 주어야 하고, 힘이 있음에도 움직이지 않는 상황이라면 움직일 수 있는 계기를 만들어 주어야 한다. 그래서 스스로 움직이게 해야 한다.

『한비자』에서는 세勢와 법法과 술術로 나라를 다스리라고 말한다. 마찬가지로 사람을 움직이게 하려면 최우선적으로 세가 있어야 한다. 둑에 물을 저장해 두었다가 둑을 트면 물살이 거세지는데, 그러한 힘을 '세'라고 한다. 바로 그러한 세를 갖도록 하는 것이 동기부여의 '기'다.

전혀 움직이지 못하는 환자들이 병실에 독사가 나타나자 일어나 도망쳤다는 이야기가 있는데, 바로 그러한 보이지 않는 힘이 기氣다. 여기서 말하는 기는 힘과 용기를 북돋아 주는 것 이외에 과학으로 증명할 수 없는 힘을 포함하는 에너지다. 기운을 내게 하는 힘, 기적을 부르는 힘이 동기부여의 '기'에 해당하는 힘이다.

동기부여의 '부'는 부자를 의미한다

동기부여 과정은 상호 부자가 되는 과정이어야 한다. 여러 관계 가운데 최상의 관계는 승승win-win 관계다. 어느 한쪽에 이익이 편중되지 않고 상호 승승하는 관계가 최상의 관계다. 어느 한쪽이 손해를 보지 않아야 한다. 계속 손해 보는 것을 좋아하는 사람은 없다.

사람들은 마키아벨리의『군주론』이나『한비자』에서 말하듯 아무리 더럽고 치사한 일도 자기에게 이익이 된다고 생각하면 그것을 할 확률이 높다. 그러므로 동기부여는 서로 이익을 취하는 데 초점을 맞추어야 한다. 그렇지 않으면 관계를 계속 유지하기 힘들다. 또 서로 부자가 되어야 한다. 그런 측면에서 볼 때 동기부여의 '부'는 '부富'를 의미한다.

동기부여의 '여'는 여유를 의미한다

어떤 사람이 동기를 부여받으면 생활이 전보다 더 좋아져야 한다. 종전의 삶보다 더 좋아져야 하고 기존의 삶보다 더 나아져야 한다. 동기를 부여받은 이후에 생활에 여유와 여력이 넘쳐야 한다. 그래서 동기부여의 '여'는 '여유'를 의미한다.

결과적으로, 동기를 부여하기 위해서는 서로 같음을 추구해야 하고, 서로 기운이 넘쳐야 하며, 서로 부를 누려야 하고, 서로 여유가 충만해야 한다. 그래서 동기를 부여하는 사람과 부여받는 사람이 행복해야 한다. 그로 인해 동기부여를 받은 사람이 다른 사람을 동기부여 시키고, 그 동기를 부여받은 사람이 다시금 또 다른 사람을 동기부여 시켜야 한다.

2
다이어리를 쓴다

명문 대학에 들어간 학생들의 공통점 중 하나는 자기만의 목표와 계획을 담은 다이어리를 쓴다는 점이다. 그들은 스스로 태만에서 벗어나기 위해 다이어리를 쓴다. 즉, 힘들고 중간에 포기하고 싶은 생각이 들어도 다이어리에 자기가 이루고자 하는 목표와 계획을 세워서 끊임없이 실천한다. 그래서 중도에 포기하고 싶은 생각이 들어도 그 다이어리에 기재된 목표를 향해 쉼 없이 달린다. 그래서 그들이 스스로 원하는 것을 얻게 된 것이다.

그 사람들의 공통점은 어렵고 힘들면 더 분발하여 힘을 낸다는 것이다. "위기가 기회"라는 말이 있듯 어렵고 힘들면 포기하지 않고 그 뒤에 영광과 환희가 있다는 것을 알고 고통마저 즐긴다. 또 남들이 어렵고 불가능해서 하지 말라고 말리면 오히려 더 분발한다. 더욱 중요한 사실은 그들이 그러한 고통과 위기를 겪어 낼 수 있게 하는 수단이 다이어리라는 사실이다.

악조건을 이겨 내게 하는 다이어리의 힘

다이어리를 쓰는 것은 목표를 잘게 쪼개는 디테일의 힘을 길러 준다. 코끼리를 냉장고에 넣을 때 조각내서 넣으면 되듯 일시에 큰 목표를 달성할 수 없기에 시나브로 계획을 세워서 원하는 목표를 달성한 것이다. 한꺼번에 모든 것을 이루려고 하기보다는 그 목표를 향하여 한발 한발 전진하고 또 전진한 것이다. 중도에 힘들면 주저앉아 쉬기도 했지만 결코 후퇴하지 않은 것이다.

그러한 힘은 다이어리에 기재된 계획 덕분이다. 계획은 목표를 잘게 쪼개 놓은 작은 목표다. 처음에는 다윗과 골리앗의 싸움처럼 결코 넘볼 수 없는 거대한 목표였는데, 꾸준히 하다 보니 어느덧 자신도 모르게 거대한 목표를 이루게 된 것이다.

그들 역시 중도에 포기하고 싶었고 안개 속을 헤매는 것과 같이 사방을 분간할 수 없는 어둠에 갇힌 적도 많았으리라. 또 주변의 수많은 유혹으로 인해 중도에 포기하고 싶은 생각도 많았으리라. 그럼에도 불구하고 그러한 악조건을 이겨 낸 것은 다이어리 덕분이다.

누군가 방법을 알려 주고 누군가 조언을 해 줘서 이룬 것이 아니다. 자기 스스로 무너지고 엎어지고 넘어지면서 다시는 그러지 않는 방법을 체득한 것이다. 그리고 마침내 넘어지고 엎어지더라고 쉽게 일어설 수 있는 방법과 아프지 않게 넘어지고 엎어지는 방법을 몸으로 체득한 것이다.

세상에서 가장 강한 사람은 자기를 이겨 낸 사람이다. 강한 사람이 오래 살아남는 것이 아니라, 오래 살아남는 사람이 가장 강한 사람이다. 그들은 하나같이 목표에서 한눈을 팔지 않았기 때문에 그 목표를 달성한 것이다.

다이어리를 쓰는 사람들은 자기 인생에 대한 단기 · 중기 · 장기 목표를 가지고 있다. 그래서 하나의 목표를 달성하면 그 목표 달성 이후에 찾아오는 슬럼프에 빠지지 않고, 마음을 다잡아 새로운 목표를 향하여 전진의 전진을 거듭한다.

다이어리를 쓰는 사람은 삶의 전문가다

이렇게 다이어리를 쓰는 사람들은 다이어리를 쓰면서 미래의 삶을 시뮬레이션을 한다. 세상은 냉혹하고 치열한 전쟁터와 같다. 그러한 피비린내 나는 많은 권모술수가 판을 치는 세상에서 자기가 세운 목표를 향해 나아가기 위해서는 강한 신념이 있어야 한다. 왜냐하면 삶이라는 전쟁터에 나서는 순간 온전히 홀로 전쟁해야 하고, 수많은 위험과 날카로운 무기에 위협받기 때문이다.

다이어리를 쓰는 사람들은 그러한 일련의 상황들을 다이어리를 쓰면서 시뮬레이션을 하고 그에 따른 방비책을 세운다. 그래서 다이어리를 쓰는 사람이 그렇지 않은 사람에 비해 실패할 확률이 적다. 다이어리를 통하여 실패를 가상 경험하기 때문이다. 그래서 삶의 전문가가 된다.

　전문가는 해당 분야의 문제 해결에 관한 여러 가지 경우의 수를 알고 있는 사람이다. 그런 점에 비춰 볼 때, 다이어리를 쓰는 사람들은 자기 삶의 진정한 전문가다.

　혹자는 바보들은 계획만 세운다고 말을 하지만, 그것은 실행하지 않는 사람을 겨냥하는 말이다. 실천하지 않는 사람들에게 경각심을 주기 위한 것이지, 계획을 세우는 것이 불필요하다는 말이 아니다.

　물론 계획을 세우지 않는 것도 계획을 세우는 것이다. 바로 '실패계획'을 세우는 것이다. 그러므로 스스로 동기를 부여받기 위해서는 필히 자신의 삶을 기록 관리하는 다이어리를 써야 한다.

'끝까지 하는 사람'의 공통점

'6시그마'의 창시자인 마이클 헤리 박사는 "측정할 수 없는 것은 개선할 수 없다."고 말한다. 측정하지 않는 것은 관리할 수 없으며, 이를 개선하기 위해서는 구체적인 수치로 측정치를 관리해야 한다는 말이다.

　이렇듯 다이어리에 그러한 측정치를 기록 · 관리해야 한다. 아울러 단순히 기록하는 단계를 넘어 구체적으로 자신의 삶이 어떻게 진행되고 있고 진척 상황은 어떤 단계라는 측정치를 가지고 있어야 한다. 그래서 그 측정치에 따라 자신이 부족한 경우에는 어떻게 하고 유리한 경우에는 어떻게 할 것인가의 플랜을 가지고 있어야 한다.

이를 통해 자기에게 닥친 상황과 예측할 수 없는 상황을 의연하게 잘 극복하고 그것을 해결해야 한다.

끝까지 하는 사람, 견뎌 내는 사람, 인내력을 가지고 열정을 다해서 살아가는 사람들의 공통점 중 하나는 위기 상황에서 더욱 빛을 발한다는 점이다. 특히 어렵고 힘든 상황에서 서두르지 않고 정서적으로 안정된 상태에서 질서 정연하고 침착하게 자신이 처한 역경을 슬기롭게 이겨 낸다.

이처럼 스스로 동기부여를 받는 에너지의 근원은 다이어리에 있다. 그래서 다이어리와 친한 사람이 동기부여의 힘이 강한 사람이다.

3
자가 진단을 한다

스스로 동기부여를 하기 위해서는 자기가 처한 현실을 냉정하게 진단해서 실제 상태를 잘 파악해야 한다. 자신이 어느 위치에 있으며, 자기와 동등 유사한 조건에서 생활하고 있는 입사 동기 혹은 자기와 함께 친하게 생활하는 사람 등과 비교해서 자신의 현재 위치를 진단해야 한다.

사람은 자기가 자주 어울리는 사람과 자주 가는 장소 그리고 자주 하는 일에 의해 만들어지게 마련이다. 그중 자기 성장에 가장 큰 영향을 주는 것은 자기와 함께하는 사람이다. 자기와 함께하는 사람이 누구인가에 따라 자신의 생활수준이 달라진다. 가난한 사람이 부자가 되지 못하는 것은 자기 주변에 부자 친구가 없기 때문이다. 그만큼 사람은 누구와 함께하는가에 따라 그 사람이 만들어진다는 점을 명심해야 한다.

그러므로 살아가는 과정에서 가끔은 자기가 현재 어떤 사람과 어울리고 자기가 현재 처한 위치가 어딘가를 스스로 돌아봐야 한다. 일반적으로, 사람은 낯선 환경에 처하거나 어려운 환경에 처하면 자기가 처한 위치를 돌아보게 된다. 그래서 자신이 어느 위치에 와 있으며 자신이 진정으로 어떤 가치를 가졌는지를 알게 된다.

자기 인생의 교통수단이 무엇인지를 가끔 객관적으로 바라봐야 한다. 기차로 가고 있는지, 자동차로 가고 있는지를 알아야 한다. 또한 자기에게 맞는 삶의 속도로 가고 있는지를 점검해야 한다. 운전을 하다 보면 시속 80킬로미터로 가야 하는 경우도 있고, 시속 100킬로미터로 주행해야 하는 경우도 있다.

이처럼 자가 진단을 통해 처해진 환경과 상황에 따라 자기 삶의 속도를 조절해야 한다. 자기가 나서야 하는 상황인지 천천히 속도를 줄여야 하는 상황인지 아니면 속도를 늘려야 하는지를 진단해서 속도를 조절해야 한다. 너무 자기 위주로 사는 것은 아닌지, 상대방과 리듬을 맞춰야 하는 상황이라면 상대방의 속도와 리듬에 맞춰 생활하는 지혜를 발휘해야 한다.

4
과거의 영광을 잊는다

자기 스스로 동기부여하기 위해서는 일차적으로 자기 마음 안에 있는 마음의 브레이크를 풀어야 한다. 동기부여를 가속시키는 페달을 밟으면서 브레이크를 동시에 밟고 있는 사람이 많다. 하지만 하기 싫고 반항하고 싶은 마음의 브레이크를 풀지 않은 상태에서는 아무리 동기부여를 해도 크게 변하지 않는다.

그 브레이크 중 가장 큰 영향을 주는 브레이크는 '과거의 영광'이라는 브레이크다. 즉 과거의 화려한 영광이 오늘의 성장을 방해하는 요소가 된다. '왕년에 내가 얼마나 잘나갔는데', '왕년에는 내가 이런 사소한 것은 쳐다보지 않았는데'와 같은 과거 영광에 취해 있으면 더 이상의 성장은 기대할 수 없다.

중요한 것은 현재 자신이 무엇을 하고 있으며, 현재 어떠한 위치에 있는가를 정확하게 진단해야 한다는 점이다. 사람은 과거의 일과 과거의 영광으로 평가되는 것이 아니라, 현재 하고 있는 일로 평가된다. 그러므로 현재를 방해하는 '과거의 영광'이라는 마음의 브레이크를 과감히 제거해야 한다.

과거는 과거일 뿐이다. 한쪽 발을 과거에 묶어 놓고 미래를 향해 나아갈 수는 없다. 과거에서 과감하게 탈피하여 미래를 향해 현재 처한 환경에 순응하고 현재 처한 상황에서 벗어나기 위해 노력해야 한다. 그래서 과거의 영광을 반드시 재현하겠다는 결연한 의지를 가지고 박차를 가해야 한다. 그렇지 않고 과거를 들먹이면서 현재를 부정하고 과거의 추억 속에 묻혀 있다면, 그것은 현실 감각이 없는 어리석은 환상에 불과하다.

주변 사람들은 현재 보이는 당신의 모습을 본다. 과거는 중요하게 생각하지 않는다. 그들은 오직 현재 당신의 상태로 당신을 판단한다. 과거의 화려한 이력은 참고만 할 뿐이다. 그러므로 현재를 살려고 노력해야 한다.

일례로, 과거에는 리더로 있다가 일반 직원으로 강등이 된 경우 혹은 대기업에서 근무하다가 협력회사로 자리를 옮긴 경우에는 어떻게 해야 하는가? 많은 사람들이 자기가 정상에서 바닥을 쳤음에도 이를 인정하지 않으려는 경향이 있다. 특히 평생 갑의 위치에 있다가 타인의 모략에 의해 을의 위치로 전향된 경우에는 더 그러한 현상이 또렷하게 나타난다.

자기는 예나 지금이나 똑같이 갑의 품격을 지니고 있다고 생각하는데, 주변 사람들은 그렇게 보지 않는다. 그러므로 빨리 자기 착각에서 빠져나와야 한다. 과거는 과거일 뿐이다. 현실을 직시해야 한다. 그래야 주어진 현실에서 자기 스스로 동기를 부여받을 수 있다.

과거의 영광을 재현하기 위해 절치부심해야

그렇다고 과거의 모든 것을 다 지우고 다시 시작하라는 것은 아니다. 과거의 영광을 재현하기 위해서는 우선 현재 자신이 처한 상황에 맞게 연기를 할 필요가 있다. 페르소나를 쓰고 감쪽같이 연기해야 한다. 마치 과거를 완전히 잊었고 과거로 돌아갈 생각은 전혀 없으며 오로지 현실에 최선을 다한다는 모습을 보여야 한다. 그래야 사람들이 정보도 주고 함께하기 위해 동료애를 가지고 접근한다.

그렇지 않으면 동료애를 느끼지 않기 때문에 외톨이가 될 수밖에 없다. 2차 세계 대전이 끝났는데 아직도 전쟁 상황에서 빠져나오지 못하고 전쟁하는 것처럼 생활하는 사람이 있다면 어떻게 할 것인가? 바로 그러하다. 미친놈 취급을 할 것이고 완전히 과거에서 벗어나지 못한 미숙한 사람으로 볼 것이다.

그러므로 앞서 말한 바와 같이 리더의 위치에 있다가 일반 직원이 되었다면 일반 직원답게 생활해야 한다. 또 교수 위치에 있다가 일반 직원이 되었다면 그에 맞는 역할을 해야 한다. 그렇지 않고 자신이 왕년에 교수였다고 남을 가르치려고 하거나 교수처럼 말하고 행동한다면 주변 사람들이 이상하게 생각할 것이다.

중요한 것은 남이 이상하게 생각하는 것보다는 자신이 온전히 정상적인 생활을 할 수 없고 늘 과거와 현실의 경계에서 불평불만을 일삼게 된다는 것이다. 과거의 향수에 빠져 현실을 부정하고 있어도 과거의 영광에 자연스럽게 다가갈 것 같은 착각을 한다. 그런 안일한 마음 상태에서는 현실에서도 인정받지 못할 뿐 아니라 미래 자기 인생에 전혀 도움이 되지 않는다.

즉, 과거에 빠져 허우적거리다가 동기부여는 고사하고 의욕 자체가 사라지게 된다는 점을 알아야 한다. 삶의 의욕을 느끼지 못하면 일을 함에 있어서도 정신적인 공황상태에 이르게 된다. 또한 함께하는 사람과 어울리지 못하고 아웃사이더가 될 것이고, 상사에게 인정받지 못하는 형국에 처하게 될 것이다. 그러다 보면 현실의 생활이 즐겁지 못하기 때문에 직장인의 경우에는 출근하고 싶은 생각이 없어지게 될 것이다.

그러한 상태에서 자기 동기부여는 되지 않는다. 아무리 주변에서 동기를 부여해도 과거의 영광이라는 브레이크를 밟고 있기 때문에 더 이상 진전이 없다. 그러므로 현재 자신이 처한 현실을 냉정하게 인정하고 순순히 현재의 생활에 최선을 다하는 모습을 보여야 한다.

그러면서 남은 자유 시간에 과거의 영광을 재현하기 위해 쇠기둥을 갈아 바늘을 만드는 것과 같은 노력을 해야 한다. 그러한 열정적이고 근성 있는 끈질긴 노력으로 인해 쇠기둥처럼 무거운 자신의 현실이 언젠가는 가벼운 바늘 같은 현실이 될 것임을 확신해야 한다.

그렇다. 어렵고 힘든 상황에 처해서 자신이 처한 상황이 정말로 위기 상황이라는 것을 인지해야 한다. 그래야 성공의 길을 열어 갈 수 있다. 그것이 스스로 동기부여 받는 비결이다.

5
스코어를 관리한다

자기 스스로 동기부여 받는 또 다른 방법은 자기가 나날이 점점 더 나아지고 있다는 것을 스스로 느끼는 것이다. 시간이 지날수록 점점 나아지고 있다는 것을 스스로 느끼는 것이 중요하다. 자기가 성장하는 것을 눈으로 볼 수 있고, 그것을 측정 지표로 산정해서 수치화할 수 있다면 더욱더 동기부여가 잘될 것이다.

그러한 지표는 자기를 스스로 깨어나게 한다. 아울러 기분 좋은 감정 상태에 이르게 한다. 아무리 힘이 들더라도 점점 나아지고 있고 조금만 더 노력한다면 정상에 오를 수 있다는 생각에 힘이 난다. 그 힘이 스스로 동기부여 되는 힘이다.

자기 실력이 일취월장한다고 생각하면 기분이 좋다. 하루하루 자기의 실력이 향상되는 것을 보는 것은 할아버지가 손자가 커 가는 것을 보는 것과 같다. 또 농부가 싹트는 것을 보는 기쁨에 견줄 수 있다. 자기 실력이 늘어 가는 것을 알면 도전 정신이 생기게 된다. 더 잘해야지 하는 생각을 갖게 된다.

그렇게 노력한 결과, 일정한 수준에 이르면 자기보다 더 나은 사람을 벤치마킹해서 노력의 노력을 거듭해야 한다. 또 그 사람을 능가하는 실력이 길러지면 이번에는 더 큰 사람, 더 잘나가는 사람을 벤치마킹하여 그에 버금가는 실력과 내공을 길러야 한다.

그렇지 않고 우물 안 개구리와 같이 생활하다 보면 자기 실력이 최상인 줄 착각한다. 그러므로 우물 안 개구리 신세가 되지 않으려면 다양한 사람들과 접촉해야 한다. 특히 자기보다 더 잘하는 사람들을 만나야 하고 자기보다 더 훌륭한 사람들과 경쟁해야 한다.

더불어, 안정을 취하는 것보다 끊임없이 도전하고 도전한 바를 이뤄가는 과정에서 보람을 느껴야 한다. 그러한 보람을 느끼면 보람에 중독된다. 자기가 도전해서 성취감을 맛보면 그 짜릿함에 중독된다.

같은 반찬을 계속 먹으면 색다른 것이 먹고 싶어지기 마련이다. 그러하다 아무리 신기하고 신비로운 것도 계속하다 보면 싫증을 내게 되고 그로 인해 결국 체념하게 된다. 그러므로 자기 스스로 자기를 자극하고 동기를 부여받기 위해서는 자기 힘을 관리하는 스코어보드를 만들어서 관리해야 한다.

야구나 축구 경기에서 스코어를 관리하지 않으면 재미없다. 점수를 기록 · 관리해야 한다. 그래야 새로운 신기록을 달성하기 위해서 노력하게 된다. 이처럼 계속해서 자기를 관리하지 않으면 더 좋은 성과를 얻을 수 없고, 스스로 스코어를 관리하지 않으면 어느 순간

기록이 저하되기 마련이다. 한번 좋은 기록을 냈다고 해서 다음에도 좋은 기록을 낼 것이라는 생각은 자만이다. 시간이 흐르면 자연적으로 실력이 무뎌지기 마련이다.

"시작은 미미하나 그 끝은 창대하다"는 말이 있듯 처음에는 불가능하게 보였던 것도 스코어를 관리하면서 꾸준히 노력하다 보면 어느새 자신이 고수의 반열에 올라 있다는 것을 느끼게 될 것이다. 그러므로 항상 끝을 생각하면서 자신이 정상에 오를 수 있다는 생각을 가지고 스코어보드를 보면서 도전의 도전을 거듭해야 한다.

6

특별 이슈를 만든다

뭔가 특별한 재미가 있으면 괜찮은데, 매번 동일한 것을 반복해야 한다고 생각하면 지루하고 미리 싫증부터 난다. 직장 생활도 그렇다. 어떤 경우에는 매번 하던 일을 계속하는 과정에서 무력감을 느끼기도 한다. 다람쥐 쳇바퀴 도는 것과 같은 생활을 하면 누구나 그런 생각을 갖게 된다.

그런데 그러한 상황에서도 즐겁게 생활하는 사람도 있다. '반복되는 업무를 하면서 어떻게 하면 같은 일도 재미있게 할 수 있을까?'를 생각하면서 더욱 창조적이고 혁신적으로 생활하는 사람도 있다. 그러한 사람들이 바로 창의적인 사람이다. 이렇게 창의적이고 혁신적으로 생활하는 사람이 발전한다.

매일 하던 일이고 어제와 동일한 일이기에 오늘도 어제와 동일한 태도로 일을 한다면 더 이상의 발전은 없다. 새로운 결과를 얻고 인생의 반전을 위해서는 새로운 방법을 적용해야 한다. 그래서 새로운 발전을 거듭해야 한다. 발전이 있어야 반전이 생긴다. 발전이 반전을 가져온다.

아는 것은 좋아하는 것만 못하고, 좋아하는 것은 즐기는 것만 못하다. 무엇이든 알았다면 좋아해야 하고 그것을 좋아하다 보면 즐기게 된다. 따라서 즐기는 단계에 이르도록 능수능란하게 해야 한다. 계속 반복되는 일이지만 그 속에서 자기만의 즐거움을 찾아 마치 게임을 하듯 즐겁게 일해야 한다. 그래야 진정한 프로다.

프로는 자기가 하는 일에서 자기가 재미를 만들고 자기 스스로 게임하듯 일한다. 남이 말을 하지 않아도 자기에게 주어진 일을 자기 일처럼 한다. 또 이왕지사 하는 일이라면 남들보다 창조적이고 혁신적으로 하려고 한다. 그래서 스스로 어떻게 하면 더 잘할 수 있을까를 생각하면서 일한다. 그러한 과정에서 자기만의 특별한 비기를 발견한다.

또 일의 본질이 무엇이고, 일을 잘하기 위해서는 어떻게 해야 하며 일의 핵심이 어디에 있고 어떻게 해야 그 분야 전문가가 될 것인가에 대한 답을 스스로 발견한다. 그런 사람이 되어야 한다.

만일 일에 흥미를 못 느낀다면, 일에서 흥미를 가지려고 하지 말고 시나브로 일과 관련한 사람들과 관계를 갖고 그 일에 흥미를 가지려고 해야 한다. 일에 흥미를 갖기 위해서는 하는 일에 대한 기본적인 것에서 고차원의 수준에 이르는 것까지 스스로 공부해서 알아야 한다. 일에 대해서 아는 것이 있어야 그 일에 흥미가 생긴다. 관심을 가지면 그에 대해 사랑과 애착이 생기고, 그 애정과 사랑으로 인해 더 많은 노력을 하게 되기 때문이다.

매일 생일이라고 생각한다

매일 반복되는 직장생활, 어제가 오늘 같은 나날이 지속되는 상황에서는 자기 스스로 힘을 내려고 해도 힘이 나지 않는 경우가 있다. 자기가 애써 힘을 내려고 해도 그날이 그날 같아 지루한 경우도 있다. 그러면 스스로 매너리즘에 빠지게 된다. 그러한 상황에서도 스스로 활기차고 활력 있게 살아가기 위해서는 자기만의 특별한 이벤트를 만들어서 생활해야 한다.

웃음을 좋아하는 마니아들이 월요일은 원래 웃는 날, 화요일은 화기애애하게 웃는 날, 수요일은 수수하게 웃는 날, 목요일은 목숨 걸고 웃는 날이라고 특별한 의미를 부여하듯 자기가 생활하는 일상을 특별한 날로 만들어야 한다.

아무 일도 아닌데 '오늘은 생일이다'고 생각하는 순간 생일 축하 분위기에 휩싸이게 된다. 축구를 좋아하는 사람은 일과 후 축구 약속이 잡히면 무척이나 기분 좋아한다. 또한 미식가들은 자기가 좋아하는 음식을 먹을 수 있는 약속이 잡히면 소풍을 기다리는 어린아이처럼 좋아한다.

그렇다. 생각하기 나름이다. 사실 특별하지 않은 날이 없다. "평범한 것이 가장 특별한 것이고, 가장 단순한 것이 가장 완벽한 것"이라는 말이 있듯 무엇이든 생각하기에 따라 혹은 바라보는 관점에 따라 특별하게 해석될 수 있다.

　동일한 감옥 창살을 통해서 늘 푸른 희망의 하늘을 바라볼 것인지 혹은 그늘진 땅을 바라볼 것인지는 자기의 선택이다. 자기가 어떤 생각과 어떤 의식을 하는가에 따라 특별한 날이 되기도 하고 기쁨과 슬픔의 날이 되기도 한다. 열정을 다해서 노력하는 사람에게는 매일매일이 성공과 승리를 얻기 위해 기회를 잡아가는 날이 된다.

　그런데 이렇게 자기에게 주어진 날을 즐거운 날로 만들기 위해서는 다방면에 걸쳐 그날을 즐길 수 있을 정도의 콘텐츠를 많이 가지고 있어야 한다. 자기가 어떤 무기를 지니고 있는가에 따라 자신이 즐기고 행할 수 있는 영역이 어느 정도 결정된다.

　가진 것이 망치밖에 없는 사람은 모든 것이 못으로밖에 보이지 않는다. 자기가 쓸 수 있는 패가 많아야 자기가 처한 상황에 따라 자기 마음에 드는 패를 쓸 수 있다. 그렇지 않고 자기가 쓸 수 있는 콘텐츠가 빈약하면 한계에 처하게 된다.

　즉, 자기 뜻대로 하기 위해서는 다양한 선택을 할 수 있도록 다재다능해야 한다. 멀티 플레이어가 되어야 한다는 것이다. 가진 것이 많으면 자기가 하고 싶은 것을 많이 할 수 있기 때문이다.

7
피할 수 없다면 즐겨라

자기 스스로 일을 해야 하는 상황에서 자발적으로 자신이 하고자 하는 일을 하기 위해서는 어느 정도 자신이 하고자 하는 일이나 해야 하는 일, 자신에게 주어진 일을 해결해야 한다. 어차피 해야 하는 일임에도 불구하고 차일피일 계속해서 미루는 경우가 있는데, 그것이 자기 생활에 마이너스 요인이 되기도 한다.

그러한 것이 시나브로 자기의 생활에 습관으로 자리하게 되면 만사 미루는 나쁜 습관이 몸에 배어 결국 자기 손해다. 또 뭔가를 미뤄 놓으면 일을 다 해놓고서도 뒤처리를 하지 않는 것과 같은 꺼림칙한 느낌을 받게 된다. 그러므로 어차피 해야 하는 일이라면 미루지 말고 말끔하게 빨리 처리하는 것이 좋다. 그러면 자기만의 시간을 여유 있게 즐길 수 있다.

시간을 잘 활용하는 가장 좋은 방법은 시간에 쫓기고 끌려가는 것이 아니라 시간을 앞서 가는 것이다. 또한 일을 미루기보다는 일이 발생되는 즉시 속전속결로 처리하는 것이 좋다. 특히 직장 상사에게 업무 오더를 받은 경우에는 빨리 해야 한다. 마감 시간에 이르러 하게 되면 시간에 쪼들리고 마음이 급해져 어처구니없는 실수를 하게 된다. 그러므로 그런 경우에는 충분한 기간을 두고 보고한다고 보고를 하고는 가급적 빨리 끝내 놓고 수정 · 보완하면서 자기 시간을 확보해야 한다.

특히 상사가 중요하게 생각하는 일은 가능한 속전속결로 처리해서 상사의 기분을 좋게 해야 한다. 상사가 긴급하게 생각하는 일을 우선적으로 처리하여 상사의 심리 상태를 안정되게 해야 한다. 상사가 안정되면 자기 업무 분위기도 더불어 안정된다. 또한 상사가 지시한 지침을 신속하게 잘 처리했다면, 일정 기간 동안 상사의 통제에서 벗어날 수 있다. 그것이 직장인의 동기부여 스킬 중 하나다.

자기 동기가 부여되는 가장 좋은 조건은 그 누구의 간섭을 받지 않고 자기가 하고 싶은 일을 자기 스스로 할 수 있는 여건이다. 다른 사람의 간섭이나 물리적 · 경제적 · 환경적인 제약 조건 없이 자기가 하고 싶은 것을 할 수 있는 상태에 있을 때, 가장 강한 동기를 부여받는다.

그러므로 스스로 자기 동기를 부여받기 위해서는 자기에게 주어진 시간을 온전히 자기 일에 투여할 수 있도록 시간을 확보해야 한다. 자기 시간을 남의 일을 하느라 보내지 않도록 물리적인 시간인 '크로노스의 시간'을 잘 관리해야 한다.

또 그에 앞서 자기 마음의 심리적 안정을 확보하여 논리적인 시간인 카이로스의 시간적 여유를 확보해야 한다. 왜냐하면 사람이 무엇인가 일을 하기 위해서는 몰입과 집중이 필요하기 때문이다. 10시간에 1가지 일을 하는 사람보다 1시간에 10가지 일을 할 수 있는 사람이어야 한다. 그런 사람이 바로 '카이로스 시간'을 잘 관리하는 사람이다.

자기 스스로 남의 간섭을 받지 않는 무중력 상태에 이르기 위해서는 마음의 스트레스를 받거나 타인의 감시와 통제를 받아야 하는 상황에서 빨리 벗어나야 한다. 그래야 자기가 원하는 일을 할 수 있다. 특히 직장인의 경우에는 상사의 일을 해야 하는 경우가 많다. 이렇게 순수하게 자신의 일이 아니라 타인과 연관된 일을 하는 경우에는 늘 조심해야 한다.

이때는 자신에게 주어진 일을 완벽하고 신속하게 처리해야 한다. 그래서 그 이후에 자기 자유 시간을 확보하는 것이 직장에서 자기 성장을 도모하는 자기 동기 부여의 길이라고 볼 수 있다.

아울러 일을 하는 과정에는 고통이 따르기 마련이다. 고통을 피하는 가장 좋은 방법은 고통 그 자체를 즐기는 것이다. 어쩔 수 없이 피하지 못하는 상황이라면 그 고통마저 즐길 수 있을 정도가 되어야 한다.

8

윤리적이어야 한다

자기 동기를 부여하기 위해서는 무엇보다도 윤리적이어야 한다. 마음에 구김살이 없어야 한다. 자기 마음이 순하고 성심이 두텁고 성실한 마음을 가지고 있으면 언제 어디서든 당당하고 위풍당당하게 나설 수 있다. 그러므로 윤리적이고 투명한 생활을 해야 한다. 도덕적으로 바른 생활을 하는 사람은 언제 어디서나 자신감이 충만하고 또 다른 사람의 눈치를 보지 않는다.

그렇다고 너무 자만해서는 안 된다. 특히 남을 다스리는 사람이나 남과 더불어 함께하는 사람, 혹은 뭇 사람의 시선을 받고 있는 사람이라면 더 겸손해야 한다. '100-1=0'이라는 말이 있듯 한순간에 모든 것이 물거품이 될 수도 있다. 단 한 번의 실수로 공들여 쌓은 탑이 한순간에 무너질 수 있다는 것을 알아야 한다.

사람의 죄는 나이를 먹을수록 점점 쌓이게 마련이다. 바늘 도둑이

소도둑이 되고, 한번 한 것이 나중에 습관이 되는 것처럼 사소한 것 하나가 결국 큰 화근이 되는 경우가 수없이 많다. 그러므로 아예 죄를 단절하여 처음부터 절대 금해야 한다.

지난번에 걸리지 않았으니 이번에도 잘될 것이라는 생각을 하거나 자기 스스로 판단하여 괜찮을 것이라고 생각하는 것은 자기 착각이다. 객관성을 잃거나 이성적이고 합리적인 생각을 하지 않으면, 자기 삶이 결국에는 악으로 치달을 수 있음을 알아야 한다.

가장 좋은 것은 평상시 윤리적이고 투명하게 생활하는 것이다. 도덕적 양심에 입각해서 행동하고 타인에게 불쾌감을 주지 않으면서 타인에게 이익 되는 행동을 해야 한다. 자기 이익을 위해서 타인에게 손해를 가하고 자기 일신의 영달을 위해 불법을 자행하는 사람은 최후에 무너지게 되어 있다.

뿌린 대로 거둔다

『명심보감』의 "착한 사람은 하늘에서 복을 내리고 악한 사람은 하늘에서 화를 내린다."는 말의 의미를 잘 새겨야 한다. 이렇듯 사람은 씨를 뿌린 대로 거두게 되어 있다. 자기가 악의 씨앗을 뿌리면 악의 열매를 거두고, 자기가 선의 씨앗을 뿌리면 선의 열매를 거두게 되어 있다. 그러므로 항상 자기 마음 안에 선을 가지려고 해야 한다.

특히 사람 관계에서 타인에게 피해를 주지 않아야 하며 불쾌감을 주지 않아야 한다. 왜냐하면 사람과 더불어 살아가는 세상에서 가장 중요한 것은 사람이기 때문이다. 사람으로 인해 결국 의욕이 저하되고 사람과의 갈등으로 인해서 흥이 깨질 우려가 있다는 점을 알아야 한다.

사람들은 자기에게 갈등을 초래한 사람에게는 적대적이다. 회사가 좋아서 입사했다가 결국 사람이 싫어 퇴사한다는 말이 있듯, 결국에는 미움과 갈등으로 인해 일을 하기 싫어지는 경우가 많다. 그러므로 늘 주의해야 한다.

사람과 함께할 때에는 양심을 저버리는 행동을 하지 않아야 한다. 왜냐하면 그것이 마음에 걸려 행동에 브레이크를 걸기 때문이다. 그러므로 항상 마음가짐을 정갈하게 해야 한다. 자기 마음에 비양심적이고 비도덕적인 마음이 있으면 다른 사람이 알아보기 전에 이미 자기 마음 안에서 자기가 비도덕적이고 비양심적인 사람이라는 것을 인지하게 된다. 그래서 스스로 자기 행동에 제약을 가하게 된다.

자기가 양심적이어야 하는 궁극적인 이유

일반적으로, 사람은 권좌에 오를수록 많은 유혹과 비도적적이고 투명하지 못한 일로 인해서 불법을 자행하는 경우가 많다. 초급 간부일 때는 일에 열정도 강하고 양심적인 사람이 고급 간부가 될수록 비양심적인 행위를 자행하는 경우도 많다.

특히 높은 자리에 오를수록 겸손해야 한다. 나무에 높이 오른 원숭이가 치부를 많이 드러내는 것처럼 사람은 권좌에 오를수록 탐욕의 욕구가 커지는 동물적 욕구가 있다는 사실을 알아야 한다. 그래서 사람의 그릇을 알아보기 위해서는 그 사람에게 돈과 권력을 주라고 말한다. 사람은 돈과 권력을 가질 때 비로소 자기 진면목을 보이기 때문이다.

그러므로 혼자 있어도 자기를 속이지 않는 신독의 마음을 지녀야 한다. 그래서 다른 사람을 대할 때 두려움과 망설임이 없어야 한다. 순수한 마음으로 정정당당하고 진실하게 말하는 사람이 되어야 한다. 그것이 자기 삶을 자기답게 살아가는 단초가 된다.

간혹 남들이 추천하는 일도 자기 스스로 못나서는 경우가 더러 있다. 이는 자기가 자기를 잘 알기 때문이다. 이렇듯 자기가 얼마나 비도적적이고 양심적인지는 자기가 제일 잘 안다. 결국 자기가 양심적이어야 하는 궁극적인 이유는 남을 위해서가 아니라 자기 자신을 위한 것이다. 양심적인 사람, 도적적인 사람, 윤리적인 사람은 정서적으로 마음이 평안한 사람이다. 그런 사람은 마음의 평화를 느끼면서 산다. 조마조마하지 않고 하늘을 우러러 한 점 부끄러움이 없기에 당당하게 생활한다. 하지만 비도덕적이고 비양심적인 사람은 늘 불안한 가운데 생활한다.

9
최악의 상황을 생각한다

어렵고 힘든 상황에서 최악의 상황을 생각하면 감사하는 마음이 생긴다. 낭떠러지에서 떨어졌어도 죽지 않았다면, 기사회생할 수 있는 기회가 있음에 감사하게 된다. 힘들고 어려운 상황에 처하면 좀 더 편한 자리, 좀 더 수월한 자리, 좀 더 안락한 자리, 좀 더 괜찮은 자리에 앉고 싶은 마음이 생긴다. 또 그냥 그 자리에서 모든 것을 내팽개치고 벗어나고 싶은 생각도 든다.

특히 직장 생활을 하면서 더럽고 치사한 경우, 그 자리에서 벗어나고 싶은 생각을 많이 한다. 그렇지만 막상 그렇게 하지 못하는 것이 현실이다. 확 때려치우고 싶어도 최악의 상황을 생각하면 그리할 수가 없다. 어쩔 수 없지 않는가? 마땅히 갈 곳도 없고, 그렇다고 벌어 놓은 돈이 많은 것도 아니다. 자식을 위해서 돈을 벌어야 하니, 이것이라도 해서 먹고살아야 한다는 생각으로 그런 생각을 접는다.

그런 직장인일수록 그런 상황을 참아 낼 수 있는 자기만의 노하우를 지녀야 한다. 그래서 자기가 처한 상황에서 벗어날 수 있는 힘을 길러야 한다. 화를 내고 싶어도 참아야 하고, 견디기 어려운 고통이 따라와도 참아야 하고, 인격적인 모독을 당해도 참아야 하고, 자존심이 상해도 참아야 한다. 뾰족하게 다른 일을 할 수 없다면 더 참아야 한다.

어렵고 힘든 상황을 참아 내는 가장 좋은 방법 중 하나는 현재 처한 상황이 과거에 처했던 상황에 비하면 아무것도 아니라고 생각하는 것이다. 즉, 현재 상황보다 더 어려운 상황을 극복했기에 더 이상 두려움이 없다고 자기최면을 걸어야 한다.

아울러 현재 시점에서 더 노력하고 준비해야 한다. 즉, 자기가 현재 이토록 어려운 상황에 빠지게 된 것은 자기에게 힘이 없어서 그런 것이라고 생각해야 한다. 그래야 자신이 노력할 필요성을 느끼게 된다.

위기 속에 기회가 있다

일반적으로 사람은 현재가 편하면 혼신의 힘을 다해서 노력하지 않는다. 힘들게 노력하지 않아도 사는 데 크게 문제가 없기 때문이다. 그러므로 현재가 어렵고 힘들다면 그 위기 상황을 기회로 생각해야 한다.

그런데 많은 사람들이 어렵고 힘든 상황에 처하면 어떡하든 그 상황에서 도망치려고 한다. 그러지 말고 그 상황을 자기 자신을 수련하는 시간으로 삼아야 한다. 돈을 주고 일부러 힘들게 병영체험을 하는 사람도 있는데 자기는 무상으로 그런 상황을 체험한다는 생각을 해야 한다. 자기에게 어렵고 힘든 상황이 온 것을 다행으로 여겨야 한다.

맹자는 "하늘이 그 사람을 크게 쓰기 위해서는 큰 시련과 고난을 주어서 그 사람을 더 큰사람으로 단련한다."고 말한다. 그러므로 어렵고 힘들다면 하늘이 자신을 더 큰사람으로 만들기 위해 단련한다는 생각을 가지고 참아야 한다. 아울러 지난번 그러한 고통을 이겨냈기에 오늘날 좋은 성과를 얻을 수 있었고, 지난 시절 고통을 이겨내고 의연하게 영광을 만끽했던 생각을 자주 해야 한다.

자기보다 훨씬 열악한 상황에서 생활하는 사람도 많다는 점을 생각해야 한다. 또, 과거를 복기하면서 어렵고 힘든 상황을 넘기는 것이 행복이고 그러한 삶을 사는 것이 삶의 참맛임을 알아야 한다. 삶이 너무 밋밋하면 재미없지 않은가?

▼
▼
▼
▼

10
사랑하는 사람을 생각한다

자기가 하는 일의 결과물을 사랑하는 사람에게 보여 줄 것이라고 생각하면서 일을 하면 보람을 찾을 수 있다. 이렇듯 하기 싫고 힘든 일도 사랑하는 사람을 생각하면 스스로 동기를 부여받게 된다.

추운 겨울에 시장에서 힘들게 일하고 계실 어머니의 은혜에 보답하기 위해서 열정을 다해 공부하는 학생, 사랑하는 사람에게 줄 것이라면서 종이학 천 마리를 접는 연인, 사랑하는 부모 친척들을 보기 위해 교통 체증을 마다하지 않고 집을 나서는 사람들.

이들의 공통점은 자기가 하는 행동이 사랑하는 사람에게 기쁨이 된다는 생각으로 행한다는 점이다. 어렵고 힘들어도 자신이 소중하게 생각하는 사람의 기쁨이 되고 행복이 되는 것이라고 생각하기에 기꺼이 고통을 감내하는 것이다.

자기가 처한 상황이나 현실에 따라 자신이 어떻게 할 것인가의 문제는 자신의 문제다. 현재의 고통을 생각하면 견디기 힘들지라도 그 상황을 견뎌 내면 반드시 좋은 일이 있을 것이라는 생각으로 견뎌 내야 한다. 만약 현재의 고통이 언제 끝나는지 모른다면, 아마도 그 상황을 견디기 힘들 것이다. 하지만 그 상황을 벗어날 수 있고 조금만 더 참으면 된다는 것을 알면, 기꺼이 그 상황을 즐겁게 받아들인다.

그런 마음으로 살아야 하고 그런 태도로 임해야 한다. 또 그런 각오로 접근해야 한다. 그래서 자신에게 처한 상황을 의연하게 벗어나야 한다. 그래야 그러한 경험이 자기 성장의 디딤돌이 되고, 나중에 더 큰 힘을 발휘하게 하는 원동력이 된다.

자기 스스로 동기를 부여받으려면 자기 자신보다는 자식이나 부모 혹은 사랑하는 연인을 위하여 일을 해야 한다. 사람은 사랑하는 사람이 잘되게 하는 일이라면 무엇이든 전심전력을 다해 일을 하려는 속성이 있다. 또 어머니가 자식을 위해서 헌신하고, 남편 병간호를 위해 아내가 희생하고, 사랑하는 부모님 건강을 위하여 자식이 심장 이식 수술을 하듯 우리는 사랑하는 사람을 위하여 자기희생을 마다하지 않고 보람으로 생각하는 본능이 있다. 그러므로 어렵고 힘든 상황에 처해 있다면 사랑하는 사람을 생각하면서 참아야 한다. 그것이 힘이 되고 용기가 되고 참아 내야 하는 이유가 되고 목적이 된다.

가족을 생각한다

자기가 하고 싶지 않을 때나 힘들고 어려울 때는 가족을 생각해야 한다. 자기를 위해서 내조하는 고마운 아내를 생각하면서 유혹에 흔들리지 않고 굳건하게 일하는 남편이 되어야 한다. 또 회사를 그만두고 싶어도 아이들을 생각하면서 참아야 한다.

그러한 마음을 가지고 있으면 힘이 샘솟고 에너지가 충만해지는 느낌을 받는다. 가족을 생각하면 없던 힘도 생긴다. 자식이 좋은 회사에 다닌다고 자랑하는 부모님을 생각하면서 어렵고 힘들어도 참는다. 또 회사에 출근하기 싫어도 농촌에서 뼈마디가 시리도록 일하는 어머니를 생각해서 이부자리를 박차고 출근한다.

힘들수록 가족이 생각나게 마련이다. 또 기대 이상의 좋은 일이 생기면 가장 먼저 가족들에게 낭보를 전하고 싶어진다. 이처럼 가족은 메마른 대지에 내리는 단비와 같이 어렵고 힘든 상황에 힘과 용기를 준다. 그래서 가족이 건강하고 가정이 화목하면 그것만으로도 힘이 난다. 가정은 동기부여의 요람이다. 그래서 '가화만사성'이라고 하나 보다. 그러므로 힘들고 어려운 상황에 처하면 가족을 먼저 생각해야 한다.

우리가 힘들게 일하는 가장 근본적인 이유는 가정의 화목에 있다. 가족들이 행복하고 화목하게 살기 위해 힘들어도 참고 견디는 것이 아닌가? 또 힘들게 돈을 모으는 것도 가족들과 행복하게 살기 위해서다. 그런데 그런 가족을 등한시하고 자기만의 부귀영화를 위해 사는 사람도 있다. 그런 사람은 끝이 불행하다. 그러므로 일을 할 때는 항상 가족을 우선순위에 두고 일해야 한다. 모든 일의 중심에 가족이 있어야 한다. 그러면 크게 실수할 일도 없다.

부모와 자식은 동기부여 커플이다

자녀는 부모 삶의 보람이자 부모의 삶을 지탱하고 지지해 주는 버팀목이다. 또 부모는 자녀의 기둥이자 자녀가 넘어지지 않도록 초석을 다져 주는 든든한 후원자다. 부모와 자식은 그래서 서로 힘을 주고받는 동기부여 커플이다.

생활에 낙이 없어 스스로 포기하려는 마음이 생긴다면, 그 즉시 부모님을 떠올려야 한다. '나'라는 사람이 이토록 성장하기까지 부모님이 어떠한 노력을 했는가를 생각해야 한다. 그러면 자기 인생을 함부로 살지 않게 된다. 포기하고 싶고 더 이상 힘들어서 전진하지 못하는 상황에 처할수록 더 부모님을 생각해야 한다. 그래서 흐트러진 마음을 다잡고, 더 이상 방황하거나 방탕한 생활을 하지 않기 위해 자기 잘못을 깊이 뉘우쳐야 한다.

부모를 생각해서 나쁜 짓을 하지 말아야 하고 부모의 기대에 어긋나지 않는 자식으로서의 삶을 살아야 한다. 그 과정이 자기 힘을 기르는 과정이다. 자기 안에 힘이 나지 않으면 부모를 생각하면서 자기 힘을 키워야 하고, 더 이상 하고 싶은 생각이 없다면 부모님을 생각하면서 의지를 다져야 한다.

이처럼 부모는 자식의 든든한 기둥이자 힘들고 어려울 때 기댈 수 있는 든든한 버팀목이다. 그래서 자식에게는 부모가 힘을 내게 하고 생활의 활력을 갖게 하는 원동력이 아닐 수 없다.

한편, 부모 입장에서는 자식을 보는 것만으로도 힘이 난다. 자식을 생각하면서 자식을 위해 부모로서 어떻게 처신해야 하는가를 생각한다. 하고 싶어도 자식을 생각하면 하지 말아야 하는 일이 있고, 하기 싫어도 자식을 위해서라면 기꺼이 해야 하는 일이 있다.

그렇다. 부모는 일평생 자식을 위해서 산다. 그러면서도 자식에게 그러한 내색을 하지 않는다. 자식에게 짐이 되지 않고 든든한 집이 되려고 한다. 자식에게 무거운 짐이 되기보다 자식이 언제든 찾아와 편안한 휴식 공간을 제공하는 집이 되게 하려는 것이 모든 부모의 마음이다. 부모는 당신의 힘을 자식에게 나눠 주면서 더 힘을 내는 사람이다. 그래서 부모와 자식은 동기부여의 커플이다.

▼
▼
▼
▼

11
적당하게 앞서간다

자기 주도적이고 자발적으로 일을 할 때는 어느 정도 자기가 속도를
조절해야 한다. 적정하게 속도를 조절하지 않고 무조건 달리다가는
제풀에 지쳐 쓰러지는 경우가 생길 수 있다.

여기서 속도를 조절하라는 것은 두 가지 측면으로 생각해 볼 수 있
다. 첫째는 자기 컨디션에 맞춰 속도를 조절해야 한다. 자기 스스로
번 아웃 상태에 이를 수 있고 자칫하면 제풀에 꺾여 희생 불가능한
상태에 이를 수 있기 때문이다.

둘째는 다른 사람의 속도를 보면서 움직여야 한다. 어느 정도 남
을 의식하면서 남보다 너무 앞서거나 너무 뒤쳐지지도 말아야 한
다. 남보다 너무 앞서면 다른 사람과 현실적인 괴리감이 생기게 된
다. 경우에 따라서는 현실감이 없고 이상주의자라는 악평을 받을
수도 있다.

중종반정 이후에 등장한 조광조의 이상적인 개혁은 옳은 개혁이지만 그것이 너무 시대적으로 앞서 있었기 때문에 결국 실패했다. 너무 현실을 무시한 정치적 개혁이었다는 것이 실패의 원인이다. 사실 다른 사람보다 선구적인 입장에서 생활하는 사람들은 늘 외롭다. 그러한 사람들은 늘 기존 세력으로부터 많은 시기와 질투를 받는다. 그런 사람들을 설득해서 변화를 이끌어야 하고 혁신을 이끌어야 하는 사람들이 바로 선구자이다.

그런 사람들이 가장 주의해야 하는 것은 바로 다른 사람과 보조를 맞추면서 한발은 현재에 딛고 다른 한발은 미래를 향해 내디뎌야 한다는 점이다. 현실의 문제점과 미래 이상적인 사항을 함께 전달하는 사람이 되어야 만이 온전히 자신이 원하는 방향으로 혁신을 이끌 수 있다. 그렇지 않고 자기 혼자만 가려고 한다면, 결국에는 다른 사람들과 거리가 멀어져 온전히 혁신을 이끌 수 없게 된다.

따라서 자기 자신이 다른 사람보다 너무 많은 것을 알고 있고 다른 사람보다 먼저 깨어 있는 사람이라면 단독 질주를 조심해야 한다. 다른 사람의 의견을 수용하지 않고, 다른 사람의 주장에 공감하지 않고, 자기 맘대로 생활하는 것은 아닌지를 돌아봐야 한다.

또 다른 사람보다 너무 앞서가지 않도록 수위를 조절해야 한다. 물론 속으로는 항상 남보다 멀리 가야 한다. 다른 사람보다 높은 망루에 올라 다가오는 미래를 바라보되 몸은 다른 사람과 보조를 맞추어야 한다.

너무 빨리 달리지 말고, 딱 반 발자국만

1층에 사는 사람들은 5층에서 사는 사람들이 보는 세상을 볼 수 없다. 사람은 자기의 위치와 자기가 처한 상황에 따라서 바라보는 관점과 이슈가 다르기 마련이다. 그래서 자기만의 고정관념과 패러다임을 가지고 산다. 그것은 쉽게 깨지지 않는다. 그것도 자발적으로 깨야지, 다른 사람의 지시와 권유에 의해 깨지는 경우는 드물다.

또 자기를 변화시키는 것은 오로지 자기의 자발적인 노력에 의해서 변화되는 경우가 많다. 그러므로 변화를 주도하는 사람들은 자기주장으로 타인을 변화시키려고 하지 말아야 한다. 자기가 열정을 다해서 노력한다고 해서 주변 사람들이 자기의 뜻대로 변화될 거라는 생각은 무모한 생각이다. 그런 점에서 볼 때 자기가 타인을 선도하는 위치에 있다면 다른 사람에 비해 너무 앞서 달리는 것은 아닌가를 생각해 봐야 한다.

너무 빨리 달리지 말고, 자기 영혼이 따라올 시간적인 여유를 주어야 한다. 그렇지 않으면 자기는 빨리 달리는데 왜 다른 사람들은 늦는가를 생각하며 회의감을 느끼게 된다. 그러다 보면 의욕을 상실하고 하기도 싫어진다. 군중의 변화를 선도하는 사람들은 특히 주의해야 한다.

사실 사람은 쉽게 변화되지 않는다. 조직의 문화라는 것은 '고지시마섬의 101마리 원숭이 효과'에서 알 수 있듯 일정한 한계점에 도달해야 그로 인해서 전파가 된다는 것을 알아야 한다. 그러므로 알아도 모르는 척하고, 나서고 싶어도 나서지 않아야 한다. 참고 기다려야 한다. 모를 심어 놓고 모가 빨리 자라라고 모를 잡아당기면 그 모가 뿌리를 내리지 못하고 죽는다는 것을 명심해야 한다.

사실 아는 것을 모르는 척하는 것은 어렵고 힘들다. 자기가 모르는 것을 아는 척하는 것은 쉽지만, 아는 것을 모르는 척하는 것은 더 어렵다. 벼가 익을수록 고개를 숙인다는 말의 의미를 생각하면서 어떤 경우에는 아는 것도 모르는 척해야 한다.

모든 것에는 때가 있기 마련이다. 꽃이 피는 시기가 있고 열매를 맺는 시기가 있으며, 씨앗을 뿌리는 파종의 시기가 있고 열매를 수확하는 시기가 있다. 즉, 시기를 잘 맞춰야 한다. 수확의 시기에 파종하는 우를 범하지 말아야 한다. 적정한 시기, 그야말로 최적의 결정적인 순간에 나서서 액션을 취해야 한다. 시기를 잘 못 잡으면 그로 인해 문제가 발생될 수 있다.

특히 많은 사람들이 연계된 경우에는 더 주의해야 한다. 자칫하면 역적으로 몰리거나 공공의 적으로 몰릴 수 있기 때문이다. 그러므로 주변 상황을 보면서 수위를 조절해야 한다. 계속해서 밀어붙일 것인지 혹은 뒤로 빠져 있을 것인지를 판단해서 밀고 당기기를 반복해야 한다. 그런 사람이 유연한 사람이다.

그렇지 않고 자기 성격과 뜻대로 원하는 모든 것을 하려고 하는 것은 좋지 않는 결과를 가져올 확률이 높다. 그래서 앞서 말한 것과 같이 적당하게 앞서가야 한다. 너무 빠르지도 않고 너무 늦지도 않은 템포와 리듬으로 다른 사람보다 반 발자국만 앞서가는 것이 좋다.

성숙한 발전을 이어 가기 위해서는

타인을 선도하는 사람들은 자기 스스로 힘을 발휘하여 자기 주도적으로 자신의 삶을 이끌어야 하므로 페이스를 잘 조절해야 한다. 그렇지 않으면 제풀에 꺾여 자기가 고꾸라지는 경우가 발생될 수 있기 때문이다.

자기 건강을 자기가 지키듯이 자기 페이스 또한 스스로 조절해야 한다. 마라토너가 달릴 때 구간별로 페이스를 조절하는 것처럼 말이다. 그러한 기술은 그냥 발휘되는 것이 아니다. 수없이 많은 시행착오를 거치는 과정에서 나온다. 간혹 자기 스스로 페이스를 조절하려고 해도 주변 여건이나 다른 사람의 유혹에 의해 페이스를 잃어버리는 경우도 있다.

그러므로 평상시 운동선수가 근력을 기르고 연습을 통해 실력을 기르듯 정신력을 강화해야 한다. 평상시에 주변 여건에 흔들리지 않는 정도의 정신 근력을 강화해야 한다. 그래서 유혹에 쉽게 흔들리지 않아야 한다.

그러기 위해서는 알아도 모르는 척해야 하고, 급해도 급하지 않은 척해야 하고, 마음이 아프고 미치게 화가 나도 그것을 참아 내는 능력을 길러야 한다. 그래야 어떠한 경우에도 실수하지 않고 자기 페이스를 유지할 수 있다. 그런 정도의 파워를 가지고 있어야 한다. 그래야 성숙한 발전을 이어 갈 수 있다.

▼
▼
▼
▼

12
실수를 인정한다

음주운전을 해서 사람을 죽일 뻔한 사람이 또다시 음주운전을 하는 경우가 있다. 사람이 습관의 동물인 탓일까. 한 번 해서 잘못을 뉘우치면 그런 잘못을 다시금 반복하지 말아야 하는데, 대부분 잘못한 사람이 다시금 동일한 잘못을 하는 경우가 많다.

그래서 프로파일러들은 범죄자들은 자기 패턴에 따라 범죄를 저지른다고 말한다. 일례로 담을 넘어서 빈집을 터는 도둑놈은 대문이 활짝 열려 있어도 담을 넘어 들어간다고 한다. 그것이 일련의 범죄 수법이고 습관이다.

운전을 하다 보면 과속해서 사고를 당할 뻔한 상황에 처하게 된다. 또 후방 감시를 잘못하고 차선을 변경하는 바람에 뒤에서 오는 차와 추돌할 뻔한 상황이 발생하기도 한다. 그러면 놀란 마음에 일정 시간 과속을 하지 않게 된다. 하마터면 죽을 뻔한 상황을 당했기 때문에 스스로 운전을 조심해야 하겠다는 생각을 가지게 된다.

그런데 그런 생각도 잠시, 어느 정도 마음이 안정되고 그런 놀란 가슴이 진정되면, 그때부터 다시 과속을 한다. 과속하지 않겠다고 마음을 먹었지만, 지나가는 차도 없고 감시 카메라도 없으면 다시 과속한다. 그렇다. 운전도 습관이다. 규정 속도로 준수하면서 운전하는 사람은 규정 속도를 잘 지킨다. 하지만 그렇지 않은 사람은 번번이 속도위반을 한다.

절대로 '작은' 실수가 아니다

자기를 동기부여 하는 방법 중 가장 좋은 방법은 자기가 실수한 경우에 자기를 깊이 있게 성찰하는 것이다. 자기가 잘못한 것을 뼈저리게 느껴야 한다. 자기가 실수한 것을 사고 나지 않아 다행이라고 생각하는 것은 동일한 실수를 범하는 원인이 된다. 그러므로 자기가 잘못한 것이라면 그 잘못을 복기해서 다시는 그런 잘못을 하지 않도록 반성해야 한다.

방구가 잦으면 변을 보게 마련이다. 또한 꼬리가 길면 잡힌다. 그러므로 사소한 잘못을 했더라도 그것이 결코 사소한 것이 아니라고 생각해야 한다. 자기의 사소한 잘못으로 인해 평생 일궈 온 모든 것이 일시에 무너질 수 있으며, 자기의 작은 부주의로 인해 생명을 잃을 수도 있다는 생각을 해야 한다.

대형 산불도 결국 자그마한 불씨에서 비롯된다. 살인 사건을 저지른 사람들도 평소에 사람을 죽이겠다는 생각을 가졌던 것이 아니다. 시시비비를 가리다가 욱하는 성질을 참지 못해 살인을 저지르는 경우가 많다. 아주 사소하고 미미한 것으로 인해 결국 살인을 저지른 것이다.

대형 사고가 발생하기 전에는 반드시 징후가 있기 마련이다. 자기가 잘못하고 실수한 것은 우연히 발생한 것이 아니다. 그런데 그런 징후를 느끼지 못해서 사고를 예방하지 못한 것이다. 그러므로 늘 그런 징후를 발견할 수 있도록 깨어 있어야 한다. 그리고 실수를 했다면 그 실수에 따른 원인을 찾아서 근본적으로 문제를 해결해야 한다. 모든 사고는 미연에 방지할 수 있다. 만약에 사고가 발생했다면 그 전에 그런 징후를 느끼지 못했기 때문이다.

대부분 사람이 실수하고 사고를 일으키는 것은 '설마 하니 이 정도로 일이 생길까?'라는 생각과 혹은 '설마 이런 일을 가지고 무슨 큰일이 생길까?'라는 안일한 생각에서 발생되는 경우가 많다. 또 자기는 사고를 일으키지 않을 것이라고 자만하는 마음에서 사고를 일으키는 경우가 많다. '설마'라는 생각, '이 정도면 괜찮겠지?'라는 착각, 그리고 '나는 다른 사람과 달라!'라는 자만심으로 인해서 사고가 발생된다.

같은 실수를 반복하지 말자

사람들은 자기가 잘못을 하고 죄를 저질렀으면 그것을 반성하기보다 '어떻게 하면 적발이 되지 않을까?' 하는 마음으로 생활한다. 자신의 잘못을 깊이 반성하고 뉘우쳐야 하는데, 실제로는 그렇지 않는 경우가 더 많다. 재수 없어서 혹은 한 가지 실수를 하는 바람에 적발됐다고 생각한다. 아울러 그 한 가지 실수를 하지 않으면 적발되지 않을 것이라고 생각한다.

범죄자들이 수감생활을 마치고 사회에 나와 완전범죄를 꿈꾸며 다시금 범죄를 저지르는 것도 이러한 까닭이다. 저번에는 그러한 실수를 해서 잡혔는데 이번에는 그것을 보완해서 완전범죄를 할 것이라고 생각한다.

따라서 우리는 하마터면 큰 일이 날 뻔한 것을 우습게 넘기지 말아야 한다. 아주 심각하게 생각해야 두 번 다시 그런 일이 발생되지 않는다. 그냥 아무렇지 않게 생각하고 아무 일도 아니라고 간과해서는 안 된다. 그리고 그런 상황이 재현되지 않도록 뭔가 특단의 조치를 취해야 한다. 김유신 장군이 기생집에 가지 않기 위해 말의 목을 자른 것과 같은 비장한 각오를 다져야 한다.

아울러 그 일이 발생된 발단이 어디에 있고 그 사건이 발생된 원인을 분석해서 그것을 완전히 제거해야 한다. 그래야 그러한 사고가 재발되지 않는다. 그것을 계기로 자기생활의 전부를 뒤돌아보고 다시금 면밀하게 검토하여 정신 차리고 다시 시작하는 힘을 길러야 한다. 그래야 자기 발전과 성장을 기할 수 있다.

이제라도 늦지 않았다, 다시 시작하자!

일반적으로 사람들이 가장 많이 실수하는 경우는 자기가 잘나갈 때다. '호사다마好事多魔'라는 말이 있듯 좋은 일이 생기면 그 순간에 자기도 모르게 기분이 상승하고 그로 인해 실수하게 된다. 그러므로 정신 차리고 긴장을 늦추지 말아야 한다.

아울러 지난번에 실수했는데 자칫 정신 줄을 놓으면 또다시 그런 실수를 반복하게 될 것이라는 것을 스스로 인지해야 한다. 그것이 자기 생활을 바르게 이끄는 길이다. "정신 차리자. 이렇게 살아서는 비전이 없다." 자식들을 생각하고, 아내와 남편을 생각하고, 부모를 생각해서 내가 이래서는 안 된다는 생각을 가져야 한다. 그것이 진정으로 자신을 이끄는 자기가 되는 길이고 그것이 자기를 성장시키는 힘이다.

그러한 순간에 생기는 힘이 바로 자기 동기부여의 힘이다. 그러므로 수없이 많은 각오를 다져야 한다. 그것이 자기 삶을 주도적으로 이끄는 길이다. "정신 차리자, 정말로 정신 차리자. 이제라도 늦지 않았다. 다시 시작하자." 이런 마음이 자기 동기부여의 불씨가 된다.

사실 실수를 하다 보면 실수한 만큼 배운다. 무엇이든 실수를 하게 되면 그것으로 인해 많은 것을 배우게 된다. 어느 한 순간에 쉽게 배운 것은 금방 잊지만, 실수하거나 실패해서 배운 것은 오래 가기 때문이다. 실수하거나 실패함으로써 더 뼈저리게 느끼는 것이다. 그러므로 오래도록 기억하기 위해서는 시행착오를 겪으면서 배우는 것이 최상이다.

안전 활동 기법에 '니어미스Near miss'가 있다. 그럴 뻔했다는 생각을 가져야 한다. 그래야 많이 배운다. 실수를 통해서 배우는 것은 머리로 배우는 것이 아니라, 가슴으로 배우는 것이다. 결코 실수를 했다고 포기하지 말아야 한다. 실수를 했기에 이제는 더 성공에 가까워졌다고 생각하면 된다. 성공은 실수나 실패의 합집합임을 기억하자.

13
배우고 익힌다

무기력한 삶을 사는 경우에는 실제로 자기 안에 힘이 없는 경우다. 정신적으로 피폐해진 삶을 사는 경우라면 더욱 그렇다. 무의미하고 메마른 삶을 사는 사람들 대부분은 마음 안에 양식이 없는 경우가 많다. 사람은 빵만으로는 살 수 없다. 마음 안에 양식이 있어야 하고 맑은 영성이 가득해야 한다. 이것이 의식수준이다. 이런 의식수준이 높은 삶을 살아야 한다.

남과 더불어 함께하는 세상에 자기보다는 남을 생각하는 사람이 의식수준이 높은 사람이다. 그것은 배움과 학습에서 비롯된다. 그러므로 자기 안에 힘이 없다면, 가장 먼저 자기가 배움에 흥미를 잃어버린 것은 아닌지를 돌아봐야 한다. 가장 큰 힘은 배우고 익히는 과정에서 나온다. 자기가 배우기를 멈추지 않고 배우는 것을 즐거워하면, 그로 인해 활력이 넘치는 삶을 살게 된다.

실제로 배우는 사람과 공부하지 않는 사람은 수명에도 차이가 있다. 배움의 길에 있는 사람이 삶의 수준도 높다. 그런 사람들은 지위와 재산에 상관없이 주변 환경에 지배되지 않으며 행복과 즐거움을 더 많이 느낀다. 왜냐하면 배우고 익히는 과정이 즐거움이고 행복이며 힘을 채우는 과정이기 때문이다. 그래서 공자는 『논어』의 「학이」편에서 "배우고 익히는 것은 즐거운 것"이라고 말한바 있다.

모른다는 것을 아는 힘

자기가 힘이 없고 힘을 채워야 하는 필요성을 느끼기 위해서는 배움의 여정에 있어야 한다. 자기가 알고자 하는 것을 알아 가는 과정에서 깨달음과 즐거움을 느껴야 한다. 책을 읽고 학습하다 보면 자기가 아는 것이 얼마나 부족하고 하찮은 것인가를 알게 된다. 그러면 자기 스스로 마음의 위기의식을 갖게 된다.

아울러 더 많은 것을 배우고자 하는 학습 욕구가 발동하게 된다. 배움에 대한 갈증이 자기의 삶에 활력을 주는 것이다. 배우지 않으면 무식한 삶을 살 수밖에 없고 책을 한 권 읽은 사람은 반드시 책을 두 권 읽은 사람에게 지배당하게 마련이다. 그러한 사실을 아는 순간, 정신이 번쩍 든다. 영하의 추위에서 냉수마찰을 하는 것과 같은 정신적인 충격을 받게 된다. 그러한 정신적인 충격이 자신의 삶을 정신 차리게 하고 힘을 내게 하며, 더 근성 있고 더 겸손하고 더 힘을 다해서 살아야겠다는 반성의 기회를 갖게 한다.

일련의 깨달음이다. 느껴야 한다. 남이 가르쳐 주는 것이 아니라 학습하는 과정에서 스스로 자기의 부족함을 느껴야 한다. 그것이 자기를 성장하게 하는 단초가 된다. 그러한 일련의 깨달음은 배움과 익힘의 과정에서 생긴다.

모르기에 자기가 부족하다는 사실을 모르는 것이다. 알지 못하기에 자기가 얼마나 알지 못하는가를 모르는 것이다. 그래서 소크라테스는 "진정으로 안다는 것은 자기가 모르고 있다는 사실을 아는 것"이라고 말한다. 알면 알수록 모르는 것이 얼마나 많은지를 알 수 있고, 배우고 익히는 것이 얼마나 즐거운 것인가를 아는 순간이 온다.

실제로 배우고 익히는 과정은 무척 힘들다. 모르는 것을 머리를 써 가면서 이해해야 하고 고민해서 학습해야 하는 것은 어렵고도 힘든 여정으로, 많은 인내를 필요로 한다. 어렵고 힘든 과정에서 자기를 단련해야 하고 더 큰 힘을 발휘하기 위해 자기를 험지로 몰아넣어야 하는 상황도 생기게 마련이다. 그러한 과정에서 내공이 쌓이는 것이다.

책을 통해서 자기가 모르는 것을 알게 되면 배우고 익히는 과정에서 그간에 보지 못했던 신천지를 보게 되고, 그간에 어렵고 힘들어서 하지 못했던 것을 능수능란하게 처리하는 단계에 이르게 된다.

책을 읽으며 삶을 재조명하다

나는 힘이 없고 삶이 무료할 때 제일 먼저 독서를 한다. 내가 독서를 하지 않기에 삶이 바쁘고 무료한 것이라는 것을 알기 때문이다. 실제로 독서하지 않는 날은 하는 일 없이 바쁘게 시간을 보냈다는 것을 느낀다. 그래서 나는 독서하지 않는 날은 실패한 날이라고 말한다. 내가 독서를 하지 않았기에 내가 바쁘게 지낸 것이다.

실제로 독서하고 아는 것을 채우면 채울수록 불필요한 것이 무엇이고 일의 핵심을 발견하는 눈을 갖게 된다. 그로 인해서 쓸모없는 일에 무모하게 시간을 낭비하지 않고, 핵심적이고 중요한 일에 시간을 보내게 된다. 그로 인하여 자기다운 삶을 살게 된다. 이처럼 자기 스스로 자기 힘을 채우는 가장 좋은 방법은 독서에 있다. 책을 통해서 자기 내면을 바라보는 시간은 자기 스스로 동기를 부여 받을 수 있는 최적의 시간이다.

자기 스스로 동기를 부여받기 위한 가장 좋은 방법은 손에서 책을 놓지 않는 것이다. 책을 통해 계속 정신적인 자극을 받아야 한다. 이렇게 현실에 얽매여서는 안 된다는 경각심을 갖고, 이대로 살아서는 안 된다는 위기의식을 갖기 위해서는 책을 계속 읽어야 한다. 그래서 항상 생각하면서 살아야 한다. 생각하며 살지 않으면 사는 대로 생각하게 된다.

책을 읽으면서 아무 생각하지 않고 멍하니 생각을 비우는 것도 좋고, 책 내용과는 별도로 다른 생각을 하면서 골똘히 자기의 인생에 대해 묵상하고 성찰하는 것도 좋다. 그런데 중요한 것은 어떤 책을 읽는가에 있다. 그냥 시간을 보내기 위해서 혹은 흥미를 갖기 위해서 읽는 책은 순간의 즐거움을 주기도 하지만 장기적으로 볼 때 바람직한 방법은 아니다.

그러므로 책을 읽을 때는 자기 마음에 자극을 주는 책을 읽어야 한다. 자기의 나태한 마음에 경종을 울리고 번뜩이는 영감을 주는 책을 읽어야 한다. 그래서 자기 마음을 스스로 다스려야 한다. 이에 더하여, 조금은 어렵지만 자기 삶을 성찰하고 깊이 있는 지혜를 얻기 위해서는 고전의 인문학을 접하는 것이 좋다. 고전의 인문학을 통해 자기 삶을 깊이 있게 통찰하여 자기 삶을 재조명하고 더 나은 활로를 찾기 위한 삶의 전략을 수립하여 자기 삶을 가치 있는 삶으로 승화시켜야 한다. 그것이 자기 삶을 알차게 이끄는 길이다.

책 쓰기의 즐거움과 성취감을 느끼자

이처럼 자기 삶을 고찰하고 독서를 통해 자기 삶의 방향을 찾는 여정을 계속 반복하다 보면, 자기 내면에 농축된 지혜를 남에게 나눠 주고 싶은 욕구가 발동한다. 자기의 실제적인 경험과 책을 통해 알게 된 직·간접적인 경험을 다른 사람에게 강연을 통해 전파하는 것도 좋다. 그리고 더 나아가 그러한 삶의 여정에 대한 것을 책으로 써 보는 것도 좋다.

그렇게 책을 쓰는 과정에서 자기가 진정으로 해야 하는 일에 대해 알게 되고 그간에 자기 내면에 숨어 있는 자기 자신을 발견하는 시간을 갖게 된다. 그로 인해서 자기 내면을 살찌우고 생각의 깊이를 더하는 기회를 갖게 된다.

흔히 혼자 공부 하는 것은 조금 아는 것이고, 자기가 아는 것을 다른 사람에게 가르치다 보면 많이 알게 되며, 자기가 아는 것을 책으로 쓰는 것이 가장 많이 알게 된다고 말한다. 그래서 대부분의 전문가들이 자기가 아는 것을 정리하고 자기 생각을 체계적으로 정리하기 위해 대부분 책을 쓴다. 책을 쓰는 과정에서 모르는 것을 더욱 깊이 있게 공부하게 되고, 하기 싫은 마음 그리고 나태한 마음을 다스리는 기회로 삼는다. 또 책을 쓰다 보면 자기실력을 향상시키기 위해 어떻게 해야 하는가에 대한 가이드를 스스로 세우게 된다.

가장 중요한 것은 책을 쓰기 위해서는 1차적으로 독서를 많이 해야 하는 등 책을 쓰고자 하는 분야에 대한 공부를 많이 해야 한다는 점이다. 그 과정에서 그간에 발견하지 못한 자신을 발견하게 되고, 책을 쓰는 과정에서 집필한 책의 쪽수가 늘어 가는 재미를 느끼면서 나름 성취감을 느끼게 된다. 아울러 책이 출간되었을 때의 환희에 찬 그 감정을 한번 경험하면 자기 효능감이 대폭 증가한다.

"아는 만큼 보이고 보이는 만큼 느끼며 느끼는 만큼 행동한다."는 말의 의미를 독서하고 책을 쓰는 과정에서 깨닫기 바란다.

▼
▼
▼
▼

14
실컷 욕을 한다

미워하는 사람 때문에 신경 쓰이고, 그 미운 놈을 생각하면 힘이 빠지는 경우가 있다. 주변에 시기하고 질투하는 사람, 자기가 하는 일에 사사건건 트집을 잡아서 대들고 따지는 사람, 그런 사람을 생각하면 분에 겨워 손이 떨리고 일이 손에 잡히지 않는 경우가 있다. 이럴 땐 어떻게 할 것인가?

생각의 가시가 되어 일에 몰입하는 데 방해가 되는 사람이 있을 때는 그 사람과 함께 자신이 줄다리기를 하는 상황에서 자신이 줄을 놓아 버리는 상상을 해 보자. 등 뒤에 절벽이 있는데 서로 팽팽하게 줄을 당기고 있는 상태에서 한쪽에서 먼저 줄을 놓으면 다른 사람은 절벽으로 떨어지게 된다. 이런 상상만으로도 기분이 통쾌해진다. 그러한 상상을 하면서 미운 사람을 자기 생각 밖으로 밀어내야 한다. 그러면 자기 힘을 막고 있는 장애물이 사라지는 것을 느낄 수 있을 것이다.

미션, 적대적인 관계를 청산하라?

아무리 열심히 하려고 해도 미운 사람이 생각을 가로막는다면, 그로 인해 기운이 빠질 수밖에 없다. 특히 자기는 정도를 걷고 있는데 근거 없는 악성 루머를 퍼뜨리고 수시로 자기를 험담하는 사람이 있을 경우에는 그로 인해 에너지가 방전되는 느낌을 받게 된다. 그야말로 상대조차 하고 싶지 않은 사람을 어떻게 해야 할 것인가에 대한 생각으로 좌불안석이 된다. 그런 경우에는 응당 무관심으로 대하는 것이 좋은데, 그 역시도 힘들다.

　사람인 이상 자기를 욕하는 사람을 좋게 볼 사람은 없다. 그럼에도 불구하고 그런 사람을 높여 주고 존경하는 태도를 보여야 한다. 그 사람의 말에 복종하는 듯한 태도를 보이라는 것이다. 그러면 상대는 자기 영향력 범위 안으로 그 사람이 들어왔다고 생각하기 때문에 당신에게 그다지 관심을 쏟지 않을 것이다. 상대방도 당신이 생각의 가시라고 생각하기에 당신에게 불편한 심기를 드러내는 것이기 때문이다.

　그렇다면 방법은 두 가지다. 싸워서 상대를 굴복시킬 것인가, 아니면 그 사람 밑에서 소리 없이 지낼 것인가. 가장 좋은 것은 서로 적대적인 관계를 청산하고 원만하게 지내는 것이다. 하지만 그런 사람은 아마도 서로 공존할 수 없는 성격적인 특성이 있을 것이다. 그러므로 그런 상황에서는 자기가 먼저 꼬리를 내리고 서로 휴전 상태로 지내야 한다. 그래서 상대로 하여금 자신에게 신경 쓰지 않도록 해야 한다.

이런 처세술이야말로 난득호도의 처세술이고 도광양회의 처세술이다. 상대방의 경계와 감시에서 벗어나야 비로소 스스로 여유를 찾을 수 있다. 신경을 건드리지 않고 없는 듯이 조용히 있으면, 서로가 안정된 상태를 유지할 수 있다. 그런 빈틈을 이용해 침묵 속에서 자신의 미래를 준비해야 한다. 그래서 그 사람이 가히 범접할 수 없는 정도의 힘을 길러 자기의 기반을 공고히 해야 한다. 그것이 자신의 힘을 계속 유지시키는 길이며, 수준이 낮고 무식한 사람으로부터 자신을 보호하는 최선의 길이다.

사실 밝은 태양은 정면으로 바라볼 수 없다. 너무 눈이 부시기 때문이다. 그런 태양 같은 위치에 오르도록 노력해야 한다. 상대방이 시기하고 험담하고 질투하고 끌어내리려고 권모술수를 쓰는 것은 상대방이 보기에 자기가 손을 뻗으면 충분히 잡을 수 있는 거리에 있다고 생각하기 때문이다. 그러므로 그런 사람의 손아귀에서 벗어나야 한다.

그 사람이 손을 뻗어도 쉽게 잡을 수 없고 함부로 바라볼 수 없는 높은 위치에 올라 그 사람을 다스려야 한다. 그 사람에게 자신이 명령하고 지시하고 일을 시키는 것을 생각하면 왠지 모르게 힘이 날 것이다. 그런 즐거운 상상을 하면서 노력해야 한다. 그 사람이 자기에게 잘 보이기 위해 갖은 아양을 떠는 상상을 하면서 힘을 내야 한다.

원수를 생각한다

나태함과 매너리즘에 빠지는 순간이 오면, 가장 먼저 자기에게 치욕을 안겨 주었던 원수를 생각하면서 이를 악물고 다시금 일어서야 한다. 학생들이 공부를 할 때 잠을 쫓기 위해 자신의 허벅지를 바늘로 찌르는 것처럼 '원수'라는 바늘로 자기의 나태한 마음을 찔러야 한다.

그래서 정신 차리고 마음을 일깨워야 한다. 치욕을 당했던 그 순간을 생각하면서, 또 자기가 실패하고 현실에 안주하고 있으면 원수가 얼마나 시원해 할까를 생각하면서 정신 바싹 차려야 한다. 그래야 느슨한 마음을 옥죌 수 있다. 원수를 자기 생활의 자극을 주는 회초리로 삼고, 느슨해진 운동화 끈을 다시금 동여매라는 것이다.

한신 장군이 시정잡배의 사타구니 밑으로 기어들어 가는 수모를 참았듯이 자신이 더 크게 성공하기 위해서는 자기 스스로 치욕을 감내하면서 자기 발전을 도모해야 한다. 그래서 다시는 과거에 경험했던 그런 치욕과 수모를 겪지 않기 위해 분전의 분전을 거듭해야 한다. 어떻게든 다시금 일어서서 과거의 영광을 재현하겠다는 생각을 해야 한다. 아니, 과거보다 더한 영광을 재현하여 결단코 과거와 같은 치욕과 수모를 다시는 받지 않겠다는 의지를 다져야 한다.

힘이 안 나고 쉬고 싶은 생각이 든다면, 이처럼 원수를 생각하면서 복수를 다짐해야 한다. 복수 중 가장 좋은 복수는 자기가 성공하는 것이다. 그것도 상대방도 모르는 사이에 상대방이 상상할 수 없을 정도로 성공하는 것이다. 그것이 상대방에게 가장 크게 복수하는 길이다.

'작심삼일作心三日'이라는 말이 있듯 사람은 결심하고 다짐해도 삼일이 지나면 그 생각을 망각하고 지내는 경향이 있다. 그런데 원수의 얼굴을 생각하고 그간에 당했던 치욕의 순간을 생각하면, 그야말로 자다가도 벌떡 일어나서 준비하고 싶은 마음이 들 것이다. 그런 측면에서 볼 때, 원수는 자기 성장을 위해 자기를 늘 깨어 있게 하는 은인이다.

그러므로 그 사람의 사진을 보면서 착실하게 준비해야 한다. 이후에는 그 누구도 쉽게 무너뜨릴 수 없도록 자신의 아성을 견고하게 쌓아야 한다.

욕을 한다

힘들고 어렵고 화가 나고 힘이 나지 않으면, 미워하는 사람을 생각하면서 욕을 하는 것도 좋다. "개XX들, 두고 봐라. 내가 어떤 사람인가 본때를 보여 준다."는 말을 하면서 힘을 내야 한다.

현재 몸을 담고 있는 직장이 자신이 원하는 자리가 아니라 타인의 모략에 의해서 어쩔 수 없이 현재 그 일을 하고 있다면, 아마도 그 일보다는 그 자리에 있다는 사실이 더 힘들 것이다. 그리고 그러한 상황을 벗어나지 못하고 어쩔 수 없이 해야 하는 자신이 미울 것이다. 그래서 매일 아침 자신이 도살장에 끌려가는 소처럼 힘들 수도 있다.

그럴 땐 출근하기 전에 맘껏 욕을 하는 것이다. 미운 녀석을 생각하면서 쌍소리를 하다 보면, 힘이 넘치고 에너지가 충만하게 된다. 개XX, 시발X, 그 연놈을 생각하면 없던 힘도 솟는다. "반드시 일어서리라. 어떡하든 성공해서 복수하겠다."는 생각을 하면서 이를 악물어야 한다. 반드시 일어설 것이라는 생각을 하면서 어떡하든 정진해야 한다. 그래서 의연하게 자기 위치를 되찾는 데 성공해야 한다.

그렇다고 매일 욕을 하다 보면 욕으로 인해 자기 마음이 더러워질 수 있으므로 조심해야 한다. 욕도 적당히 해야 한다. "X 같은 놈들 두고 보자. 그래, 너희들이 나를 이런 누추한 것으로 몰아넣었지? 그래, 알았어. 아마도 네 놈들은 내가 이곳에 있다고 아주 시원해할 것이다. 그래도 참는다. 그래, 얼마든지 욕하고 시원하게 생각해라. 머잖아 일등이 꼴등 되고, 꼴등이 일등 되는 세상이 올 것이다. 너희들이 오래도록 그 자리에 있을 것이라고 생각하면 큰 오산이다. 분명히 너희들이 무너지는 시점이 올 것이다. 그날을 위해서 나는 준비할 것이다."라고 생각하면서 고군분투해야 한다.

글로 쓰면서 카타르시스를 느껴라

"내가 회사를 그만두고 이 조직을 떠나려고 해도 참는다. 내가 먼저 벗어나는 것은 내 스스로 패배를 자인하는 것이기 때문이다. 날 우습게 생각하다니. 그래, 두고 봐라. X같은 녀석들아, 언젠가는 그날이 온다. 그때까지 참고 견디리라. 내가 귀양살이 떠나듯 보직이동 하던 모습을 아마도 시원하게 생각했을 것이다. 내가 이 열악한 현장에서 속물처럼 지낼 것이라고 생각했다면 큰 오산이다. 그래, 너희들이 원하는 대로 된 것처럼 그렇게 연기할 것이다. 아니, 마치 너희들 전략에 놀아난 것처럼 보일 것이다. 그래, 지금은 시원하게 생각해라. 하지만 시일이 지나면 지날수록 내가 얼마나 큰사람이고, 내가 얼마나 큰 잠재능력을 가진 인물이라는 것을 알게 될 것이다. 그러니 기다려라. 너희들은 항상 늘 그 자리에 있지만 나는 늘 성장한다. 너희들의 성장 속도보다 몇 십 배로 성장할 것이다.”

원수를 생각하면서 하고 싶은 말을 이렇게 책으로 쓰거나 종이에 낙서 하듯 메모하면서 머릿속을 시원하게 비우는 것도 좋다. 그래야 마음이 통쾌하다.

은밀하게 위대하게

직장 생활을 하다 보면 간혹 나이 어린 녀석들이 간부라고 함부로 대하는 것을 보게 된다. 그런 경우에 응당히 앞에서는 더없이 순한 양이 되어야 한다. 그러면서 내적으로는 피나는 노력을 하면서 준비의 준비를 거듭해야 한다. 반드시 이겨 낼 것이라는 생각, 기어이 벗어날 것이라는 생각을 하면서 치욕을 감내해야 한다.

감히 나에게 그러한 욕을 하고 하인 다루듯이 하대했던 그 상황을 잊지 않고 언젠가는 반드시 복수하겠다는 생각으로 이를 악물고 노력해야 한다. 그러면 자연스럽게 힘이 날 것이다.

한순간의 치욕을 견디지 못하고 맞받아치면 자기만 손해다. 그냥 져 주어야 한다. 스스로 낮춰야 한다. 언젠가는 쥐구멍에도 볕들 날이 분명히 올 거라는 생각으로 참고 견디면서 이를 악물고 준비에 준비를 거듭해야 한다. 이겨 놓고 싸운다는 '선승구전'의 의미를 되새기면서 말이다.

그래서 그 사람들이 관계되지 않는 세상에서는 자기가 왕이 되어야 한다. 비록 내가 이곳에서는 너희에서 져 주지만 이곳이 아닌 다른 구역에서는 내가 반드시 너희들을 이겨 낼 것이라는 생각을 해야 한다. 작업복을 입을 때는 거지같은 직장인이지만 퇴근해서는 왕자 같은 사업가로서의 삶을 살아야 한다. 가장 중요한 것은 오래도록 직장 생활을 하기 위해서는 이중적인 생활을 하면서 자기 속내를 드러내지 않아야 한다는 것이다.

시나브로 난득호도 전략으로 자기를 최대한 숨기면서 미래를 준비해야 한다. 아주 은밀하고 위대하게 움직여야 한다. 그래서 절호의 기회를 잡아 최적의 타이밍에 분연히 일어나 자기를 세상에 드리워야 한다.

15

끝까지 버틴다

계속하면 된다. 실수하고 무너지고 승진에 탈락하고 순위에서 밀려났다면, 실망하지 말고 끝까지 하면 된다는 생각으로 도전에 도전을 거듭해야 한다. 인생은 단 한 번의 기회로 모든 것이 결정되는 단판 승부가 아니라, 최후까지 해 봐야 하는 리그전이다. 인생에서의 싸움은 자기가 죽을 때까지 계속된다.

끝날 때까지 끝난 것이 아니다. 끝까지 해 봐야 한다. 경기 종료 신호와 함께 역전 골을 넣을 수도 있다. 사람의 운명은 아무도 모른다. 단 1분 1초를 예측할 수도, 한 치 앞을 내다볼 수도 없다. 그러므로 끝까지 근성을 가지고 버텨야 한다. 그래서 다시 일어날 수 있는 재기의 발판을 마련해야 한다.

현재 상태를 유지하기 위해서는 변화의 속도에 맞춰 계속 변화해야 한다. 가만히 있으면 도태된다. 현실에 안주하는 것은 퇴보다.

그러므로 계속해서 끝까지 움직이고 전진해야 한다. 그것이 자신을 성장으로 이끄는 길이다. 그냥 주저앉아서는 안 된다. 넘어지면 다시 일어서야 한다. 이렇게 계속하다 보면, 어느 시점 기적의 순간이 온다. 포기만 하지 않으면 된다.

서서히 나아가자. 천천히 전진하자. 뒤로 후퇴하지 않으면 반드시 성공의 그날이 올 것이라는 생각으로 계속 전진하고 전진해야 한다. 그것이 진정으로 자기를 성장으로 이끄는 길이다. 어렵고 힘들어도 분명히 좋은 날이 있을 것이라는 희망을 가지고 계속해서 전진하면 반드시 승리할 것이다. 가다 보면 귀인을 만날 것이고, 하다 보면 예상외로 좋은 일이 생길 것이다. 희망이 없다면 로또의 기적이라도 꿈꾸면서 버텨야 한다.

어렵고 힘든 순간에 처하면 산전, 수전, 공중전을 모두 다 겪어야 진정한 전문가가 된다고 생각하면서 그 순간을 이겨 내자. 그러기 위해서는 욕심을 버리고 마음을 내려놓아야 한다. 그래야 오래도록 버티는 힘이 생긴다. 마음에 욕심을 갖거나 욕망을 채우려고 하면 그 조급함이 마음의 불안정을 초래하게 된다.

세상은 노력하는 사람의 것이다. 그러므로 열정을 가지고 더 노력하자. 자기가 하는 모든 것을 좋은 마음으로 받아들이자. 그것이 성장의 길이다. 아울러 결코 서두르지 말고 기다리자. 기다리다 보면 기회가 온다. 시간이 가지 않고 지루하다면 아무것도 하지 말고 풍류를 즐기며 그냥 마음 편하게 지내는 것도 좋은 방법이다. 그냥 좋은 날이 올 때까지 기다리는 것이다. 버티면 이긴다는 생각도 일련의 동기를 부여받는 상태라고 할 수 있다.

자주 참여하는 사람이 주도한다

조직에서 주도권을 잡기 위해서는 모임에 자주 참석해야 한다. 자주 참석해서 그 조직의 일에 빠져들어야 주도권을 잡을 수 있다. 주도적인 참여에 비례해서 동기를 부여받게 된다. 주도적이면 책임감이 생기고, 그 책임감에 기인하여 동기부여가 이루어지기 때문이다.

"서당 개도 3년이면 풍월을 읊는다."는 말이 있듯 반복적 · 계속적으로 참여를 함으로써 조직의 문화를 잘 알게 된다. 그것이 성공과 성장을 부른다.

그런데 문화가 번성하고 분위기가 형성되기 위해서는 일정한 인원이 있어야 한다. 참여하는 사람이 많아야 붐(Boom)이 형성되고 무드가 조성되어 무슨 일이든 할 수 있기 때문이다. 그러므로 가장 먼저 참여시키는 사람을 많이 만들어야 한다.

또한 참석률을 많이 올려야 다른 사람으로 인하여 자기가 동기를 부여받는다. 다른 사람이 하기에 자기도 모르게 자기가 동기부여 되고, 불특정 다수의 많은 사람들에게 동기를 부여하는 과정에서 자기도 그 분위기에 휩쓸려 동기가 부여된다.

16

이해관계자를 생각한다

누군가 자기를 감시하고 있다고 생각하면 조심하게 된다. 아울러 당신이 직장인이라면 자기를 감시하는 감사실, 인사팀, 그리고 내부 고발자를 항상 조심해야 한다. 자기가 하는 일을 사사건건 누군가 감시하고 있다고 생각하면 힘이 빠지는 경우도 있지만, 자기가 생각하는 행동을 남이 보고 있기 때문에 함부로 하지 못하게 된다. 또 경우에 따라서는 남이 보고 있기에 힘을 다해 일을 하기도 한다.

자기가 하는 일이 자기만의 일이 아니고, 자기가 하는 일의 결과나 성과가 자기 주변 사람들에게 영향을 주는 것이라고 생각하면 결코 함부로 하지 못한다. 자기가 하기 싫다고 해서 포기할 것도 아니고, 자기가 하고 싶다고 해서 무한정 할 수 있는 일도 아니다. 우리가 사는 사회의 속성이 그러하다. 그러므로 어느 정도 통제되고 절제된 삶을 살아야 한다.

곁에서 자기가 하는 일을 지켜보고 아무 도움을 주는 것이 없어도 곁에 있어 주는 것만으로도 힘이 되는 사람도 있다. 우리들에게 있어서는 그런 사람이 가족이다. 그래서 맹자는 "인생의 세 가지 보람 중 형제자매가 무고한 것이 행복의 요건"이라고 말한다. 또 경우에 따라서는 평가받는 입장에서 평가의 주체가 되는 사람이 관중석에 앉아 있다고 생각하는 것 자체가 큰 힘이 되는 경우도 있다. 일례로 국가대표 선수들이 에이전트의 눈에 들기 위해 온 힘을 다해서 뛰는 것을 들 수 있다. 또 프로선수들도 국가대표 감독의 눈에 들기 위해 경기에 최선을 다한다.

우스갯소리로 급훈이 '선생님이 보고 있다'라는 학교도 있다. 공부를 하기 싫고 놀고 싶어도 선생님이 보고 있다고 생각하면 함부로 행동하지 않고 한눈을 팔지 않는다. 선생님이 보고 있기 때문에 더 노력하는 것이다. 누군가가 지켜보는 것에서 비롯되는 긍정적인 효과다.

후임자를 생각한다

살다 보면 세월이 흐를수록 계속 살림이 쌓이게 된다. 옛 살림을 버리고 새 살림을 구입해야 하는데, 버리기에는 아까워서 계속 사용하다 보니 계속 살림이 느는 것이다. 어떤 경우에는 버리고 싶어도 추억이 서려 있어서 함부로 버리지 못하는 경우도 있다. 그런데 새 집으로 이사를 가려고 이삿짐을 싸다 보면 불필요한 것을 과감하게 버리게 된다. 새집에서는 새로운 분위기 속에서 살고 싶은 마음 때문이다.

이처럼 사람은 만나는 사람과 장소에 따라 생활환경이 달라진다. 그러므로 사람들에게 동기를 부여하고 특별한 변화를 초래하게 위해서는 인사이동이나 장소이동, 소속변경 등 자리를 이동해서 다른 업무를 하도록 하는 것이 좋다. 그러한 가운데에서 중간 결산과 중간 진단을 통해 자신의 현재 위치를 평가하는 기회를 갖게 된다.

만일 그런 기회를 갖지 않으면 사람은 계속해서 자신이 하고 있는 일이 잘되고 있다는 착각 속에 살게 된다. 또 분명 일이 잘못되고 자기 의사와는 전혀 다른 방향으로 빠지고 있음에도 올바른 방향으로 잘 가고 있다는 착각 속에 살게 된다. 그러므로 대나무가 일정한 시점에 마디를 형성하듯 어느 정도의 시점에 중간 점검의 기회를 가져야 한다.

직장에서 인사이동을 하게 되면 자기 업무를 다른 사람에게 인계하게 된다. 이 과정에서 자기 업무를 좀 더 정확하게 이해하고 학습하게 된다. 왜냐하면 다른 사람에게 업무를 인계하기 위해서는 자기 업무의 전반적인 사항을 후임자에게 자세하고 쉽게 설명해 주어야 하기 때문이다.

이제껏 자기 임의대로 기준과 원칙에 벗어나게 하던 것도 원상복귀 해야 한다. 그런 과정에서 자기 공부를 하게 된다. 한편으로는 자기 업무를 인계하면서 새로운 업무를 배워야 하기에 눈코 뜰 새 없는 상황이 되면서 생동감이 넘치는 생활을 하게 된다. 업무 인수

인계로 인하여 자연스럽게 동기가 부여되는 것이다.

이끌어 주는 사람을 생각한다

자기 스스로 동기를 부여받아 자발적이고 적극적으로 일을 하려고 해도, 어느 특정 지점에 이르러서는 결코 자신의 힘으로는 어쩔 수 없는 거대한 벽에 부닥치는 순간을 맞이하게 된다. 그때 누군가 자신의 손을 당겨 주는 사람이 있다면, 그것이 발단이 되어 다시금 힘을 내서 열정을 다해 새롭게 출발하는 기회를 잡을 수 있다.

대개 자살을 결심한 사람도 자기를 진정으로 아껴 주고 자신의 마음을 진정으로 생각해 주는 사람이 있으면 자살을 하지 않는다고 한다. 자살하려는 순간, 부모님이 떠오르고 자신에게 은혜를 베풀어 준 사람을 생각하면 쉽게 자살을 실행하지 못하게 된다.

우리가 일상생활 속에서 달콤한 유혹에 쉽게 흔들리지 않는 데는 사랑하는 사람의 역할도 크다. 자기 혼자 사는 것이라면 앞뒤 가릴 것 없이 자기가 하고 싶은 대로 하겠지만, 사랑하고 고마운 사람을 생각해서 함부로 하지 못하는 것이다. 그것이 바로 든든한 힘이 되고 자신을 악의 길로 빠지지 않게 하는 채찍이 된다.

공부 못하는 학생도 자기에게 관심과 사랑을 베풀어 주는 선생님이 가르치는 과목에서는 유독 좋은 성적을 낸다. 또 직장에서도 어렵고 힘들고 아픈 상황이 처해도 상사가 좋거나 혹은 동료와의 관계가 돈독하면 참아 낼 수 있다.

그러므로 자기가 혼자서 일어설 수 없는 상황에 처했을 때나 자기 혼자의 힘으로 결코 해결할 수 없는 문제 상황에 처했을 때는 자기의 무지를 일깨워 주는 사람이 있어야 한다. 그 사람은 멘토가 될 수도 있고, 부모님이 될 수도 있으며, 혹은 절대자가 될 수도 있다. 또 상사가 될 수도 있고, 선조의 몽니를 일깨워 준 류성룡과 같은 부하가 될 수도 있다. 그러므로 그런 사람 한두 명은 꼭 마음에 품고 살아야 한다.

심복을 생각한다

조직원들에게 동기를 부여하는 것이 리더십이다. 리더는 조직이 달성하고자 하는 목표 방향으로 조직원들을 이끌어야 한다. 이때 리더에게 가장 필요한 것은 리더를 따르는 사람이다. 리더가 아무리 역량이 뛰어나도 타인을 리드하는 입장에서 자기를 따라 주는 사람이 없으면 어려움에 봉착하게 되어 결국 자포자기의 상황으로 내몰리게 된다. 그러므로 리더로서 자기 스스로 동기를 부여받기 위해서는 자기를 주인으로 믿고 따르는 사람이 곁에 있어야 한다.

나아가 자기가 어렵고 힘들 때 자기 대신 일을 해 주는 심복이 있으면 더 좋다. 여기서 말하는 심복은 조아爪牙와 이목耳目과 수족手足과 같은 사람이다. 조아는 자기가 하고 싶은 일을 물불을 가리지 않고 해 주는 사람이고, 이목은 귀와 눈이 되어서 정보를 주는 사람이다. 또 수족은 자기의 손과 발이 되어 주는 사람이다. 이상과 같은 심복이 있으면 바빠도 자기가 하고 싶은 본연의 일을 할 수 있다.

리더는 자기 일보다 조직의 일을 많이 하는 경향이 있다. 자기와 가정을 버리고 조직의 일에 얽매여 보내는 시간이 많다. 그래서 결국은 남의 일을 하는 데 많은 시간을 할애한다. 대부분의 에너지를 자기 일보다 조직의 일에 빼앗김으로써 결국 자기 일에 신경 쓰지 못하는 상황에 놓이는 것이다. 그래서 시간이 지날수록 자기와 가정에 문제가 발생되고, 결국에는 그로 인하여 잘나가던 리더의 자리에서 내려와야 하는 상황에 처하게 된다.

'수신제가치국평천하修身齊家治國平天下'다. 결국은 자기를 제대로 다스리지 못하면서 남을 다스리려고 하는 것은 모순이다. 그런데 조직의 리더가 해야 하는 일을 심복이 해 주면 어느 정도 여유를 가질 수 있다. 그러므로 자기가 일을 맡겨 놓을 수 있을 정도로 믿음이 가는 심복을 평상시 잘 양성해 두어야 한다.

그런 심복이 있으면 그들에게 모범을 보이기 위해서라도 나태함에서 벗어나게 된다. 자기를 위해 헌신적으로 일하는 심복에게 부끄럽지 않는 리더가 되기 위해 스스로 절제하고 노력함으로써 스스로 동기가 부여되는 것이다.

직장인
동기부여의
기술

2
타인
동기부여법

▼
▼
▼
▼

1
사기를 올려 준다

동기를 부여하는 것은 다른 사람에게 정당하게 마음의 사기를 치는 것과 같다. 마치 사기꾼이 아무것도 모르는 사람을 유혹하여 사기 치는 것과 같이 누군가에게 동기를 부여한다는 것은 그 사람이 좋아하는 미끼로 그 사람을 우선적으로 유혹하고, 자신이 원하는 행위를 하도록 그 사람을 함정에 빠뜨리는 것이다. 여기에서 중요한 것은 상대방은 자신이 사기를 당하고 있다는 사실을 알지 못하게 해야 한다는 것이다. 상황이 종료된 상태에서도 사기를 당했다는 사실을 모르게 해야 한다.

그런 측면에서 볼 때, 상사가 부하에게 동기를 부여하는 것도 이와 같다. 먼저 부하가 무엇을 좋아하는지를 알아서 그것을 미끼로 유혹하고, 부하에게 미끼를 건네서 계속 동기를 부여하는 것이다. 당근과 채찍, 상과 벌, 칭찬과 질책, 인정과 무시, 부정과 긍정, 이익과 손해 등의 수단을 이용하여 상대방이 처한 상황에 따라 적합한 수단으로 동기를 부여해야 한다. 그러면 부하 직원은 그로 인해 자발적이고 능동적으로 움직인다.

이렇듯 사기꾼이 사기를 치는 원리나 타인을 동기 부여하는 원리는 유사하다. 단, 리더의 동기 부여가 공공의 이익을 위한 선한 영향력을 제공하는 차원의 동기부여라면, 사기꾼이 사기를 치는 것은 부정하고 비도덕적이며 불법적인 성향이 있다는 점이다. 신문이나 방송을 보면, 결코 사기를 당할 것 같지 않는 사람이 사기를 당하는 경우를 종종 보게 된다. 누가 봐도 그 분야에 대해서는 해박한 지식을 가진 사람인데 어이없이 당하고 만다. 그렇게 볼 때, 리더 역시 사기꾼들의 기술을 배울 필요가 있다.

대개 직장이나 조직에서 동기부여가 잘되지 않는 사람들은 그 분야의 전문가들이다. 그 조직에 대해서 너무도 많은 것을 알고 있고, 쿵 하면 담 넘어 호박 떨어지는 소리라는 것을 알 수 있을 정도의 전문가들이 동기부여 되지 않는다. 대부분 그런 사람들은 조직에서 차지하는 영향력이 클 뿐 아니라, 조직의 핵심적인 위치에 있다. 그런 측면에서 볼 때, 그런 사람들이 움직이지 않으면 조직 전체가 움직이지 않는다. 그래서 조직의 핵심 인재인 영향력이 큰 사람을 움직이게 하는 것이 무엇보다 중요하다.

일례로 북알래스카 사람들은 썰매 끄는 개를 훈련시킬 때 대장 개 한 마리를 집중 훈련시킨다. 왕초를 잡으면 졸병들은 자연스럽게 따르게 마련이다. 그러한 논리를 이용하여 조직을 관리하는 사람들은 대부분 조직을 장악하고자 할 때 무리를 이끄는 왕초나 가장 강한 영향력을 제공하는 사람을 우선적으로 포섭하거나 내 편으로 만드는 전략을 구사하여, 다른 사람들이 자연적으로 따르게 한다.

마찬가지로, 동기를 부여하는 것도 이와 같다. 동기를 부여하려고 해도 어지간해서는 동기부여가 되지 않는 전문가에게 어떠한 방법으로 동기를 부여할 것인가가 관건이다. 특별한 대우로 자긍심을 갖게 하거나 특정한 위치에 오르게 함으로써 동기를 부여하는 방법도 있고, 전문가로 예우해서 특별 보상을 함으로써 동기를 부여하는 긍정적 동기부여 방법도 있다.

다른 한편으로는 오히려 무시하고 전문가의 실력이 아무것도 아니라는 식으로 괄시함으로써 분발하도록 하는 동기부여 방법도 있다. 스스로 관여하지 않고 그대로 놓아둠으로써 자기 꼬임에 의해 자기가 함정에 빠지도록 해서 스스로 뉘우쳐 동기부여 되도록 하는 방법도 있다. 또 사람은 계속 치켜세워 주고 특정한 권한을 주면 권력 남용을 하므로, 스스로 나무에서 떨어지도록 하는 방법도 좋다. 스스로 실수를 유발하게 함으로써 경각심을 갖도록 하는 것이다.

사실 동기부여는 달리는 말이 더 잘 달릴 수 있도록 채찍을 가하는 것이다. 하지 않으려는 사람을 하도록 자극하고, 자기 페이스를 잃고 달리는 사람에게 적정한 자극을 줘서 규정 속도로 달리게 하는 것이다. 마치 사기꾼이 사기를 쳐서 사기에 걸리게 하듯, 동기를 부여해서 당사자가 사기moral가 올라 활발하게 활동하거나 더 열정적으로 활동하게 하는 것이 동기부여의 핵심 스킬이다.

동기를 부여하는 것은 계속해서 움직이게 하는 추진 동력을 제공하는 것이다. 그러므로 일단 정지된 것을 움직이게 하는 것이 중요하다. 그 움직임이 올바른 방향인지의 여부는 2차적인 문제다. 일단 움직이게 해서 올바른 방향으로 움직인다면 더 빠른 속도로 움직이도록 해야 하고, 잘못된 방향으로 움직이고 있다면 올바른 방향으로 움직이도록 방향을 조정하면 된다.

또한 동기를 부여하는 것만으로 모든 것이 끝났다고 생각해서는 안 된다. 같은 물도 독사가 마시면 독이 되고 젖소가 마시면 우유가 되듯, 동일하게 동기를 부여 받았다고 해도 전혀 다른 결과를 불러올 수 있다. 또한 같은 칼도 의사가 사용하면 생명을 살리는 칼이 되고 강도가 활용하면 사람을 죽이는 칼이 되듯 동기부여를 통해 얻은 힘을 어떻게 활용하는가도 잘 관찰해야 한다.

좋은 의도를 가지고 접근했는데 오히려 좋지 않는 결과를 자아내는 사람도 있고, 나쁜 의도를 가지고 접근했는데 오히려 좋은 결과를 이끌어 내는 경우도 있다. 모든 것이 자기 뜻대로 처음 의도했던 대로 잘 흘러가면 좋으련만, 그렇지 않게 흘러가는 경우가 빈번하다는 점을 알아야 한다.

하얀 거짓말도 필요하다

상대방에게 힘을 주기 위해서 때로는 상대에게 적당히 하얀 거짓말을 해야 한다. 상대방이 새로운 업무를 배우게 하기 위해서 "당신의 성장을 위해서 새로운 업무를 배워야 한다."고 말을 하는 것과 "다른 부서에서도 당신과 같은 서열에 있는 사람이 그러한 일을 하고 있으므로 당신도 그러한 일을 해야 한다."고 말하는 것 사이에는 차이가 있다.

그러므로 이왕이면 당신의 성장을 위해서 그런 것이라고 말해야 한다. "말 한마디로 천 냥 빚을 갚는다."는 말이 있다. 같은 말도 어떻게 말을 하는가에 따라 상대방이 일을 대하는 태도를 달리한다는 것이다. 태도가 다르면 일을 행하는 방식이 달라진다. 그러므로 가능한 상대방이 활력이 넘치는 태도로 일할 수 있도록 하얀 거짓말을 더하여 말을 해야 한다. 그래서 하얀 거짓말이 필요하다는 것이다.

"마감 시간이 얼마 남지 않았다. 힘을 내자." 혹은 "이것은 아주 귀하고 소중한 업무여서 우리 회사의 사활이 걸린 프로젝트다."라는 하얀 거짓말을 하면서 일을 재촉하면 효과가 있다.

▼
▼ ◀
▼
▼

2
신뢰를 쌓는다

『논어』에 이르기를 "임금이 신하를 예로 대하면, 신하는 임금에게 충으로 답한다."고 말한다. 대개의 경우, 조직에서 이직하는 이유 중 하나는 사람과의 관계 때문이다. 특히 상사와의 좋지 않은 관계로 인해 이직하는 경우가 많다. 왜냐하면 아무리 직원들에게 주인의식을 가지고 생활하라고 말해도 결국 조직은 상사가 장악하기 때문이다.

결국 조직 생활에서 사람을 동기부여 하는 중심에는 리더의 리더십에 의해 가장 크게 영향을 받는다는 사실을 알아야 한다. 리더의 언행에 의해 조직의 성격이 달라지고 성향이 달라지고 특성이 다르게 나타난다.

부하가 일을 열심히 하지 않는 이유는 자기가 열정을 다해서 노력해도 자기에게 그다지 큰 보상이 따르지 않을 것이라는 생각 때문이다. "재주는 곰이 부리고 돈은 주인이 챙긴다."는 말처럼 부하 직원이 아무리 노력해도 결국은 상사가 그것을 다 챙긴다는 것이다. 그래서 대충 상사에게 크게 흠 잡히지 않을 정도로만 한다. 직장에는 그런 사람들이 태반이다.

그러므로 조직을 이끄는 리더가 조직원들에게 동기부여 하는 과정에서 가장 중요시해야 하는 것은 주인의식을 가지고 일하는 사람에게 노력한 만큼 정당한 보상을 할 것임을 알게 하는 것이다. 세종대왕이 천민 출신의 장영실의 실력을 격물에 능통한 인재로 발탁했던 것과 마찬가지로, 학벌과 지연과 인맥에 의한 등용보다는 알짜 실력을 가진 사람을 등용해야 한다. 그것이 직원들의 동기를 부여하는 원동력이 된다. 그리고 그 중심에 신뢰가 있다.

부하 직원의 입장에서는 늘 불안하다. 자신이 언제든 토사구팽을 당할지도 모른다는 생각에서 딴 생각을 한다. 사람들이 살아가면서 비상 상황에 대비해서 비상금을 확보하고 불의의 사고를 당할 것에 대비해서 운전자 보험을 들듯, 만일의 사태에 대비해서 어느 정도 여지를 남긴다. 그래서 토사구팽 당하면 자신의 길을 스스로 개척할 수 있을 정도로 자신의 파워를 기른다.

이것은 리더 입장에서도 마찬가지다. 부하 직원에게 너무 많이 의탁하고 권한을 위임하면, 언젠가는 배신을 당할지도 모른다는 의심을 하게 된다. 그래서 불안한 것이다. 그래서 자기를 앞설 것 같고 자기보다 앞서가고 있다고 생각하거나 혹은 자기 권력을 유지하는 데 적이 될 거라고 생각하면, 언제든 토사구팽 하는 것이 리더의 속성이다.

그럼에도 불구하고 리더는 부하들에게 토사구팽을 시키지 않을 것이라는 확고한 믿음을 주어야 한다. 그래야 부하들이 열과 성의를 다해서 충성하게 된다. 그런 부하 직원들의 마음을 안심시켜 주지 않고 '까라면 까라'는 식으로 억지로 움직이게 한다면, 일시적으로 가시적인 성과는 얻을 수 있을지는 몰라도 지속적으로 괄목할 만한 성과는 낼 수 없다.

한편, 부하직원 입장에서도 리더에게 신뢰감을 보여야 한다. 어떠한 경우에도 당신을 배반하지 않을 것이라는 믿음을 보여야 한다. 당신이 나를 토사구팽 시키지만 않는다면 나 역시 결코 배반하지 않을 것이라는 메시지를 주기적 · 반복적으로 보내야 한다.

계속해서 믿게 해야 한다

상대에게 계속적으로 동기를 부여하기 위해서는 상대에게 사랑과 관심을 계속 표현해야 한다. 그래야 상대방이 관심의 끈을 놓지 않는다. 무한 신뢰를 보여야 상대가 호감을 보인다. 그렇지 않으면 상대방이 어느 순간 멀어지게 된다.

상대방은 언제든 좋은 곳, 자신을 알아주는 곳, 자신이 기분 좋게 일을 할 수 있는 곳에 가기를 원한다. 그런 곳에서 생활하고 그런 곳에서 기거하기를 원한다. 그러므로 준거집단에 머무를 수 있는 시간적인 여유나 생각의 틈을 주지 말아야 한다. 그러기 위해서는 지속적으로 관심의 관심을 보여 동기를 부여해야 한다. 관심을 보여서 자기편으로 만들라는 말이다.

　상대방을 자기편으로 만들기 위해서는 자기가 먼저 상대방에게 좋은 사람이 되어 주어야 한다. 사람들은 자기에게 관심을 보이는 사람에게 호감을 느끼게 마련이다. 또 자기에게 사랑과 관심을 보이는 사람에게 정성을 다하게 마련이다. 따라서 상대와 좋은 관계선상에 있다고 느낄 수 있도록 자기가 먼저 관심을 보여야 한다. 그래야 그 관심의 끈에 의해서 좋은 관계가 형성된다.

3
역할과 책임을 부여한다

인간에게는 생리적인 욕구, 안전의 욕구, 인정의 욕구, 명예의 욕구, 자아실현의 욕구가 있다. 대부분 사람을 잘 리드하고 주변에 사람을 많이 모으는 사람들은 이러한 인간의 욕구를 적절하게 잘 활용한다. 욕구를 미끼로 다른 사람을 자기편으로 만드는 것이다. 로비하거나 아부하는 것도 일종의 사람의 욕구를 채워 주는 것이다. 부족한 부분, 상대가 원하는 욕구, 상대가 채우려고 하는 욕구를 충분히 채워 주는 것이 로비다.

특히 인간은 명예와 인정의 욕구가 강하다. 권력을 잡고 부자가 되고 싶은 욕구, 남보다 좋은 것이 있으면 남들에게 자랑하고 싶어하는 욕구가 있다. 그러한 욕구를 적정하게 채워 주어야 한다. 그런 사람이 동기부여 전문가다. 물론 불법적이고 비도덕적인 방법으로 그러한 욕구를 채우는 것은 좋지 않다.

인간의 욕구를 적정하게 잘 활용하여 자신의 이익을 보는 사람도 많다. 그런 사람이 상술이 좋은 사람이다. 사람의 마음을 잘 이용하여 자신이 원하는 것을 다른 사람이 하도록 하는 설득과 협상의 대가도 있다. 그런 사람들이 진정한 동기부여의 달인이다.

앞서 말한 것처럼 동기를 부여하는 것은 인간에게 특정한 기운을 갖게 하고 기세를 등등하게 하는 것이다. 상대방이 필요로 하는 욕구를 채워 줌으로써 상대방의 기운을 강하게 하는 것이다. 기력이 쇠약한 사람도 욕구를 충족시켜 주면 힘을 낸다. 그러한 힘을 주는 것이 바로 상대방에게 동기를 부여하는 것이다.

상대방의 욕구를 충족시켜 주면, 상대를 시나브로 자신이 원하는 사람으로 만들 수 있다. 그렇게 함으로써 상대방이 자기편이 되게 한다. 그것이 좋은 동기부여 기술이다. 마치 돌고래 조련사가 돌고래가 좋은 쇼를 보이면 먹이를 주듯, 상대방이 원하는 것을 던져 주고 상대방이 자신이 원하는 행동을 하면 또다시 그 욕구를 채워 주는 것이다. 그러한 욕구를 충족시켜 줄 수 있는 수단과 방법을 많이 가지고 있는 사람이 동기부여 전문가다.

매슬로의 욕구 5단계 이론에서는 하위 수준을 만족하면 상위 수준으로 올라간다고 말하지만, 직장인의 경우에는 그러한 욕구가 뒤죽박죽이다. 하위 수준의 욕구가 채워져야 상위 수준의 욕구를 갖게 될 거라는 것은 모순이다. 상황에 따라 그에 맞는 욕구가 발현될 뿐이다. 그러므로 상대방이 처한 상황에 따라 상대가 원하는 욕구를 시기적절하게 잘 채워 주어야 한다.

주인공으로 만든다

상대에게 동기를 부여하기 위해서는 상대방을 주인공으로 만들어야 한다. 상대가 주인공이 되도록 해서 상대에게 주도권이 있는 것처럼 해야 한다. 그래서 그 사람이 주도적으로 주인의식을 가지고 행동하게 해야 한다.

일반적으로, 자율적이고 능동적으로 움직이는 집단을 보면 대단히 많은 감투가 있음을 알 수 있다. 많은 권력기관을 만들어서 많은 사람들에게 직위를 부여하여 주도적으로 주인의식을 가지고 활동하도록 하기 위함이다. 일례로 선거를 보면, 많은 조직을 만들어서 많은 사람들에 직함을 줘서 주인의식을 가지고 주도적으로 행동하게 한다. 사람들에게 일정한 지위를 부여하면, 그에 상응하는 역할과 책임을 다하기 위해 헌신적으로 열정을 다하는 경향이 있기 때문이다.

결국에는 선거 조직원 대부분이 알게 모르게 하나의 감투를 가지고 있다고 생각하면 된다. 이처럼 지위와 감투로 사람을 잘 리드하는 것도 동기부여의 기술이다. 적정한 지위를 주고 그 지위에 상응하는 역할을 줌으로써 그 사람이 주인의식을 가지고 활동하도록 하는 것이다. 그렇게 함으로써 한 사람 한 사람씩 조직에 충성하도록 만들어 가는 과정이 바로 사람을 관리하는 과정이다.

고려 시대에 공신들에게 공신전을 주고 왕족들이 권문세가나 지방 호족세력과 정략적으로 결혼하는 것도 그런 연유다. 권력의 욕구를 채워 줌과 동시에 신분 상승의 욕구와 상호 관계의 욕구를 채워 주는 것이다. 그것보다 좋은 효과를 발휘하는 것은 없다. 감투를 주고 거기에 돈도 주고 신분도 올려 주니, 받는 입장에서는 복이 넝쿨째 들어오는 형국이다. 거기에다 왕족과 친인척이 되었으니 얼마나 감개무량하랴. 그러기에 왕족에게 충성하고 왕족의 편이 되어서 왕족을 위해서 목숨을 거는 것이다.

밀그램의 '교도소 교도관의 시험'에서 알 수 있는 바와 같이, 사람은 일정한 권한이나 직책을 주면 그것을 이용하여 다른 사람에게 완력을 행사하려는 본능이 있다. 그래서 아무리 지식이 없는 사람도 리더의 자리에 오르면 남에게 충고하고 가르치면서 자기만의 강력한 리더십을 발휘하려고 한다. 멍청한 사람도 남을 충고하는 위치에 있으면 아주 명석한 사람이 된다. 그만큼 사람은 지배하는 위치에 오르려는 욕구가 강하다. 그래서 사람들에게 지위를 준다고 할 때, 동기부여가 잘되는 것이다.

사람은 권위에 약하다

일반적으로 리더십의 3요소로 권위와 인품과 전문성을 꼽는다. 사람을 이끌기 위해서는 이상의 세 가지를 두루 겸비하고 있어야 하며, 최소한 한두 가지는 지녀야 한다. 즉, 사람을 이끌기 위해서는 이상과 같은 세 가지를 겸비해서 권위로 이끌어야 하는 경우에는 권위로, 인품으로 이끌어야 하는 경우에는 인품으로, 전문성을 이용해서 사람을 이끌어야 하는 경우에는 전문성으로 이끌어야 한다.

특히 사람들은 직위나 권위 그리고 외적으로 보이는 아우라에 의해 설득되는 경우가 많다. 그래서 실제로는 가지고 있지 않아도 외적으로 전문가 같은 이미지만 가지고 있어도 그 사람의 말을 따르는 경우가 있다. 바로 그러한 점을 악용하여 청와대 간부를 사칭한 사기나 고위직 공무원 신분을 사칭해서 사기를 치는 사람도 있다.

일반적으로 사람들은 권위에 약한 모습을 보인다. 아무리 초면이어도 권위가 있다고 생각하는 사람을 갑으로 인정한다. 왜냐하면 어릴 때부터 그렇게 살아왔기 때문이다. 즉, 살아남기 위해서는 강자의 말을 잘 들어야 한다는 것을 본능적으로 안다.

하지만 역으로 생각하면, 그런 사람에게 사기를 당하지 않기 위해서는 권위에도 흔들리지 않는 강한 자아를 가지고 있어야 한다. 그러기 위해서는 지위가 높아도 그런 사람에게 결코 꿀리지 않는 후덕한 인품을 지녀야 하고, 타의 모범이 되며 다방면에 정통해야 한다. 또한 상대방에게 아쉬울 것이 없어야 한다.

결국, 부와 돈과 권력을 가지고 있는 사람이 동기부여 전문가다. 자신에게 가진 것도 없고 힘이 없는 사람이 동기부여 전문가가 되기는 어렵다. 왜냐하면 이미 다른 사람들은 상대방에게 동기부여 되기 이전에 그 사람이 실제로 자신들의 롤 모델로서의 자격이 있는가를 먼저 검증하고 진단하기 때문이다.

그러므로 진정한 동기부여 전문가가 되기 위해서는 다른 사람들이 자신을 동기부여 전문가로 바라보게 하는 것도 중요하다. 또한 다른 사람이 보기에 동기부여 전문가로서의 위력을 가지고 있어야 한다. 가난한 사람이 돈을 버는 비결을 알려 준다고 말하면 다른 사람이 신뢰하지 않을 것이고, 뚱뚱한 사람이 다이어트 비결에 대해서 말하면 믿지 않을 것이다.

권위로 동기부여를 하는 방법

특별히 권위의 측면에서 상대방의 권위를 올려 주는 기법과 자기의 권위로 상대방을 강압적으로 제어하는 기법을 적용할 수 있다. 즉, 상대방에게 동기를 부여함에 있어서 자발적이고 적극적인 태도로 스스로 하고자 하는 의욕을 보이는 경우라면, 특진을 시켜 주는 등 상대방의 권위를 한 차원 높여 주는 것이다. 이와 함께 책임량을 더해서 당사자가 좀 더 헌신적이면서 희생적으로 일을 할 수 있도록 해야 한다. 아울러 명함을 만들어 주거나 고급 승용차를 지원하는 방법으로 상대방의 권위를 올려 주어야 한다.

　하지만 자발적으로 움직이는 것을 싫어하고 남의 눈치를 보거나 살살 뒤로 꽁무니를 빼려는 사람에게는 자신의 권위로 압박을 주어야 한다. 그렇게 함으로써 상대방이 하지 않으면 안 되는 상황으로 내몰아야 한다. 잘하는 사람에게는 상을 주어서 동기를 부여하고, 못하는 사람에게는 벌을 주는 것과 유사하다. 또한 권위로 압박을 줄 때는 양심에 입각하여 행동해야 한다.

동기부여를 위한 권한 위임 시 주의할 사항

사람은 권력을 잡고 일정한 권위에 오르면 갑甲 질을 하고 싶은 욕구가 있다. 또 자기의 권위를 드러내고 싶고 자랑하고 싶은 마음이 생기기 마련이다. 그래서 자만한 나머지 오버해서 문제를 발생시키고 사고를 일으켜 나락으로 떨어지는 경우가 종종 발생하기도 한다. 그러므로 그런 점을 감안하여 권위를 부여할 때는 책임도 함께 부여해야 한다.

아울러 그 직위나 권위를 부여하면서 기본 도리와 소양을 갖추도록 훈련시켜야 한다. 그렇게 하지 않으면 권위가 사람을 넘어서게 되며, 그 권위를 이용하여 사기를 치거나 비윤리적인 행위를 하게 된다.

동기를 부여한다는 것은 여러 면에서 볼 때, 이미 특별한 희소성의 가치를 인정받았다고 볼 수 있다. 특정한 사람으로 분류되는 것이다. 그러므로 가능한 그러한 특권이 좋은 평판을 받도록 해야 한다. 즉, 더욱 잘하라는 의미에서 동기를 부여 받은 것이라고 생각해야 한다. 아울러 뭇사람의 희망이자 자랑이 되는 사람이 되도록 노력해야 한다. 그것이 자기에게 부여된 권위를 정당하게 활용하는 것이라고 볼 수 있다.

이에 더하여 더욱 주의해야 하는 것은 한번 특별한 동기를 부여받으면 추후에도 그러한 특별한 대우를 받으려는 욕심이 생기게 되는데, 그런 욕망을 버려야 한다는 점이다. 그런데 많은 사람들이 현실을 직시하지 못하고 부여받은 권한이 영원할 것이라는 착각에서 함부로 행동하는 경향이 있다.

그러므로 권한을 위임한 사람은 상대가 그러한 착각에 빠지지 않도록 적당한 시기에 권한을 회수해야 한다. 그러면서 상대방을 띄워 줄 때는 적당히 띄워 주고, 상대방이 도를 넘어서면 다시금 풀이 죽게 만들어야 한다. 그것이 권위를 이용한 동기부여 기술이다.

사람은 일반 사람과는 달리 뭔가 특별함을 가지고 있는 사람의 말에 쉽게 동기부여 된다. 그러므로 타인을 동기부여 하기 위해서는 자기 자신이 다른 사람과는 다르다는 점을 상대방에게 잘 알려야 한다.

그렇다고 자기 자랑을 하라는 것은 아니다. 최소한 상대방이 자신에게 동기를 부여시키는 사람이 괜찮은 사람이고 충분히 실력을 지닌 전문가라는 사실을 인식시켜야 한다. 가능한 상대방의 나르시시즘을 충족시켜 주고 주눅 들지 않도록 하는 것이 무엇보다 중요하다. 아울러 상대방이 자기와 함께하는 것을 다른 사람에게 자랑하는 정도가 되어야 한다. 그래야 동기부여의 효과가 크게 발휘된다.

4
필요성과 의미를 부여한다

브랜드, 히트 상품, 유명인, 유물이나 유품 등이 갖는 공통점은 다른 것들과는 다른 특별한 의미와 가치를 가지고 있다는 점이다. 일례로 브랜드의 가치는 정신적인 무형의 가치다. 브랜드가 갖는 물질적인 가치보다 보이지 않는 정신적인 가치가 매우 높다. 비단 브랜드뿐 아니라 고귀한 것은 그 나름대로 당사자에게 특별한 의미와 가치를 부여한다.

우리가 누군가를 사랑하면 그 사람에 대해 관심을 갖게 되고, 그 관심에 기인하여 그간에 보지 못한 또 다른 것을 깊이 있게 들여다보게 된다. 또 아무 일도 아니고 특별한 가치가 없는 것이라고 생각했는데, 그것에 아주 희귀하고 특별한 것이라는 의미를 부여하면 그것이 희귀하고 특별한 것으로 보인다. 이처럼 무엇인가에 의미와 가치를 부여한다는 것은 특별한 관심과 사랑을 보내는 것이라고 볼 수 있다.

그런 점에 비춰 볼 때, 특정한 사람에게 동기를 부여하기 위해서는 그에게 특별한 의미와 가치를 부여해야 한다. 아울러 상대방이 자신이 하는 일의 의미와 가치에 대해서 알도록 해야 한다.

일을 함에 있어 그 일의 의미와 가치를 알고 하는 사람과 그렇지 않는 사람은 큰 차이를 보이기 때문이다. 그러므로 일을 시킬 때에는 상대방에게 그 일이 매우 소중한 일이라는 점을 부각시켜야 한다. 그것이 의미와 가치를 부여하는 동기부여의 기술이다.

길가에 굴러다니는 돌이지만 그것이 유성이라면 무한한 가치를 지닌 돌이 된다. 또 단순한 술이지만 그것이 임금님이 하사한 술이라면 귀한 술이 된다. 그런 점에 비춰 볼 때, 의미를 부여한다는 것은 평범한 것을 비범하게 만드는 것이다. 이렇듯 하찮은 것도 의미와 가치를 부여하면 그것이 대단한 것이 된다.

동기를 부여함에 있어서 의미와 가치가 주는 영향은 상상 외로 크다. 의미와 가치는 일의 목적이다. 그래서 의미와 가치를 부여하면 함부로 하지 않게 된다. 우리는 귀한 물건은 함부로 하지 않고 조심해서 다룬다. 같은 종이여도 휴지와 화폐는 서로 다르게 취급된다. 즉, 의미와 가치가 높은 것이 귀한 대접을 받는다. 그러므로 가능한 동기부여 하는 사람이 그 일에 대해서 많은 의미와 가치를 제공받도록 해야 한다.

상대방에게 의미와 가치를 부여하자

사람의 가치를 올리기 위해서는 상대방을 가치 있는 사람으로 인정해 주어야 한다. 사람은 거지로 대하면 거지가 되고 왕자로 대하면 왕자가 된다. 그래서 특정한 사람을 고귀한 사람으로 성장시키기 위해서는 그 사람이 고귀한 사람이 될 것이라는 기대감을 가지고 바라봐야 한다.

아울러 그 사람을 예우함에 있어 그 사람의 미래 가치를 보고 예우해야 한다. 현재 위치에 있는 그 사람을 보는 것이 아니라 3년 후, 5년 후, 그리고 10년 후의 모습을 대하듯이 예우해야 한다.

상대방에게 존경어나 존칭어를 쓰는 것도 의미와 가치를 부여하는 것이다. 어떻게 생각하면, 의미를 부여하는 것은 생명력이 없는 것에 생명력을 불어넣어 주는 것이라고도 볼 수 있다. 또한 가치를 부여하는 것은 그 가치에 버금가는 정도의 기대감을 표현하는 것이라고 볼 수 있다. 그래서 의미와 가치를 부여하는 것은 상대방의 마음에 비단 옷을 입히는 것이라고 볼 수 있다.

상대방에게 의미와 가치를 부여할 때는 특별한 의식을 치르는 것이 좋다. 그냥 단순히 의미와 가치를 제공하는 것이 아니라, 특별한 의식을 거행하고 그 의식에 따라 특별한 의미를 전달해야 한다. 그래야 의식에 따른 의미와 가치가 상대방의 기억 속에 특별한 기억으로 자리하게 된다.

아울러 의식을 진행할 때는 거룩하고 성스럽게 해야 한다. 단순히 아무나 그런 의식에 참여하는 것이 아니라, 특별한 사람만이 그러한

의식에 참여한다는 사실을 의식하게 해야 한다. 그래야 그 일에 사
명의식을 갖게 된다.

5
감정을 건드린다

사람은 감정의 동물이다. 아무리 이성적으로 좋은 생각을 하고 합리적으로 생각하는 사람도 결국에는 감정에 의해 움직이게 된다. 그러므로 사람을 건드려서 자기 방식대로 이끌기 위해서는 이성적으로 좋은 지식을 가르쳐 주는 것도 중요하지만, 그에 앞서 감정적으로 반응해서 행동하도록 하는 것이 좋다.

이때 동기부여를 하는 사람은 상대방의 어떤 감정을 건드리고 어떻게 자극을 주어야 감정이 움직이는가에 대해서 연구해야 한다. 즉, 상대방의 습성을 잘 파악해서 적정하게 감정적 자극을 줘야 한다. 사람은 감정의 변화에 아주 민감하게 반응하기 때문이다. 돌부처와 같은 사람도 감정을 건드리면 그 감정에 기인한 행동을 하게 된다.

사람의 감정을 건드리기 위해서는 가장 우선적으로 그 사람의 생각을 건드려야 한다. 왜냐하면 생각에 기인하여 감정이 움직이기 때문이다. 즉, 좋은 생각을 하면 좋은 감정에 기인하여 좋은 행동을 하게 되고, 나쁜 생각을 하면 나쁜 감정에 기인하여 나쁜 행동을 하게 된다. 그러므로 상대방에게 선한 영향력을 제공하여 좋은 행동을 유발시키기 위해서는 좋은 생각을 갖도록 좋은 이야기를 많이 해 줘야 한다.

한편 경우에 따라서는 미운 사람을 자극해서 다른 곳으로 내쫓아야 하는 경우도 있다. 조직에서 불필요한 사람 혹은 함께 있으면 있을수록 조직도 개인도 손해가 되는 경우라면 서로 갈라서야 한다. 그런 경우에는 의도적으로 좋지 않은 관계를 형성해야 한다. 이처럼 자신이 원하는 방향으로 상대방에게 나쁜 기운을 주는 것도 동기부여의 기술이다.

전략적으로 좋지 않은 말을 계속하고 조직 분위기를 험악하게 몰고 가면, 그로 인해 상대방이 자극을 받아 부정적인 감정이 발동하여 조직을 떠나게 된다. "없는 호랑이도 세 사람이 말하면 믿게 된다."는 삼인성호三人成虎의 고사성어가 말해 주듯 사람은 부정적인 말을 계속 들으면 그로 인해서 부정적인 생각에 기인하여 부정적인 행동을 하게 된다.

인간은 야누스의 얼굴을 가지고 있다. 순수하게 부정적인 사람도 없고 순수하게 긍정적인 사람도 없다. 부정적인 사람도 그에 상응하는 정도의 긍정적인 면이 뒤에 숨겨져 있고, 긍정적인 사람도 그 반대편에 부정적인 면이 숨겨져 있다. 그러므로 자신이 원하는 대로 사람을 이끌기 위해서는 사람의 감정을 건들 줄 알아야 한다.

"가장 완벽한 시나리오와 연출에 의해 가장 완벽한 눈물이 나온다."는 말이 있듯 모든 것에는 어느 정도 연출이 필요하다. 극적인 장면과 극한의 서스펜스에 달하는 스릴을 맛보기 위해서는 어느 정도의 연출이 필요하다. 그러므로 동기를 부여할 때도 동기를 부여하는 사람이 어떤 말을 하고 어떤 의미를 주고 어떤 자극을 주어야 그 사람이 가장 민감하게 반응을 하는지를 항상 생각해야 한다. 그것이 바로 그 사람을 맞춤형으로 동기부여를 하는 비결이다.

일례로 칭찬하면 스스로 알아서 잘하는 사람이 있는가 하면, 좋은 말로 하면 오히려 머리 꼭대기에 올라 건방을 떠는 사람도 있다. 이런 경우에는 좋은 말로 하기보다는 험악하거나 부정적인 말로 상대를 대하는 것이 좋다. 그러므로 항상 동기를 부여 받는 당사자를 잘 파악하여 상대방의 특성에 감안한 맞춤형 동기부여를 해야 한다.

직장인들 대부분은 회사에서 크게 열정을 다해서 일을 할 필요가 없다고 생각한다. 그런 일반 직장인을 상대로 자발적이고 적극적인 참여를 이끌어 내기 위해서는 그에 상응하는 정도의 동기를 부여해야 한다. 그런데 자칫 감정을 잘못 건드려서 오히려 잘하고 있는 사람이 더 후퇴하는 경우가 생길 수 있고, 아군이라고 생각했던 사람이 적군으로 돌아서는 경우도 있다. 그러므로 사람의 감정을 건드릴 때에는 적정 수준까지만 건드려야 한다.

'역린지화'라는 말이 있다. 즉, 용의 역 바늘을 건드리면 용이 화를 낸다는 것이다. 평상시에는 결코 화를 내지 않던 용도 어느 순간 목덜미 아래 역방향으로 되어 있는 비늘을 건드리면 격하게 화를 낸다는 것이다. 누구에게나 아킬레스건이나 트라우마가 있으므로 그것을 감안해서 감정을 건드려야 한다. 그렇지 않으면 자칫 역효과가 나게 된다.

동기를 부여하는 사람의 감정도 중요하다

사람은 아주 사소한 것으로 인해 감정이 움직이기 마련이다. 아주 사소하고 미미한 것으로 인해 감정이 격해지고, 그 감정에 기인하여 살인도 저지르는 경우도 있다. 그러므로 사람의 감정을 건드릴 경우에는 상대방의 감정을 포용할 수 있을 만큼의 너그러운 마음을 가지고 있어야 한다.

동기부여 하는 사람의 감정도 불안하고 상대방도 감정적으로 불안한 상태에서 있으면 감정적 대립으로 인하여 큰 싸움이 날 수도 있다. 본래의 목적에서 벗어나 의외의 상황이 발생될 수 있다는 점을 인지해야 한다. 그러므로 감정으로 동기부여를 하기 위해서는 먼저 자신이 감정적으로 안정되어 있어야 한다.

이 말은 자기가 감정적으로 불안정한 상태에서는 다른 사람과 감정적 대립이 발생되지 않도록 주의해야 한다는 뜻이다. 따라서 자신의 감정이 불안정한 상태에서는 가능한 다른 사람과의 접촉을 피하는 것이 좋다. 감정도 전이되기 마련이다. 좋은 감정은 좋은 감정을 전달해서 상대방의 기분을 좋게 하고, 나쁜 감정은 나쁜 감정으로 인해 상대의 기분을 나쁘게 하므로 항상 주의해야 한다.

가장 좋은 비결은 자신이 감정적으로 안정될 때만 사람을 만나는 것이다. 또한 만일 감정이 격한 상태라면 감정을 순화시킨 연후에 상대를 접해야 한다. 상대방의 감정도 안정되고 자신의 감정도 안정되어 있는 상태에서 동기를 부여하는 것이 가장 바람직하다.

심기를 건드린다

상대방을 움직이게 하기 위해서는 상대방의 마음을 안달이 나게 하는 것도 좋다. 완전히 주는 것도 아니고 그렇다고 주지 않는 것도 아니고, 하는 것도 아니고 안 하는 것도 아니고, 좋아하는 것도 아니고 그렇다고 싫어하는 것도 아니고, 조금은 애매모호한 상황을 만드는 것이 좋다. 상대방이 알아서 해석하도록 모호하게 말을 흐려서 상대방이 호기심을 갖도록 유도하는 것이다. 대신에 주고자 하는 것을 자주 보여 줌으로써 희망을 갖게 해야 한다.

낚시를 하면서 가장 큰 고기는 잡았다가 놓친 고기다. 다 잡았다고 생각했는데 그것을 놓친 경우, 마음이 아쉽고 안타깝기 마련이다. 로또 번호를 거의 다 맞췄는데 마지막 한 자리가 맞지 않아 안타까운 경우와도 같다. 그야말로 아슬아슬한 경우가 바로 이러한 경우다. 잡힐 듯하면서 잡히지 않는 상태는 그야말로 사람의 애간장을 태운다. 그러면서 상대방이 자기가 원하는 것을 하면 속 시원하게 상대방의 호기심을 채워 주는 것이 동기부여의 핵심 스킬이다.

사람은 잡으려는 욕구 혹은 소유의 욕구가 있어서 잡으려고 하는 것을 잡지 못하는 경우에는 아쉬워하기 마련이다. 잡으려고 하는데 잡지 못한 경우나, 소유하려고 하는데 소유하지 못하는 경우에는 더 갖고 싶어 한다. 또 자기가 충분히 가질 자격이 있는데 그것을 갖지 못한 경우나, 자기가 충분히 가지고 있다고 생각했는데 그러한 조건을 충족하지 못한 경우에는 더 갖고 싶어 한다. 이에 더하여 자기 원하는 것을 가져 버리면 전과는 완전 다른 모습으로 돌변하기도 한다.

"다 잡은 물고기에게는 밥을 주지 않는다."는 말이 있다. 서로 연애를 할 때는 죽자 살자 따라다니고, 없으면 금방이라도 죽을 것 같이 애절한 사랑을 하다가도 그 사람과 결혼해서 자기 아내가 되면 그다음부터는 그 사람에게 신경 쓰지 않는다는 것을 빗대어서 하는 말이다. 그만큼 희소성이나 신비감이 사라졌기 때문에 관심을 보이지 않는 것이다.

그러므로 늘 신비감을 유지하고 공식적인 관계 이외에 비공식적으로 사적인 관계를 맺지 않는 것이 좋다. 사적인 영역에서 자기의 위치를 고수하는 것이 좋은 관계를 지속적으로 유지하는 것이다. 어떻게 생각하면 사적으로 친하고 허물없이 지내면 더 친하고 밀접한 관계가 유지될 것 같지만, 너무 거리감이 없으면 오히려 신비감이 사라져 권태감을 느끼게 된다.

그래서 직장에서는 신비감을 유지하고 권태감이 생기지 않도록 하기 위해 3년 혹은 4년에 걸쳐 리더를 교체한다. 너무 오래 있으면 그 사람에게 대해 너무 잘 알게 되어 사람들에게 신비감의 약발이 먹히지 않기 때문이다. 그래서 신비감이 드러나기 전에 다른 사람으로 교체해서 신비감을 계속 유지하는 것이다.

  대부분 혹세무민하면서 세상을 어지럽히는 사람들이 많이 쓰는 기법 중 하나가 호기심을 자극하는 것이다. 그들은 신비감을 가지고 호기심을 자극한다. 그러면서도 결코 오래도록 함께 있지 않으며, 지속적으로 궁금증을 유발하는 메시지를 보낸다. 그러한 과정에서 다른 사람들이 그것에 중독되게 하고 반복 세뇌함으로 신비로운 사람처럼 느끼게 한다. 그것이 바로 신비스러움을 이용한 동기부여 핵심 스킬이다.

  이것이 가장 잘 먹히게 하기 위해서는 앞서 말한 바와 같이 우선 상대방에게 로망이 되는 것을 보여 주어야 한다. 상대방의 희망이 되고 기쁨이 되고, 축복이 되고, 영광이 되는 것을 일단 보여 주는 것이다. 그렇게 함으로써 호기심을 갖게 한다. 그것도 아주 살짝 보여 주어야 한다. 그러면 금방이라도 자기가 잡을 수 있을 것이라고 생각한다. 아울러 상대방이 조금만 더 노력하면 쉽게 잡을 수 있다는 것을 알려 주어야 동기부여의 효과가 크다.

선의의 경쟁을 유도한다

사람에 따라서 다르겠지만 승부욕이 있는 사람, 특히 남에게 지는 것을 싫어하는 성미를 가진 사람이라면 분노를 일으켜서 동기부여 하는 것이 좋다. 삼국지에서 노익장을 과시하려는 황충 장군의 분발심을 유발하여 전쟁에 나아가 승리를 일구게 했던 제갈공명의 전략이 바로 분발심을 일으켜 동기를 부여한 것이다. 상호 선의의 경쟁심을 유발해서 분발하도록 하는 것도 좋다.

상대방에게 전혀 무관심하게 대하는 것도 좋다. 그러면 상대방은 어느 시점이 지나면 자기 자신의 나르시시즘을 채우기 위해 자기 스스로 나설 것이다.

너구리를 잡을 때 너구리가 굴에서 나오지 않으면 불을 지펴서 굴에 연기가 들어가도록 하면 된다. 그러면 너구리가 굴에서 나올 것이다. 그러한 원리를 잘 이용해야 한다.

타이밍이다

손자병법에서 전략으로 가장 중요하게 생각하는 것이 타이밍이다. 손자는 공격을 하되 상대방이 준비되지 않는 곳으로 공격하고, 상대방이 뜻하지 않는 곳으로 공격해야 하며, 전쟁에서는 속도가 매우 중요하다고 말한다. 이처럼 상대가 모르는 시간, 상대가 모르는 장소, 상대가 눈치 채지 못하는 속도 등 모든 것은 타이밍에 의해 이뤄진다. 그것이 타이밍의 예술이다.

그러므로 모든 것은 타이밍에 의해서 전략적으로 접근해야 한다. 동기를 부여함에 있어서도 타이밍을 고려해서 전략적으로 접근해야 한다. 상대방 기분이 좋고 에너지가 충만할 때나 상대방이 감정적으로 기분이 좋은 시점에 동기를 부여해야 한다. 또 상대가 피곤하고 지쳐 있으면 상대에게 에너지와 기를 충전하는 시간을 주어야 한다.

동기를 부여할 때를 알고 동기를 부여해야 한다는 것이다.

흔히 말을 잘하는 사람은 자신이 말을 해야 하는 시점과 하지 말아야 하는 시점을 잘 판단해서 말을 해야 할 때는 말을 하고, 말을 하지 말아야 하는 시점에서는 말을 하지 않는다. 바로 그러하다. 자칫하면 부작용이 생길 수 있다. 특히 상대방이 기분이 좋지 않는 상황에서 동기를 부여한답시고 신경을 자극해서 오히려 긁어 부스럼을 만들 수 있으므로 주의해야 한다.

끊고 맺는다

하위 레벨에서 상위 레벨로 올라가기 위해서는 그에 상응하는 정도의 저항을 이겨 내야 한다. 마치 우주선이 대기권을 넘어서 무중력 상태로 진입하기 위해 많은 힘을 쏟고, 비행기가 이륙을 할 때 많은 에너지를 쏟듯 하나의 틀에서 벗어나거나 한 단계를 오르고 하나의 계층을 넘어서기 위해서는 많은 수고가 따르기 마련이다.

그런 점에 입각해서 가능한 새로운 동기를 부여받고 새로운 세상으로 나아가기 위해서는 그에 상응하는 정도의 노력을 해야 한다. 즉, 본래의 재능과 현재의 위치에서 다시금 큰 위치로 비상하기 위해서는 그에 상응하는 정도의 노력이 필요하다. 그러므로 상대방을 동기부여 하는 과정에서 누군가 목표를 달성했다면 회식이나 파티 등을 통해 그에 따른 축복의 시간을 가져야 한다. 그렇게 함으로서 마침과 시작의 의미를 좀 더 명쾌하게 가져갈 수 있다.

이처럼 일정한 시점에 매듭을 엮어 종료와 시작 혹은 시작과 종료의 경계를 지어 주어야 한다. 아울러 그간에 상대방이 얼마나 많은 노력을 했는가를 파악해서 그 노력에 상응하는 합당한 보상을 해 주어야 한다. 그래야 새로운 마음으로 새로운 목표를 향하여 다시 선전하게 된다.

이에 대한 축제나 회식은 적정한 시기를 잡아서 해야 한다. 상대방이 새로운 각오를 다지는 환절기 혹은 분기 초나 연말연시에 그러한 행사를 하는 것이 좋다. 그러면 상대방은 그런 특별한 행사 장면을 생각하면서 그의 삶에 특별한 의미를 부여하게 될 것이다. 이렇듯 행사를 한다는 것은 그 사람의 삶의 이정표를 만드는 것이자, 그 사람 인생의 한 페이지를 장식하는 것이라고 볼 수 있다.

상대방의 생일이나 자녀의 입학식 등 특별한 날을 기념하는 날을 잡아서 행사하는 것도 좋다. 행사를 할 때는 가능한 많은 사람들에게 알려 축제 분위기가 되도록 해야 한다.

▼
▼
▼
▼

6

좋지 않은 기억은 없앤다

사람의 마음은 간사하다. 상사에게 충성을 맹세하고 상사에게 은혜를 입었음에도 시간이 흐르고 세월이 흐르면 다시금 과거에 상사가 자기를 서운하게 했던 것이 생각나서 다시 좋지 않는 사이로 감정이 회귀한다. '네가 과거에 나를 마음 아프게 했으니 두고 보자. 어떻게든 기회가 되면 너에게 복수할 것이다.'라고 생각한다.

물론 그런 마음이 매일 드는 것은 아니다. 자신의 감정이 좋지 않거나 어느 정도 상사와 대치 상태에 있을 때 그런 생각을 한다. 즉, 마음이 해이해지거나 군기가 빠졌을 때 혹은 긴장감이 없을 때 그런 생각을 한다. 흔히 말하기를 "여유 있고 먹고 살 만하니까 바람 피우고 딴 생각하게 된다."고 하는데, 바로 그러하다. 먹을 것 다 먹여 주고, 기를 것 다 길러 줘서 이제는 결핍 의식이 사라지니까 과거의 은공을 생각하지 못하고 오히려 은혜를 원수로 갚으려고 하

119
타인 동기부여법

는 것이다.

그러므로 타인에게 동기를 부여할 때는 상대방이 딴 생각을 하지 못하도록 해야 한다. 즉, 그런 생각이 들지 않도록 상대방을 정신 없게 만들어야 한다. 딴 생각을 할 시간적인 여유가 생기지 않도록 계속해서 자극을 주다 보면 긴장해서 그런 생각이 파고들 틈이 생기지 않는다.

또한 가끔씩 무슨 일을 지시해 놓고 상대방의 일하는 태도를 보면서 그 사람의 내면에 어떤 생각이 숨겨져 있는가를 파악해야 한다. 잡초는 뿌리 째 뽑아야 자라지 않는다. 작은 불씨가 어떤 경우에는 큰 불씨가 되는 경우도 있다. 그러므로 일단 징후가 발생되어 어느 정도 윤곽이 드러나면 발본색원해서 엄벌에 처해야 한다. 경우에 따라서는 그러한 생각을 가지고 있는 것을 인정해 주고 응당 그럴 수 있다는 생각으로 그 사람을 포용하는 것도 좋다.

아울러 자기는 과거의 그런 사람이 아니니, 이제는 그런 과거지사를 잊고 새로운 마음으로 다시 시작하자는 무언의 메시지를 전해야 한다. 그래서 상대방이 상사에 대한 편협한 생각을 버리고 더욱 충성을 다할 수 있도록 하는 것이 좋은 동기부여 스킬이다.

즉, 읍참마속에 버금가는 정도의 신상필벌信賞必罰도 좋지만, 제갈공명이 맹획에게 베풀었던 칠종칠금七縱七擒과 같은 아량을 보이는 것도 좋다. 그래야 상대방의 마음을 진정으로 얻게 된다. 그래야 큰 리더다. 그렇지 않고 부하직원의 감정에 부화뇌동하는 리더는 큰 리더라고 볼 수 없다.

동기부여 측면에서 볼 때, 그런 사람과는 일부러 적정한 거리를 두고서 지내는 것도 좋다. 상대방이 어느 정도 갈등을 겪고 스스로 자기 생각이 잘못된 것이라는 것을 느끼게 하는 것도 좋다. 기다리는 것이다. 상대방이 자신이 오해하고 있으며 그런 과거지사는 결코 자신에게 득이 되지 않는다는 것을 알게 하는 것이다.

아울러 그런 상대방이 있다면 그와 함께하는 시간을 자주 가져야 한다. 자주 만나서 소통하고 갈등을 완화하는 활동을 통해 그런 생각을 갖지 않도록 분위기를 형성해야 한다. 이에 더하여 자신이 과거 상대방에게 억울한 누명을 씌우고 상대방에게 채찍이나 벌을 가했다면, 상사가 아닌 인간으로서 진정으로 상대방에게 자신의 잘못에 대해 용서를 구해야 한다.

기분이 좋지 않으면 칩거한다

생활을 하다 보면 유독 심신의 컨디션이 좋지 않는 날이 있다. 전날에 잠을 많이 자지 않았다든지, 과음을 했다든지 혹은 심신의 피로를 충분히 풀지를 못했다든지 하는 날이 있다. 그러면 사소한 것에 의해 기분이 영향을 받는다. 평소 같으면 아무렇지 않게 넘어갈 수 있는 일인데도 민감하게 반응하고 화를 버럭 내는 상황이 발생된다.

그러므로 자기 컨디션이 좋지 않거나 불쾌지수가 높은 날 혹은 조직의 분위기가 좋지 않는 날에는 침묵하면서 칩거하는 것이 좋다. 대개 불쾌지수가 높은 날, 비가 오거나 천둥 번개가 치는 날, 사회

전반적으로 슬픈 일이 있는 날 등 객관적으로 자기뿐 아니라 다른 사람들도 기분이 별로 좋지 않을 것이라고 생각되는 날에는 침묵하는 것이 좋다.

사람은 서로 느낌을 주고받는 기의 주파수가 있어서 자신이 불쾌한 상태에서 기를 전하면 아무리 좋은 기운을 전한다고 해도 상대방에게 나쁜 기운이 전해지기 마련이다.

그러므로 짜증이 나거나 참을성이 약해지는 경우 혹은 부정적인 생각이 많이 들고 자신감이 없어지거나 평소보다 실수를 많이 하는 날에는 그냥 침묵해야 한다. 그러면서 주변 돌아가는 상황을 조용히 관찰하되 무리하게 나서지 말고 다음 기회를 노려야 한다.

아울러 더욱 주의해야 하는 것은 그런 상황에서 긴급하게 일을 해야 하고 접촉해야 하는 경우에는 직접 대면하기보다는 가능한 메일이나 전화로 하는 것이 좋다.

그것이 서로가 갈등의 관계에서 말싸움을 하거나 서로 얼굴을 붉히는 횟수를 줄이는 길이다. 그러므로 가능한 기분 좋을 때 혹은 상대방이 기분이 좋아하는 일이 있을 때에 대면하는 것이 좋다.

그러기 위해서는 가기의 감정 상태를 잘 헤아려야 하고 상대방에 대한 기분 상태도 잘 살펴야 한다. 상대방의 개인적인 사정에 의해서 특별한 일이 발생될 수 있음을 알아야 한다. 그러므로 상대방의 심리상태나 여건 그리고 처한 환경적인 상황을 파악해서 그에 맞게 대처하는 것이 좋다. 그것이 상대방의 기분을 좋게 동기부여 시키는 핵심 스킬이다.

상대방도 성장한다

세월이 흐르면 자기도 성장하지만, 상대방도 성장하고 있다고 생각해야 한다. 대개의 경우 많은 사람들이 자기는 성장하고 출세하여 옛날의 자기가 아니라는 것을 알면서, 상대방은 늘 과거의 기억 속에 있는 햇병아리라고 생각하는 경향이 많다. 그래서 과거처럼 함부로 대하고 마치 상대방이 어린아이였던 것처럼 함부로 대하는 경우가 있다. 그런데 상대방도 이제는 어엿한 성인이고 어른이고 한 가정을 이끄는 가장이 되었다는 사실을 알아야 한다.

즉, 상대방이 현재 처한 상황에 맞게 그 사람을 예우하고 대접해야 한다. 자기가 어른이 되었고 특정한 위치에서 최고 경영자가 되고 임원이 되었다고 해서 상대방을 함부로 대하지 말아야 한다. 또 상대방이 그간에 어떠한 삶을 살아왔으며 현재는 어떤 상황이고 미래는 어떤 상황이 전개될 것인가에 대해 어느 정도 알고 있어야 한다. 그래서 상대방의 기분이 상하지 않도록 해야 한다.

또한 상대방의 지인 혹은 가족이나 친지가 있는 경우에는 특히 주의해야 한다. 그런 경우에는 더욱더 정성을 다해 섬겨야 한다. 설령 상대방이 자기보다 낮은 직위에 있어도 존중해 주어야 하고, 가족들에게 상대방의 좋은 점과 자랑스러운 점을 말함으로써 상대방의 가족들로 하여금 상대방을 더 존경스러운 존재로 느끼도록 해야 한다. 그것이 의외로 그 사람의 동기를 부여하는 강력한 불씨가 되기도 한다.

직장 생활이나 조직 생활을 하면서 가장 난해한 경우는 자기 상사로 있던 사람이 자기의 부하로 오는 경우와 자기보다 나이가 많은 사람이 자기 부하 직원으로 오는 경우다. 그런 경우에는 공적인 관계에서 너무 반말을 하거나 하대하는 등 나이를 감안하지 않고 지위와 권력만을 운운하는 것은 득보다는 실이 많다. 그러므로 사적인 관계에서는 개인적인 영역을 충분히 인정해 주고 상대방의 프라이버시를 침해하지 않도록 조심해야 한다.

조직 생활을 하면서 물건을 헛되게 쓰는 것이 큰 낭비가 아니다. 조직에서 가장 큰 낭비는 열심히 할 수 있는 능력 있는 사람이 최선을 다해 자신의 능력을 발휘하기 않고, 농땡이를 치거나 기본만 하는 경우다. 10의 힘을 가진 사람이 3만을 가지고 직장 생활을 하고 있다면 7은 손해다. 그런 점을 감안하여 상대방이 주인의식을 가지고 생활에 임하도록 상대방의 기분을 좋게 해야 한다. 상대방의 심기를 건드리지 말라는 것이다.

공식적인 관계가 아닌 사적인 관계를 우습게 생각하거나 사적으로 당사자의 프라이버시를 침범하는 것도 역린에 해당한다.

자칫 반말하고 허물없이 지내는 것도 괜찮은 시점인데 분위기 파악도 하지 못하고 경어를 해서 오히려 관계가 서먹해지는 경우도 있는데, 그것은 올바른 처세라고 볼 수 없다. 그럼에도 불구하고 가능한 존경어를 쓰는 것이 좋다. 존중하고 존대를 해 주는데 기분 나빠할 사람은 없다.

누구나 자기를 인정해 주는 사람을 좋아한다. 그러므로 오랜만에 만난 사람은 어느 정도 상대방을 탐색하는 시간을 가져야 한다. 상대방이 어느 정도 변했는지, 상대방의 말을 많이 들어서 상대방에 대한 정보를 알고 접근해야 한다.

　아울러 자기 정보를 상대방에게 어느 정도 흘려야 한다. 자신의 위치가 이러하고 당신과 비교해서 이러한 위치에 있다는 것을 간접적으로 상대가 눈치를 챌 수 있도록 은근슬쩍 흘려야 한다. 이 역시 사람과 사람을 대하는 센스 있는 행동이라고 볼 수 있다.

7

적정하게 밀당 한다

상대방에게 동기를 부여하는 것은 일련의 줄다리기다. 동기를 부여하려는 자와 그것을 받으려는 자, 동기를 부여하려는 자와 동기를 부여받고 싶어 하지 않는 자들 간의 밀고 당기는 과정에서 합의점이 생기고 타협점이 생긴다.

우리가 처음 조직을 결성하면, 처음에는 서로가 경계하는 상황이 발생되고 갈등의 단계가 지나면 새로운 조직 문화가 형성된다. 사람이 처음에 낯선 곳에 가더라도 마찬가지다. 처음에는 잘 모르는 환경이기에 마음대로 행동하지 않고 조심조심한다. 낯설다는 것, 처음이라는 것, 그래서 잘 모른다는 것에 대한 두려움 때문이다. 그것이 바로 두려움이 주는 효과다.

그래서 조직을 장악하는 사람들이 대부분 조직원들의 무지를 이용하여 위기를 조장하고, 그러한 무지를 이용해서 상대방이 정보를 맹

신할 수밖에 없도록 만든다. 주변 정보를 모두 차단한 상태에서 자신이 상대방에게 주고 싶은 정보만 주어서 상대방이 다른 생각을 하지 못하게 만드는 것이다. 마치 공산주의에서 독재자들이 당원들을 충성할 수밖에 없도록 만드는 것과 같다.

하지만 상대방이 너무 아는 것이 많거나 나이가 리더보다 많은 사람 혹은 조직생활 경험이 리더보다 많은 사람, 혹은 리더를 너무도 잘 아는 사람과는 밀고 당기는 신경전을 치러야 한다. 때로는 일부러라도 져 주어야 하는 경우도 있고, 가끔은 큰소리를 쳐야 하는 경우도 있다. 또 상대방에게 가끔은 싫은 내색을 해야 할 때도 있고, 상대방보다 낮은 자리에 서야 하는 경우도 있다.

그런 경우에는 상대방이 기분 나빠하지 않고 상대방이 눈치를 채지 못하도록 해야 한다. 상대방이 일이 많고 조직을 위해서 적극적으로 주도적·자발적으로 일하는 경우에는 상대방의 말을 존중해 주고 그 사람의 말에 따라야 한다. 철저하게 숙여야 한다. 그렇게 함으로써 상대방이 자신감을 갖도록 하는 것이 중요하다.

또 상대방이 기가 너무 강해서 조직에서 리더를 뛰어넘으려고 하거나 막무가내로 말을 함부로 하고 안하무인격으로 위아래도 없이 위계질서를 무너뜨리는 경우가 있다면, 강하게 질책해서 너무 튀지 않도록 해야 한다.

가장 좋은 것은 그런 사람일수록 다른 보이지 않는 곳에 구린 내가 물씬 풍긴다는 것을 알아야 한다. 양이 강하면 음도 강한 것이다. 착한 이면에는 반대로 악함이 있고 악한 이면에는 반대로 선한 면이 있다는 점을 알아야 한다. 그러므로 늘 그 사람을 면밀하게 관찰하고 관심 있게 봐야 한다. 그래서 어느 포인트에서 밀고 당길지를 판단해서 행해야 한다.

밀어야 할 때 밀고, 당겨야 할 때 당겨야 한다. 밀어야 할 때 당기고, 당겨야 할 때 밀면 효과가 없다. 그리고 잘하다가 못해 주고 못해 주다가 어느 시점에서는 잘해 주는 것을 주기적 반복적으로 하는 것이 중요하다. 잘하는 것은 밀어 주고 못하는 것은 당기는 것이다. 또한 상대방이 매우 중요한 존재라고 느끼게 해 주고, 필요한 경우에는 상대방을 완전히 무시하는 것도 좋다. 그렇게 밀고 당겨야 한다.

병 주고 약 주고, 약 주고 병 주고…

동기부여를 함에 있어서 밀당을 해야 하는 상황은 사람의 성격심리 유형에 따라 다르다. 또 경우에 따라서는 상대방이 못해도 밀어야 하고, 상대방이 잘해도 당겨야 하는 경우도 있다. 즉, 잘해도 꾸짖어야 하는 경우가 있고 못해도 칭찬해야 하는 경우가 있다.

또, 경우에 따라서는 일부러 병을 주어야 하는 경우도 있다. "병 주고 약 준다."는 말이 있듯 병을 주어야 하는 경우에는 병을 주어야 하고 약을 주어야 하는 경우에는 약을 주어야 한다. 이때, 병을 주었다면 적당한 기회에 약을 주어야 한다. 일단 상대방이 모르는 사이에 병이 들도록 바이러스를 전파하고 상대방이 병에 걸려 약을 필요로 하는 경우에 약을 주어야 한다. 그런데 자칫 병이 악화되어 더 이상 약을 써도 안 되는 상황이 초래할 수 있으므로 병이 깊어지기 전에 약을 써야 한다.

또한 약과 병으로 밀당을 할 때는 일정한 패턴에 따라 주기적 반복적으로 해야 한다. 사람은 아는 것을 반복하면 평안함을 느끼게 마련이다. 또 쉽고 미미한 것을 계속적이고 반복적으로 하다 보면 그것으로 인해서 몰입이 되고 편안함을 느낀다. 쉬운 것을 반복하면 지루하고 매너리즘에 빠져서 타성에 젖는 경우도 있지만, 사소한 것이라도 계속 반복하다 보면 그것으로 인해 몰입의 상태에 빠지게 된다.

이렇듯 반복적으로 하다 보면 어느 순간 무의식적으로 하게 된다. 아무 생각 없이 무의식적으로 그러한 일을 하는 상태가 되도록 해야 한다. 부하 상태의 사람이 무부하 상태에서 할 수 있는 상태가 되도록 하는 것이 중요하다. 사람은 자기 귀에 익은 노래를 들으면 흥얼거리면서 좋아하듯이 자신이 원하는 패턴과 리듬 속에 있으면 평온하고 편안한 생각을 갖는다. 그런 상태에서 동기를 부여하면 효과가 크다.

희망과 용기를 준다

타인에게 동기를 부여해서 타인의 사기를 올려 주는 상황 가운데 가장 힘든 상황은 바로 당사자가 실의에 차 있을 때다. 가정적으로 힘든 상황이 발생했거나 사적인 일로 아픔을 겪고 있는 상황에 있을 때, 어떻게 위로하고 사기를 충전시킬 것인가는 대단히 어려운 문제다.

실제로 조직 생활을 하다 보면 잘나가는 상황에서는 서로 말을 하지 않아도 주인의식을 가지고 적극적·자발적으로 활동한다. 좋은 분위기나 상승 무드를 타고 있는 경우에는 목표치만 던져 주면 알아서 자신들에게 주어진 역할과 책무를 다한다. 하지만 안전사고가 발생해서 좋지 않는 상황에 처한 경우나 임금 협상 문제로 인해 조직 분위기가 좋지 않는 경우에는 어떻게 해야 할까?

당연히 그 고통을 위로해 주어야 한다. 어렵고 힘든 상황임에도 불구하고 그러한 난국에서 벗어나 힘을 내자고 말하는 것은 맥을 놓치는 것이다. 상대방이 아프고 힘들어 할 때는 그 상황에 온전히 함께 공감해 주는 것이 좋다. 어렵고 힘든 상황에서 아프고 고통스러운 감정에 빠져 있다면, 동기를 부여하려는 시도를 하지 말라는 것이다.

실의에 빠져서 금방이라도 자살하고 싶은 사람에게 세상이 그렇게 만만한 것이 아니라고 말을 하면서 질타하고 가르치려고 하는 것은 그 사람의 감정을 더 자극하는 짓이다. 그러므로 상대가 감정적으로 힘들어 하는 경우에는 그 힘들어 하는 상황에 공감해 주어야 한다. 그래서 상대방으로 하여금 자기도 당신과 같은 편이라는 생각을 갖도록 해야 한다.

아무런 말없이 그저 그 사람의 곁에서 묵묵히 그 사람과 함께 감정을 공유하는 것 자체만으로 그 사람과 하나가 된다. 함께하고 함께 있어 주고 공감하고 동감하고 눈높이를 나란히 하는 것만으로도 느낌을 주고받는 사이가 된다. 바로 그러한 사이가 동기를 주고받을 수 있는 가장 좋은 관계다.

　사람들은 자기의 마음을 알아주는 사람, 자기에게 관심을 가져 주는 사람, 자신의 아픔을 함께해 주는 사람에게 무한한 친근감을 느끼기 마련이다. 그래서 마케팅에서는 물건을 팔려고 하기보다 고객과 친밀한 관계를 형성하는 것이 우선되어야 한다고 말한다. 잡으려고 하면 도망가는 것처럼 물건을 팔려고 하면 오히려 사람들은 거부감을 갖는다. 그러므로 물건을 팔려는 마음이 있다면 그 사람과 우선적으로 인간적으로 관계를 맺는 것이 우선되어야 한다.

　일단 친밀한 관계가 형성되면 그놈의 정 때문에 어쩔 수 없이 필요 없는 물건임에도 구입을 한다. 매정하고 나쁜 사람도 자신에게 정을 주고 자신을 좋아하는 사람에게 해코지를 하지 않는다. 마찬가지로, 상대방에게 동기를 부여하는 것 역시 그러한 원리와 동일하다. 그러므로 상대방이 실의에 차 있다면 실의에 차 있는 상대방과 공감하는 것이 우선이다.

　중요한 것은 직장이라는 공적인 관계에서는 그러한 사적인 어려움과 힘든 상황도 페르소나를 쓰고 이중적인 생활을 하기에, 상대방이 실의에 차 있다고 해도 그러한 진면목이 잘 드러내지 않는다는 점이다. 상대방은 오히려 밝은 표정을 짓고 아무 일도 없다는 듯 행동할지도 모른다. 실제로는 마음이 찢어질 정도로 아픈 상태인데 그것을 억지로 드러내지 않는 상대방의 심정을 모르고 평상시와 같이 대하는 우를 범할 수 있으므로 촉각을 곤두세우고 있어야 한다.

　즉, 상대방의 현실에 처한 상황을 정확하게 알 수 있을 정도로 관심의 끈을 놓지 않아야 한다. 그래서 상대방에게 무슨 일이 생긴다면 그 사람에게 도움을 주고 지원해 주어야 한다. 그래야 상대방에게 좋은 사람이라는 평판을 들을 수 있고, 그로 인해서 상대방에게 인정받고 상대방과 친밀한 관계가 형성되어 상대방이 더욱 쉽게 동기부여 된다.

잠을 조종한다

사람은 근심과 걱정이 있으면 편히 잠을 못 잔다. 특히 직장 생활을 하는 과정에서 상사와의 인간적인 갈등이 있으면 그로 인하여 잠을 설치게 된다. 잠을 자려고 해도 다음 날 상사와 눈을 마주칠 생각을 하면서 잠을 못 이루는 것이다.

이처럼 직장인에게 있어서 상사와의 관계는 그 사람의 일상생활의 컨디션을 좌우할 뿐만 아니라, 그 사람의 생활 전반의 컨디션을 좌우한다. 이것은 비단 직장에만 국한되는 것은 아니다. 직장뿐 아니라 모든 생활에 걸쳐서 사람과 사람간의 관계에 모두 적용된다. 자신은 강심장을 가졌기에 당당하고 그런 것을 전혀 개의치 않는다고 말하는 사람도 인간이기에 그럴 수밖에 없다. 누구도 피해 갈 수 없다.

결국 자기의 심적인 마음을 안정된 상태로 유지하기 위해서는 그 사람과의 관계를 다시금 좋게 할 수밖에 없다. 물론 그 갈등이 미치는 여파는 리더보다는 부하 쪽이 크다. 같은 갈등 상황에 놓여도 때린 사람이 더 마음이 아플 것 같지만 맞은 사람이 더 오래 통증을 느끼기 마련이다. 중요한 것은 갈등 관계선상에 있으면 서로가 마음이 아프다는 것이다.

그럼에도 불구하고 리더는 가능한 부하 직원에게 적정한 시점에 전략적으로 갈등을 조장해야 한다. 좋은 게 좋다는 식으로 가만히 놓아두면 무의식적으로 생활하게 된다. 그러다 보면 동기부여를 해도 미석미적한 반응을 보이게 된다. 급기야는 리더를 무시하는 경우도 있다. 그러므로 신경을 건드려서 자꾸 상대방 생각에 자극을 주어야 한다.

일상에서도 평상시에도 직장에서도 퇴근해서 잠자리에서 혹은 휴일에도 일을 생각할 수 있도록 갈등 관계를 조장해야 한다. 그래야 새로운 생각을 하게 되고, 근심과 걱정으로 인한 갈등의 관계 속에서 서로의 관계에 대해 생각하는 계기가 마련된다. 그것이 바로 갈등을 이용한 동기부여 스킬이다.

사람이 미워서 그런 것이 아니라 사랑하는 사람이 성장하도록 회초리를 드는 것과 같이 상대방을 단련시킨다는 생각으로 접근해야 한다. 그러면 상대방도 자극을 받아 움직이게 된다.

중요한 것은 상대방에게 그러한 뉘앙스를 풍기지 않아야 한다는 점이다. 아주 뻔뻔하고 당당하게 위장해야 한다. 그래서 상대방에게 위기감을 심어 주어야 한다. 또 하지 않으면 계속적으로 갈등 관계가 조성된다는 것을 은연중에 암시해야 한다. 내 말대로 하지 않으면 얼마나 당신에게 심적인 아픔이 있고 갈등이 생기는지를 몸소 느끼도록 해야 한다.

사람이 잠을 못 이루면 그로 인하여 다음 날 컨디션이 좋지 않다.

얼굴에 그늘이 지고 표정이 좋지 않아서 다른 사람에게 불쾌감을 주게 된다. 이는 다른 사람에게 좋지 않는 이미지를 남기게 되고, 좋지 않은 평판을 받게 되어 결국에는 서로 좋지 않은 사이가 된다.

그런 측면에서 볼 때, 사람들과 좋은 관계를 유지하기 위해서는 잠을 잘 자야 한다. 그래야 좋은 컨디션이 유지되어 일상에서 만나는 모든 사람들에게 좋은 이미지를 보여 주게 되고 결국에는 좋은 관계가 형성된다. 상호 긍정적인 영향을 주고받음으로써 관계가 개선되고 좋은 방향으로 호전되는 것이다. 잠을 잘 자고 못 자는 사소한 행위가 자기 삶 전반에 영향을 미치게 된다.

조직 생활을 하는 리더는 그러한 것을 잘 활용해야 한다. 상대방에게 특단의 조치를 취해야 하는 경우나 강제적으로 상대방이 움직이게 할 때는 일부러 건수를 잡아서 상대방에게 자극을 주어야 한다.

일례로 업무 보고를 하면 긍정적이고 좋은 분위기 속에서 받아들이지 않고 짜증을 내거나 호통을 치는 것이다. 또 평상시에는 아무 일로 아닌 것으로 받아들였다면, 비상적인 상황에서는 일부러 얼굴을 찡그리고 원리 원칙에 준해서 정색을 하고 상대방을 대하는 것이다. 그렇게 함으로써 새로운 질서를 잡아 가야 한다. 이러한 심리를 잘 활용하는 사람이 리더다.

리더들은 조직의 분위기가 바뀌는 시점에 일부러 그러한 상황을 조장한다. 어떤 집단이든 새로운 것이 유입되면 새로운 질서가 세워지게 마련이다. 이때 기득권을 가진 사람을 계속해서 유지하게 할 것인지 혹은 새로운 사람이 기득권을 갖게 할 것인가에 대한 판단은 리더의 복안에 달려 있다. 이때 무리수를 두면 오히려 역효과를 낼 수 있고, 기존에 충성스런 사람들이 자칫 토사구팽을 당한다고 느낄 수 있으므로 적정 수위를 유지하면서 건드려야 한다.

아울러 흘러가는 상황을 봐 가면서 어느 정도까지 스트레스를 줘야 하고 어느 선까지 건드려야 하는지를 잘 판단해야 한다. 그렇지 않으면 궁지에 몰린 쥐가 고양이에게 덤비는 것과 같은 상황이 발생될 수 있으므로 주의해야 한다.

배가 고프게 한다

일반적으로 사람들은 배가 부르면 딴생각을 한다. 자기 혼자서도 먹고 살 정도가 되거나 자급자족이 가능하다고 생각하면, 타인에게 크게 신경 쓰지 않는다. 다른 사람에게 도움을 받을 필요가 없다면 다른 사람이 아무리 동기부여를 하려고 해도 크게 관심을 갖지 않을 것이다.

자유인이 되고 싶어 하는 것이 인간의 본능이다. 다른 사람들의 지적을 좋아하거나 남의 간섭을 좋아하는 사람은 없다. 그런데 중요한 것은 자기는 다른 사람의 지적이나 충고를 받는 것을 싫어하면서 자기는 다른 사람에게 충고나 지적을 하기를 좋아한다는 점이다.

"내가 혼자 알아서 잘하는데 당신이 내 인생에 대해서 얼마나 안다고 나에게 충고를 한단 말인가? 나에게 잔소리하고 동기부여 할 시간이 있으면 당신이나 잘해. 내가 보기에는 당신은 자기 일도 제대로 못하는 것 같은데, 감히 나에게 이래라 저래라 하는 거냐?"고 생각하는 사람들이 대부분이다. 그러므로 다른 사람에게 동기를 부여하는 사람이라면 능히 타인이 그런 생각을 가지고 있다는 점을 염두에 두고 동기부여 스킬을 구사해야 한다.

특히 자기 일이 아니고 남의 일을 하는 사람들은 더 그런 생각을 하게 마련이다. 자기의 일은 자기 일처럼 하는 사람은 많아도, 남의 일을 자기 일처럼 하는 사람은 드물다. 그러한 환경에 처한 사람들은 심리적으로 그러한 생각을 가지고 있다는 것을 바탕에 깔고 사람들에게 동기를 부여해야 한다.

어디를 가든 파레토법칙(20:80법칙)이 적용된다. 그러한 상황에서도 남의 일이지만 그래도 자기 일처럼 열심히 하는 사람도 있다. 그런 사람들의 특성은 스스로 잘 알아서 하다가도 다른 사람이 관여하거나 관심을 보이면 오히려 반감을 갖는다는 점이다. 리더 입장에서는 달리는 말에 채찍을 가하는 식으로 사랑과 관심의 차원에서 그러는데, 오히려 그것이 독毒이 되는 경우도 있다. 그러므로 잘하고 있는 사람에게는 가능한 전폭적으로 권한을 일임해야 한다.

이에 더하여 가장 이상적인 경우는 상대방이 동기를 부여 받을 수밖에 없는 상태로 만드는 것이 중요하다. 목마른 사람이 우물을 파게 마련이고, 돈이 쪼들리는 사람이 돈을 벌게 되고, 배고픈 사람이 밥을 할 수밖에 없다. 이렇듯 상대방이 허기지게 만들어야 한다. 말을 물가로 끌고 가지 않아도 말에게 소금을 먹이면 말이 물을 먹으러 갈 수밖에 없다. 이처럼 사람을 행동하게 하기 위해서는 상대방이 할 수밖에 없는 상황으로 내몰아야 한다.

커뮤니케이션의 스킬 중 사람을 자극을 할 때 긍정적인 스토로크를 주는 경우와 부정적인 스토로크를 주는 경우가 있다. 앞서 말한 대로 배고프고 갈증이 나게 하는 것은 부정적인 스토로크를 주어서 행동을 하게 하는 것이다.

주로 매너리즘에 빠져 있는 사람 혹은 말이 전혀 먹히지 않는 사람, 좋은 말로 하면 말을 듣지 않는 사람, 욕을 해야 말을 잘 듣는 사람, 좋은 말로 하면 사람 말을 먹어 버리는 사람, 말은 번지르르하게 잘하면서 행동이 들뜬 사람, 사람 말을 건성으로 듣는 사람, 하지 않아도 된다고 생각하는 사람, 경험은 많은데 불평불만을 일삼는 사람, 리더를 가지고 노는 사람, 중요한 일을 별것이 아니라고 생각하는 사람, 그다지 심각성을 못 느끼는 사람에게는 매서운 맛을 보여 줘야 한다.

그래서 권력을 준 것을 빼앗거나 새로운 업무를 줘서 긴장하게 해야 한다. 또 과중한 업무를 줘서 다른 곳에 신경 쓰지 못하게 하거나 정신적·심리적인 스트레스를 줘서 불안감을 조성해 주는 것이 좋다. 그렇게 함으로써 마음의 여유를 갖지 못하게 해야 한다. 어쩔 수 없이 해야 하는 경우가 아니라 할 수밖에 없는 상황으로 내몰아야 한다. 그래야 통제가 가능하다.

허기진 사람에게 먹을 것을 줄 때 배고파 죽지 않을 정도로 먹을 것을 주듯이 해야 한다. 포만감을 느끼게 하지 말라는 것이다. 또 쓰고 나서 여분이 남아 그것을 저축할 정도로 주지 말아야 한다. 조금 아쉽고 부족한 것을 느끼도록 해야 한다. 그래서 결핍을 채우기 위해 더 이상 말썽을 부리지 않게 만들어야 한다. 그렇게 하면서 서서히 그것을 미끼로 상대방을 훈련시켜야 한다. 그렇게 상대방을 휘어잡아야 한다.

사람은 자주 자극을 주면 그것으로 인해 자신도 모르게 그러한 자극에 의해 숙련된다. 자주 반복해서 자극을 주면 자신도 모르게 중독이 된다. 그런데 중요한 것은 그러한 자극을 주는 것은 어느 정도 명분이 있어야 한다는 점이다. 상대방이 '내가 잘못해서 그럴 수밖에 없구나.'라고 생각하며 불평불만 하기보다는 어쩔 수 없이 수긍해야 한다고 생각하는 정도가 되어야 한다.

사람을 다스리는 것은 그 사람의 약점을 잡아서 하는 것이다. 정치라는 것도 결국은 상대방의 약점을 잡아서 그것을 공략하는 것이다. 마찬가지로 동기를 부여할 때도 상대방의 약점을 잡아서 적절하게 우려먹어야 한다. 극단적인 예로 불륜 현장을 목격한 사람이 불륜 사실을 알리겠다고 협박하면 말을 잘 듣게 된다는 것을 들 수 있다.

사람은 죄를 지으면 자신도 모르게 생각이 위축되고 자신감이 결여된다. 자기가 잘못했으니 자연스럽게 꼬리를 내리는 것이다. '죄인이 무슨 할 말이 있으랴.'라는 생각으로 생활하게 된다. 이러한 인간의 심리를 잘 이용해야 한다. 그러한 죄스러운 마음이 많이 들도록 사소하고 하찮은 것이라도 그냥 크게 부풀려서 상대방으로 하여금 죄책감을 갖도록 해야 한다. 즉, 사소한 일도 침소봉대針小棒大하여 일을 크게 만들고, 상대방의 작은 실수라도 아주 대단한 실수인 양 포장해야 한다.

숨통을 터 준다

상대방을 너무 궁지로 몰지 말아야 한다. 상대방이 자칫하면 자포자기 상태에 빠질 수 있기 때문이다. 너무 심하게 외부에서 압박을 가하면 상대방은 주눅이 들어 피해 의식 속에서 살게 된다. 그러므로 상대가 궁지에 몰렸다면 일부러 빠져나갈 구멍을 터 주어야 한다. 그러면서 상대방이 어떻게 행동하는지를 지켜봐야 한다.

『장자』에 이르기를 "사람을 관찰하는 가장 좋은 방법은 상대방이 궁지에 몰렸을 때 어떻게 행동하는가를 봐야 한다."고 말한다. 사람은 위기 상황에서 처하면 본색을 보이게 마련이다. 그러므로 그러한 상황에서 상대방이 어떤 선택을 하는지를 시험 삼아 지켜보는 것도 좋다. 이를 통해 아마도 좋은 정보를 얻게 될 것이다.

흔히 그런 상황에 처하면 자기 잘못을 인정하는 사람도 있지만, 반대로 자기 탓이 아니라고 변명하는 사람도 있다. 그러한 위기 상황에서도 변명하지 않고 자기 잘못을 인정하는 사람이 발전 가능성이 많은 사람이라고 봐야 한다. 그렇지 않고 변명하고 빠져나갈 준비만 하는 사람이라면 혼쭐을 내야 한다.

▼
▼
▼
▼

8

명분을 제시한다

사람을 동기부여 하기 전에 반드시 알아야 하는 것이 있다면 사람들은 결코 타인에 의해 동기부여 되지 않는다는 것이다. 타인이 아무리 동기를 부여하려고 해도 자기 마음 안에 있는 동기부여 되는 소스가 제공되지 않으면 결코 동기 부여되지 않는다는 것이다.

일례로 돈이 궁한 사람은 돈을 주는 사람에게 영혼까지도 팔 것이다. 하지만 돈이 궁한 사람에게 진실한 사랑을 준다면 상대의 기분을 충족시키는 동기부여는 아니다. 심순애가 김중배의 돈에 의해 유혹되어 이수일을 버리고 김중배를 따라갔듯이 사람을 동기부여 시키는 기술은 동기를 부여하는 사람의 기술에 있는 것이 아니라, 그것을 받아들이는 사람의 마음에 있다. 결정적인 핵심 키는 상대방이 가지고 있다는 점을 명심해야 한다.

섭씨 99.99도에서는 결코 물이 끓지 않는다. 물이 끓기 위해서는 섭씨 100도가 되어야 한다. 마찬가지로 동기를 부여하는 사람이 아무리 노력해도 99.9도에 이를 수밖에 없다. 즉, 완전하지 않다는 것이다. 아무리 많은 노력을 하고 아무리 많은 열정을 가해도 결국 100도에 이르게 하는 것은 동기를 부여받는 사람의 몫이다. 그러므로 동기를 부여할 때는 상대방의 미음을 움직일 수 있는 필살기가 있어야 한다.

그렇다고 사람 수에 상응하는 정도의 모든 기술을 가질 수는 없다. 하지만 그 많은 사람을 동시에 만족시킬 수 있는 교점은 분명히 있다. 그것이 바로 명분이고 이익이다. 사람들은 공통적으로 명분이 있거나 이익이 있으면 움직이게 되어 있다. 특히 큰일을 하기 위해서는 대의명분이 뚜렷해야 한다. 아울러 명분이 빛을 발휘하기 위해서는 이익이라는 미끼를 던져야 한다. 명분도 있고 이익까지 얻을 수가 있다면 금상첨화다.

중국 삼국시대에 조조가 한나라 헌제를 보필하는 명분을 가졌기에 건재할 수 있었던 것이다. 백성을 움직이고 많은 사람들을 움직이게 하기 위해서는 바로 그러한 명분이 있어야 한다. 그런데 중요한 것은 상대방이 그것이 명분이라는 것을 알게 하는 것이다. 그러므로 상대방에게 그 명분과 연관된 다른 정보를 제공해 주어야 한다.

일례로, 혁신을 하자고 하면 기존 사람들이 반발할 것이다. 특히 기존의 세력들은 기득권을 빼앗기지 않기 위해 더 반발할 것이다. 그런데 전년도에 우리 조직이 다른 조직에 비해서 최하위를 달성해서 올해는 혁신하지 않으면 안 된다는 명분을 내세운다면 분명 효과가 있다.

전년도 다른 공장과의 비교 실적 데이터를 상대방에게 알려 주고 잘하는 조직의 혁신활동 사례를 소개해 주어야 한다. 그렇게 해서 혁신에 관한 명분을 가져가야 한다. 그래야 사람들이 혁신 활동에 대해 위기의식을 공감하게 된다. 명분이 없으면 이래저래 소문이나 오해가 불거지기 마련이다. 같은 명분도 사람들은 자기에게 미치는 손익에 따라서 제멋대로 해석하기 때문이다.

그런데도 불구하고 명분이 있어도 무슨 빌어먹을 명분이라면서 먹고 살기 급급하고 발등에 떨어진 불을 끄기에 급급한 사람에게는 통하지 않는 경우가 있다. 그런 경우에 대비해서 그런 사람에게는 이익을 제공해야 한다. 만약에 당신이 명분을 따른다면 당신에게 특정한 이익이 제공될 것이라는 정보를 주어서 그 사람이 움직이게 해야한다. 그러면 상대방이 명분에 흔들리지 않아도 이익에 흔들려서 그 명분을 따르게 된다.

상사의 이름을 들먹인다

직장에서는 사람들에게 동기를 부여하기 위해 적당히 경영자나 상사의 이름을 들먹이는 것이 좋다. 사람들은 권력이 있는 사람의 말을 잘 듣기 때문이다. 자기는 하기 싫고 자신은 지시를 하고 싶지 않은데 경영자의 지시고, 만약의 경우 그것을 하지 않으면 벌을 받아야 하기에 그것을 해야만 한다는 논리를 내세워 일을 하도록 해야 한다.

또 상사의 입장을 우리가 헤아려 줘야 한다면서 권유하는 것도 효과가 있다. 상사도 당신보다 높은 상사로부터 많은 지침과 지시를 받는다는 점을 감안하여 상사가 아랫사람으로 인하여 스트레스를 받지 않도록 우리가 상사를 잘 모셔야 한다는 논리를 내세워서 동참을 이끌어야 한다. 물론 이런 경우에는 상사가 아니라 상내방의 편에서 이야기를 해야 한다. 그러면서 상사에게 도움을 주어야 나중에 이것이 해결되고 우리 조직이 좋은 분위기가 유지된다고 설명해야 한다.

더불어 어렵고 힘든 상황에서 우리가 힘을 모아서 위기를 슬기롭게 극복해야 함을 이야기해야 한다. 그러면 대부분의 사람들은 탐탁지 않아도 결국 동참하게 된다. 그러한 과정에서 일단 일에 착수하면 그다음은 어떻게 하는 것이 효율적이며 어떻게 해야 그 사람들을 계속해서 자발적이고 적극적으로 움직이게 할 것인지에 대해 전략을 수립하여 실행하면 된다.

제갈공명이 마치 살아서 온 것 같이 꾸며서 사마의가 혼쭐이 나서 도망가도록 했던 것도 일련의 차시환혼 전략이다. 상대방에게 트라우마가 되고 충격적인 자극을 주었던 것을 이용해서 상대방의 참여를 유도하면 그 효과가 매우 크다. 그런 점에 비춰 볼 때, 명분이 있거나 어느 정도 효과가 예상되는 사안에 대해서는 상사의 허락을 득하지 않고 하얀 거짓말을 하는 것이 좋다.

"이것은 어제 상사가 지침을 내린 사항으로, 상사가 필히 오늘까지는 해야 한다고 지시를 내린 사항이다." 혹은 "상사가 출장을 가면서 이런 일이 발생되면 이렇게 하라고 지침을 내려놓았다."는 이야기를 하면서 상대방의 참여를 독려하는 것이 좋다. 물론 상사가 복귀하면 하얀 거짓말을 했던 일련의 상황을 보고하는 것은 당연하다. 이는 선先 조치 후後 보고에 해당한다.

그렇다고 상사의 이름을 남발하거나 근거 없는 이야기를 해서 상대방을 곤혹스럽게 한다거나 허위 사실을 유포하여 혹세무민하는 우를 범해서는 안 된다. 그러한 경우에는 처음에는 어느 정도 약발이 먹힐 수 있지만, 양치기 소년의 거짓말과 같은 상황이 되어 장기적으로 볼 때 신뢰성을 잃어버리게 된다.

또 상사의 말을 인용하여 자발적인 참여를 이끌 때는 상사의 편에서 이야기를 한다고 하기보다는 조직을 위해서 조직원들이 해야 하는 당연한 것이라는 측면에 초점을 두어야 한다. 아울러 상사의 말을 인용하여 다른 사람에게 참여를 유도할 정도가 되기 위해서는 평소 상사에게 인정을 받는 측근이 되어야 한다. 그래야 다른 사람들이 당신의 하얀 거짓말을 상사의 말이라고 믿게 된다.

제갈공명을 얻기 위해 삼고초려 하는 마음으로

『한비자』에서는 "당근과 채찍을 주어도 결코 변화를 하지 않는 사람은 조직에서 내몰아야 한다."고 말한다. 잘해 줘도 그저 그러하고 질책해도 크게 변하지 않고, 상을 주어도 변하지 않는 사람은 조직에서 내몰아야 한다는 것이다.

하지만 그런 사람일수록 잘하면 특별한 인재가 된다. 참고 기다리면 좋은 일이 있을 것이라는 생각으로 계속 동기를 부여해야 한다. 도끼로 나무를 벌목할 때 작은 나무는 한두 번의 도끼질로 인해서 절단할 수 있지만, 굵은 나무는 한두 번의 도끼질로 일시에 벌목할 수 없다. 여러 번 반복해서 도끼질을 해야 한다. 나무가 크면 클수록 두터우면 두터울수록 도끼질을 많이 해야 한다. 마찬가지로 사람도 그러하다. 좋은 인물, 내공이 깊은 인물, 능력이 출중한 인물은 여러 번 도끼질을 하는 것처럼 반복해서 동기를 부여해야 한다.

마치 제갈공명을 얻기 위해 유비가 삼고초려를 했던 것과 마찬가지로, 큰사람을 자기 사람으로 만들기 위해서는 큰 공을 들여야 한다. 그래야 상대방이 당신의 뜻에 맞는 사람으로 동기부여 되는 것이다. 그런 사람일수록 통찰력이 뛰어나고 판세를 보는 눈이 밝다. 그래서 어지간한 동기부여의 기술에는 끔쩍도 하지 않는다. 마음이 크고 담대하고 배포가 커서 어지간한 협박이나 위기를 부여해도 눈썹 하나 끄덕하지 않는다. 그런 사람을 상대로 동기부여를 한다면 심사숙고하여 전략적으로 해야 한다.

그런 사람일수록 프라이드가 강하고 자존심이 강하다. 그런 사람은 스스로 깨달아야 움직인다. 그러므로 그런 사람들에게는 스스로 움직일 수 있는 명분을 주어야 한다. 또 그런 사람들은 혼자서 하는 것을 좋아한다. 그러므로 그런 사람의 잠재 능력을 이용하기 위해서는 그 사람에게 특별한 임무를 부여해야 한다. 그것도 다른 사람은 쉽게 할 수 없는 특별한 임무를 부여하는 것이 좋다.

나는 그런 류의 사람이다. 나는 대개 조직원 전체가 참여해야 하는 것, 어쩔 수 없이 필연적으로 해야 하는 일이 아니면 그다지 신경 쓰지 않는 편이다. 또한 조직에서 승진에 크게 연연하지 않는 편이다. 내가 가고자 하는 길이 뚜렷하고 내가 나아가야 할 방향이 뚜렷하기 때문이다. 그렇다고 일에 소홀히 하는 것은 아니다. 이왕 하는 일이면 최고가 되어야 하고, 내가 했다는 일은 다른 사람이 보아도 나를 따라잡을 수 없을 정도가 되어야 직성이 풀린다.

나와 같은 사람을 움직이게 하기 위해서는 선의의 경쟁심을 유발시켜야 한다. 그래서 그 사람의 승부욕을 자극해야 한다. 그런 사람일수록 남에게 지는 것을 싫어하기 때문이다. 또 자신의 능력을 맘껏 발휘할 수 있도록 특별한 임무를 부여해야 한다.

특별히 위와 같은 사람에게 동기를 부여할 때는 진정성과 진실함이 있어야 한다. 꼼수를 쓰거나 전략적으로 접근하면, 그런 사람일수록 경험이 풍부해서 금방 본심을 눈치 챈다. 일의 본질을 보고 미래 어떤 일이 일어날 것이라는 것을 누구보다 먼저 안다. 그러므로 이실직고해서 투명하게 접근해야 한다.

아울러 그런 사람일수록 더 참고 기다려야 한다. 강태공이 대어를 낚기 위해 참고 기다리는 것처럼 기다리면서 그 사람이 다가올 수 있는 길을 닦아 놓고 그 사람이 스스로 그 길로 오게 해야 한다. 그렇게 하는데도 따라오지 않는다면 조직에서 추방해야 한다. 그것이 그 사람과 조직을 위해서 좋다. 그래서 인용술이 중요하다.

다수면 진리다

가장 많이 팔린 상품이 계속해서 잘 팔린다. 요즘에는 품질이 좋은 제품이 잘 팔리는 제품이 아니라, 잘 팔리는 제품이 좋은 제품이다. 식당에도 사람들이 붐비는 곳에 사람이 몰리고 잘 팔리는 강사가 잘 팔리고 잘 먹히는 전략이 또 잘 먹힌다. 늘 그러히다. '빈익빈 부익부'라는 말이 있듯 가난한 사람이 더 가난해지고 부자인 사람이 더 부자가 되는 세상이다.

그러한 원리를 동기부여 기술에 접목해서 동기부여가 되도록 해야 한다. 이때 가장 중요한 것은 바로 사회적인 증거의 법칙에 준해서 상대방을 동기부여 하는 것이다. 하고자 하는 일, 상대방이 하기를 바라는 일이 얼마나 중요하고, 그러한 중요한 일을 대다수의 사람들이 하고 있으며, 국내외 내로라하는 사람들도 그러한 일을 하고 있다는 것을 은연중에 알려야 한다. 그래서 당신이 이 일을 하지 않는 것은 사회적으로 동떨어진 삶을 살고 있는 것이며, 대세에 따라 생활하기 위해서는 사회적으로 이미 증명된 것에 관심을 가져야 한다고 동기를 부여하는 것이다.

실제로 설득과 동기부여는 상대방을 자신이 원하는 방향으로 이끈다는 점에서는 동일하지만, 설득이 행동을 유발하는 것이라면 동기부여는 행동을 유발하기 직전에 자발적으로 선택을 하도록 하는 측면이 강하다. 즉, 설득이 자기가 원하는 방향으로 이끌기 위해 다소 강제로 영향력을 행사해서 상대방이 자기 의사와는 상관없이 그 일을 하도록 하는 것이라면, 동기부여는 상대방이 자발적으로 선택해서 자발적으로 전략을 수립하여 움직이게 한다는 점에서 차이가 있다.

동기부여는 의미를 제공하는 것이다. 사회적으로 증거가 된 것이라도 자신이 의미를 부여하지 않으면, 그것은 동기가 부여된 것이 아니다. 설득은 순간적으로 그것을 선택하게 하는 것이라면, 동기부여는 계속적이고 연속적으로 그것을 하도록 하는 에너지원을 생기게 하는 것이기에 그러하다. 그러므로 늘 설득보다는 동기부여의 측면에서 사회적인 증거가 되는 사실을 상대방이 감지하도록 하는 것이 좋다.

일반적으로 사람들은 자기가 하는 일에 대해서 확답을 못하는 경우가 많다. 일을 하면서도 어떤 결과가 나올지 예측 불가하기에 항상 불안해한다. 그래서 자신이 하는 일이 정말로 잘하는 일인지 자신이 선택한 것이 정말로 잘된 선택인지에 대해서 의문점을 가지고 있다.

특별히 중요한 선택의 기로에 섰을 때에는 타인들이 어떤 생각을 가지고 있으며 경쟁자가 무엇을 취하고 있는지를 알고 싶어 한다. 실패를 하기보다는 성공률을 늘리기 위해 가능한 사회적으로 증명된 것, 대다수의 사람들이 선택한 것, 그리고 위험 부담이 없는 것을 선택하려고 한다. 그래서 남들이 많이 하는 것을 하려고 하고, 대다수 사람들이 선택하는 것이 옳다고 생각해서 자기 마음은 그러하지 않음에도 불구하고 그것을 선호한다.

실수나 실패가 있어도 다함께 손해를 보고, 이익을 봐도 다함께 이익을 보기 때문에 그다지 손해 볼 것이 없을 것이라는 생각에서 사회적으로 증명된 것을 선호한다. 또 실제로 살아 온 경험상 많은 사람들이 다수가 선택한 것이 정답인 경우가 많았다고 생각하기 때문에 사람이 많이 몰리는 곳을 선택한다.

그러므로 하지 않으면 안 된다는 것, 다수가 하고 있고 우리가 하지 않으면 시대적으로 뒤쳐진다는 것, 그리고 사회적으로 증명된 정도의 통계적인 실적 데이터 대비 현재 시점의 실적 데이터를 상대방에게 알려야 한다. 그래서 그 갭을 채우기 위해서 함께 중지를 모으자는 동반자 의식을 가져야 한다. 그러면 상대방은 물에 빠진 사람이 지푸라기라도 잡는 심정으로 당신의 도움을 적극적으로 필요로 하게 될 것이다. 그때 실제로 상대방을 위해서 도움을 주어야 한다. 그때가 동기부여를 하기 좋은 시점이기 때문이다.

어떤 사람은 자기가 하는 일에 몰두한 나머지, 주변을 돌아보지 않고 사회적으로 증명된 것에 대해 유독 거부 반응을 보이는 경우도 있다. 창조적이고 혁신적인 성향을 가지고 있는 사람일수록 더욱 그러하다. 그런 사람일수록 자기가 하는 일에 대해서는 전문가이지만, 자기 관심 밖의 영역에 대해서는 크게 관심을 가지지 않는다. 그래서 큰 흐름을 놓치는 경우가 종종 있다. 그런 사람일수록 사회적으로 증명된 사실적 정보를 제공하면, 스스로 동기가 부여되어서 자기 스스로 알아서 즉시 처리한다.

다른 사람이 10일 걸려 해야 하는 사항도 그 사람이 관여하면 1일도 걸리지 않는 경우가 많다. 그러므로 그런 사람일수록 사회적으로 증명된 일에 대한 사실을 구두로 직접 알려 주어야 한다. 또한 기한을 정해서 해야 하는 할당량을 구체적으로 정해 주어야 한다. 그러면 그런 사람은 속도감 있게 일을 처리한다.

사회적으로 증명된 것이 크게 그 당사자에게 메리트가 없어도 그것이 대세일 경우에는 그간의 모든 업적이 그것 하나로 인해서 무너질 수 있다는 점을 인지시켜 주어야 한다. 그러면 그런 사람들은 쥐도 새로 모르게 쏜살같이 그것을 해결한다.

문제는 둔한 사람이다. 또 사회적인 증거에 의해서 많은 대다수의 사람들이 하고 있다는 것을 알면서도 바쁘다는 이유로 여건이 되지 않아 못한다고 불평불만을 토로한다. 그런 사람의 경우에는 시간이 주어지고 불평불만 요건이 해결되어도 하지 않을 가능성이 높다. 또 자율적·자발적으로 움직이기보다 타율적이면서 기회주의자이고 적당주의자일 확률이 높다. 그러므로 그런 사람은 법과 원칙이라는 잣대와 상과 벌이라는 평가 수단을 이용하여 통제해야 한다.

명분이 바로 서는 기준

같은 것을 보고도 다른 생각을 하는 사람이 많다. 일반적으로 사람은 자기가 아는 지식과 지혜안에서 모든 것을 평가한다. 동일한 것을 보고서도 다른 생각을 하는 것도 그러한 연유에서다. 가진 것이 망치밖에 없는 사람은 모든 것이 못으로 보인다. 그러므로 상대방이 알도록 해야 한다. 특히 남이 다 아는 것을 알아야 상호 소통이 가능하다.

일례로 영어를 모르면 미국인과 완벽하게 의사소통을 할 수 없다. 마찬가지로 야구의 규칙을 모르면 야구를 제대로 즐길 수 없다. 따라서 대화하고 소통하고 정보를 나누기 위해서는 아는 것이 우선되어야 한다. 서로 알아야 공감대가 형성되기 때문이다. 그런 점에 비춰 볼 때, 상대방이 사회적으로 증명된 사실에 대해서 알아야 하는 사항임에도 불구하고 알려고 하지 않는 경우에는 강제성을 부여해서라도 알게 해야 한다.

일례로 조직에서는 조직원이면 알아야 하는 사항에 대해서는 필수 교육과정으로 지정 운영하여 필히 알도록 하고 있다. 또한 주기적 정기적으로 테스트를 실시하여 그에 대한 것을 지속적으로 각인을 시키고 있다.

동기부여를 함에 있어서 가장 근본이 되고 더불어 함께하는 사회에서 상호 공동체 생활을 원만하게 하기 위해서는 기본적으로 지켜야 하는 예절이나 원칙을 잘 준수해야 한다. 그것이 가장 기본이다. 또 공중도덕이나 조직원으로서 준수해야 하는 법규나 원칙들을 잘 지키도록 해야 한다. 그래야 서로가 안정된 상태에서 하고자 하는 바를 이룰 수 있다.

만약의 경우에 상대방에게 동기를 부여하는 과정에서 그러한 표준이 지켜지지 않으면 상대방 입장에서는 불신하게 될 것이다. 상대방에게 신뢰를 쌓는 것이 우선이다. 그러기 위해서는 사회적으로 증명된 기본적인 것을 잘 지켜야 한다. 그러한 상태에서 동기를 부여해야 객관적으로 명분이 선다.

9
가르치게 한다

상대방을 움직이게 하는 또 다른 방법은 상대방이 아는 것을 다른 사람에게 가르치게 하는 것이다. 누군가를 가르치기 위해서는 가르치는 사람이 더 많이 알고 있어야 하기 때문에 공부를 할 수밖에 없다. 자기가 이해하지 못하는 것을 다른 사람에게 올바르고 정확하게 가르칠 수는 없다. 개념을 알고 정의를 알고 기본적인 원칙을 알아야 정확하게 남을 가르칠 수 있다. 그래서 남을 가르치게 하는 것이 동기를 부여하는 특효약이라는 것이다.

다른 사람을 가르치는 것은 어렵고도 힘들다. 하지만 가르치는 과정에서 1차적으로 스스로 공부함으로써 동기를 부여받게 되고 그것을 직접 남에게 가르치는 과정에서 2차적으로 동기를 부여받게 되며, 배우는 사람의 질문을 받고 대답하는 과정에서 3차적으로 동기를 부여받게 된다.

마지막으로 상대방을 가르치고 나면 후유증이 생기게 된다. 자기가 강의했던 것을 진단 평가하는 과정에서 자기의 진면목을 알게 되고, 강의하면서 잘못한 것에 대해서는 반성하면서 자기의 내면을 돌아보게 된다. 이렇듯 사람을 변화시키고 사람을 단련하고 훈육하고 변화시키는 가장 쉬운 방법은 교육이다. 교육하면서 자기가 변화되고 상대방이 변화된다. 그것이 최상의 동기부여 핵심 스킬이다.

　남을 가르치는 사람은 자기가 아는 것을 가르치기 이전에 다른 사람에게 귀감이 되어야 한다. 남에게 올바른 품성을 가진 사람으로 인식되어야 한다. 따라서 상대방에게 존경받는 좋은 이미지를 풍기는 것이 매우 중요하다. 즉, 상대방의 우상이 되고 롤 모델이 되어야 한다. 그래서 가르치는 사람은 가르치는 것 외에 실제로 가르치는 사람에게 비춰지는 이미지가 가르침 자체가 된다.

말을 많이 하게 한다

상대방이 힘을 내게 하기 위해서는 상대방이 주도권을 갖게 하는 것이 좋다. 상대방이 주도권을 가지고 있으면 상대가 주도적으로 책임감을 가지고 행동하게 된다. 가장 이상적인 경우는 상대방이 말을 많이 하도록 하는 것이다. 상대방이 말을 많이 한다는 것은 자신감이 있음을 의미한다. 바꾸어 말하면, 상대가 열정적으로 자기 의사를 표현하고 자기 마음에 담고 있는 이야기를 가감 없이 허심탄회하게 말하는 과정에서 자신감을 갖게 된다는 것이다.

어떤 조직에 있든 말이 많은 사람이 표면적으로 주도권을 잡는다. 묵묵하게 침묵을 지키고 경청하는 사람은 주도적이라기보다는 뭔지 모르게 의기소침해 하고 피동적으로 움직일 확률이 높다. 그런 점에 비춰 볼 때, 말을 많이 한다는 것은 어떻게 생각하면 행동이 주도적이고 자발적이고 능동적이라는 것을 알 수 있다.

그러므로 상대방에게 힘을 주고 상대방을 좀 더 주도적으로 움직이게 하기 위해서는 상대방에게 주도권을 주어야 한다. 주도적인 사람이 되면 없던 힘도 생긴다. 자기가 주인이라고 생각하면 다른 사람에 비해 더 솔선수범해야 한다는 생각으로 인해 타의 모범이 되게 생활하려고 한다.

그런 정도로 상대방을 고무시키기 위해서는 상대의 말을 잘 들어 주어야 한다. 상대가 계속해서 말을 하도록 하라는 것이다. 사람은 자기가 하는 말을 들어 주는 사람이 있다는 것에 인정의 욕구를 느낀다. 그래서 상대방이 말을 하도록 하는 것만으로도 상대가 힘을 내게 된다. 그러므로 상대가 말을 하면 그 말을 들어 줌으로써 나르시시즘의 욕구를 느끼게 하고, 상대방이 말을 많이 할 수 있도록 계속해서 질문을 던져야 한다.

질문도 상대가 자기 자랑을 할 수 있는 질문을 하는 것이 좋다. 상대가 나르시시즘을 느낄 수 있도록 질문을 던지는 것이다. 그러면 상대는 자기가 인정받는다는 생각, 자신이 다른 사람의 관심의 대상이 된다는 생각에서 힘을 얻을 것이다.

▼
▼
▼
▼

10
측근으로 만든다

여자는 사랑하는 사람을 위해서 화장을 하고 남자는 자기를 알아주는 사람을 위해서 충성을 다한다. 즉, 사람은 자기를 믿어 주고 자기를 중요하게 등용해 주는 사람을 위해서 충성을 다한다. 사람에게는 인정의 욕구와 기여하려는 욕구의 본능이 있다. 그러므로 그러한 본능을 이용하여 상대방에게 힘과 에너지를 제공해야 한다.

즉, 상대방이 오른팔이라고 인식하고 주요 핵심인물이라는 점을 인지하도록 하는 것이 중요하다. 사람은 자기가 책임을 져야 하고 핵심 멤버라고 생각하면 더 자발적이고 적극적이면서 능동적으로 활동한다. 안 되면 자기 책임이고, 잘되면 자기가 더 인정받고, 두각을 나타내는 일일수록 더욱더 헌신적으로 일하려는 속성이 있다.

일반적으로 사람들은 자기가 혼자 손해를 감수하는 것이라면 덜 긴장하지만, 자기 잘못이 다른 사람에게 미치는 영향이 크다고 생각하면 더욱더 열정을 다하려는 속성이 있다. 자기가 헌신적으로 노력해서 조직에 말없이 기여하고 싶은 것이 사람들의 일반적인 속성이다.

　사람을 자신의 측근으로 만들기 위해서는 상대의 기분을 들뜨게 해야 한다. 이때 단순히 상대의 행동과 성과에 대해서 칭찬하기보다는 평상시에 "당신은 우리 조직의 자랑이고 자네가 우리 조직의 기둥이고 중심이야.", "자네가 없으면 우리 조직은 아마도 건재하기가 힘들어."라는 칭찬을 해야 한다. 그래야 막중한 책임감을 가지고 적극성을 보이게 된다. 그렇다고 너무 과중한 책임을 부여하면 힘에 부쳐서 일을 하지 못하는 경우가 발생할 수 있으므로 적정하게 칭찬해야 한다.

　아울러 특정인이 자신의 오른팔이라고 것을 다른 사람들에게 공지하는 것도 좋지만, 비밀리에 그러한 말을 해야 한다. 자칫 다른 사람에게 공개적으로 이야기를 하면, "저 사람은 어제는 나를 오른팔이라고 해놓고서는 이번에는 저 사람을 오른팔이라고 하는구나." 혹은 "저 사람이 오른팔이면 그간에 나는 핵심 인재가 아니었구나."라는 생각을 하게 되기 때문이다.

　그러면 한 사람에게 효과는 있지만 그로 인하여 다른 사람으로부터 신망을 잃게 된다. 순기능보다 역기능이 많다. 그러므로 항상 주의해야 한다. 측근을 관리하는 것이 그래서 어려운 것이다. 자칫하면 부작용이 생기기 때문이다.

　따라서 특정한 사람에게 특별한 동기를 부여할 때는 극비리에 그 사람에게 동기를 부여하는 수단을 써야 한다. 어떻게 하면 좋을까?

그것은 앞서 말한 바와 같이 핵심 인재로서의 예우를 해 주는 것이다. 일등석이 아니라 특등석과 같은 핵심 인재로 특별대우를 함으로써 자기가 하는 일련의 모든 것은 특별한 행동이고 특별한 성과를 내는 데 꼭 필요한 것이라고 스스로 생각하도록 해야 한다. 그러면 자기가 하는 일련의 행위가 특별한 행위라고 생각되기 때문에 특별한 마음으로 특별하게 행동하게 된다. 그로 인해 특별한 결과가 나오는 것이다.

아울러 열정을 다해서 노력을 했다면 응당 그에 상응하는 대가를 제공해야 한다. 포상을 주고 보상해야 한다. 그렇지 않고 열정과 충성을 다해 노력을 했는데 아무런 보상도 하지 않고, 당연히 해야 하는 일이라고 치부하거나 그대로 방치하면 안 된다. 그러면 상대방은 매너리즘에 빠져 피동적으로 자기에게 주어진 일만 하게 될 것이다.

그러므로 그런 점을 생각해서 가능한 적정하게 상을 주고 일한 성과에 대해서는 충분히 대가를 제공해야 한다. 이때 주의해야 하는 것은 한꺼번에 왕창 대가를 제공하는 것보다 시나브로 점진적으로 보상액을 늘리거나 보상하는 횟수를 늘려 가는 전략을 써야 한다. 아울러 잘하고 있는 과정에서도 잘못한 상황이 발생하면, 잘한 것으로 잘못한 것을 무마시키지 말아야 한다. 잘못한 것은 잘못한 것이고 잘한 것은 잘한 것으로 명확하게 구분해서 그에 합당한 평가를 해야 한다.

오른팔을 많이 만들어라

일을 시키고 조직을 리드하는 입장에서는 오른팔이 많으면 많을수록 좋다. 즉, 누구나 간부화 해야 한다. 모두가 오른팔이라는 느낌이 들도록 하는 것이 좋다. 열정을 다해 조직을 위해서 헌신적으로 일하는 오른팔이 많으면 많을수록 좋다.

그러기 위해서는 각각 상대방이 무슨 재능을 가지고 있으며, 어떤 재능을 부활시켜야 그 사람이 그 조직에서 핵심역량을 발휘하는가를 생각해야 한다. 모두가 자기가 잘하는 분야에서는 오른팔 역할을 수행할 수 있도록 해야 한다. 그러기 위해서는 적정한 곳에 적정한 사람을 배치하는 것이 중요하다. 그래서 각자 자신의 자리에서 최고의 기량을 발휘하여 최고의 성과를 내도록 해야 한다.

상대방을 오른팔화 하기 위해서는 자주 만나서 그 사람이 아주 귀한 사람이고 모든 일을 함께하는 사이라는 인식을 심어 주어야 한다. 또한 조직이나 단체에서 중요하게 생각하는 막중한 임무를 부여해야 한다. 또 승진이나 좋은 것이 있으면 그 사람이 특별한 대우를 받도록 해야 한다. 상대방이 느끼기에 자신이 특별한 대우를 받고 있고 무슨 일이든 특권을 누려야 하는 시점이 있으면, 그 사람이 먼저 거론되도록 해야 한다. 또한 직책이나 자리를 마련해 주고 특별한 공간을 마련해서 특별한 나르시시즘을 느끼도록 하는 것이 중요하다.

아울러 극비에 해야 하는 것이나 비밀리에 일을 처리해야 하는 중대한 일도 함께 도모하는 사람이라는 인식을 심어 주어야 한다.

또 다른 사람이 알면 안 되는 비밀을 상대방에게 알려 주어야 한다. 그렇게 함으로써 상대방이 다른 사람과는 다른 특별한 대우를 받고 있다고 생각하게 해야 한다. 아울러, 그런 특별한 사람이 다른 사람에게 좀 더 특별한 나르시시즘을 느낄 수 있도록 언론에 공개하는 것도 좋다.

특별히 주의해야 하는 점은 어렵고 힘든 상황에서 그런 사람이 특별대우를 받은 것에 상응하는 정도의 희생과 헌신이 뒤따르는지를 봐서, 그렇지 않다고 생각한다면 다시 생각해야 한다는 점이다. 즉, 평상시에 생활하면서 진정 평생토록 오른팔로 활용할 사람인지를 계속해서 끊임없이 테스트해야 한다.

11

위기를 조장한다

상대에게 힘과 용기를 주어야 하는데 그렇지 못하는 경우는 주로 조직적으로 조직의 시스템에 의해서 오래도록 생활해 온 경우다. 특히 자기보다 더 경험이 많거나 내공이 많고 실력이 높은 사람인 경우라면 더없이 동기를 부여하기 어렵다. 특히 기존의 조직에 새로운 사람이 기존에 해오던 사람들의 생활 습성을 바꿔야 하는 상황에 처한 경우라면 지극히 어렵고 힘들다.

그런 경우에 가장 쉽게 쓸 수 있는 것은 위기 상황을 조장하는 것이다. 이것은 조용한 물가에 돌을 던져서 파문을 일으키는 것에 비유할 수 있다. 대개 조직의 결성은 포밍forming, 스토밍storming, 노밍norming, 퍼포밍performing의 4단계를 거친다. 처음에 조직이 결성되면 어느 정도 서로가 정치적인 권력 싸움을 하게 되고, 안정기를 거치면 새로운 시너지와 성과를 내기 위한 새로운 분위기의 새로운 조직이 형성된다.

　이처럼 조직에서 생활하면서 리더들이 조직원들을 움직이고 조직원들에게 생동감이 넘치게 하기 위한 방법으로 가장 흔하게 쓰는 방법 중 하나가 위기를 조장하는 것이다. 사람들은 두려움을 느끼거나 위기 상황에 처하면 서로 단합하고 합심해서 그 두려움을 극복하고 위기를 극복하고자 하는 행동을 취한다. 또한 위기의 상황에서는 평상시에 발휘하지 않는 잠재능력이 발휘되어 놀라운 성과를 낸다.

　특히 군중 심리와 함께 위기 상황을 조장하는 심리를 잘 활용하면, 하지 않으려는 사람도 군중 심리에 의해 하게 된다. 그러므로 사람에게 동기를 부여하는 과정에서 뜻대로 동기가 부여되지 않거나 자기 기득권을 놓지 않으려는 사람들이 있다면 위기감을 심어 주어야 한다. 좋은 것이 좋은 것이라는 생각으로 긍정적인 위기를 심어 주는 경우도 있을 수 있고, 아니면 극약 처방에 해당하는 위기 상황을 조장할 수도 있다.

　가장 중요한 것은 상대방의 내면에 잠자고 있는 잠재능력을 깨울 수 있을 정도의 자극을 주어야 한다는 점이다. 상대방이 다시금 일어나 앞을 향해 나아갈 수 있는 힘을 제공해야 한다.

내공이 높은 사람에게 적합한 방법

자기보다 내공이 높고 나이도 많은데 그런 사람에게 자칫 일부러 위기를 조장하면 오히려 역공을 당할 수도 있으므로 없는 사실을 거짓으로 위기를 조장하지 않아야 한다. 그런 사람에게는 사소한 잘못을 부풀려서 '너무 사소한 것이라서 소홀히 할 수밖에 없었는데 그것이 이토록 커다란 위기를 조장을 하다니!'라는 생각이 들도록, 그들이 발견하지 못한 빈틈을 찾아 공략하는 것이 바람직하다.

아울러 그런 상황에서는 가능한 다른 위기와 흐름을 함께하는 것이 좋다. 상황과 트렌드를 봐서 물타기를 하라는 것이다. 또 상대방이 위기의 상황에 처해서 정신을 못 차리고 있을 즈음에 실수하는 포인트를 잡아서 그것을 빌미로 위기를 조장하는 것도 좋다. 그래서 그 약점을 활용해서 자극을 주어야 한다.

그런 사람일수록 눈치가 빠르고 자신이 무엇을 어떻게 처신해야 자기가 살아남는지를 잘 안다. 그런 내공이 깊고 경력이 많은 사람일수록 자기 눈치껏 스스로 살길을 찾아서 행동한다는 것을 알아야 한다. 그러므로 그런 사람에게는 때로는 강하게 나가야 한다. 자칫 기세를 잡았다고 생각하면 자그마한 약점이라도 아주 강하게 크게 문제화해서 일을 크게 만들어야 한다. 아울러 시나브로 그런 정보를 모아서 그것을 한 번에 터뜨려야 한다. 그래야 효과가 있다.

『손자병법』에 전략을 실행하기 위한 단계로 벌모, 벌교, 벌병, 공성이 있다. 먼저 전략을 짜서 모략으로 주변의 지원 세력을 제거하고, 그런 연후에 벌병하고 성을 공략해야 한다는 말이다. 그런 순서에 입각해서 행동해야 한다. 그러기 위해서는 상대방의 약점을 공략하는 것이 무척 중요하다. 또한 상대의 어느 지점을 쳐야 상대가 쉽게 포기를 할 것인지 상대의 취약점을 찾아서 공략해야 한다. 그래야 승산이 있다.

자칫하면 내공이 심하고 파워가 높은 선배에게 역공을 당할 수도 있다는 점을 알아야 한다. 그러므로 가능한 치밀한 전략을 세워서 접근해야 한다.

움직이지 않으려는 개인, 전혀 현실에서 새로운 변화를 원하지 않는 단체, 변화하기보다는 변화하는 사람을 죽일듯한 표정으로 대하는 사람에게 힘과 용기를 주기 위해서는 결국 상대방이 원하는 것을 주든지 혹은 상대방의 약점을 잡아서 휘두르든지, 둘 중 하나를 선택해야 한다.

처한 상황이나 시류를 보고, 어떤 것이 현실적으로 유리한 것인지 어떤 선택을 하는 것이 훗날 뒤탈이 생기지 않고 후유증을 남기지 않는 것인지를 잘 판단해서 사용해야 한다. 그렇지 않으면 관계가 악화되고 좋은 관계가 깨지는 현상이 발생된다.

똥줄 타게 한다

『손자병법』에서 말하기를 "리더십은 세勢"라고 말을 한다. 장수가 부하를 다스릴 때 부하가 움직이지 않으려고 해도 어쩔 수 없이 움직일 수밖에 없는 세를 형성하는 것이 바로 리더십이다. 그래서 좋은 리더는 부하를 움직이게 하려고 지시하고 명령을 내리는 것이 아니라, 법과 원칙과 규범을 만들어서 부하가 그것에 따라 움직일 수밖에 없도록 하는 것이 좋다고 말한다. 마치 관여하지 않고 힘을 발휘하지 않으면서도 영향력을 발휘하는 것이다. 그것이 좋은 리더십이다.

이와 마찬가지로 다른 사람에게 힘을 주기 위해서는 다른 사람이 위급함을 느끼고 안 하면 안 되는 상황이 되도록 형세를 구축해야 한다. 현재 안 하려는 상대방의 상황을 하지 않으면 안 되는 상황으로 몰아가야 한다. 마감 효과가 말하듯 위급하고 긴박한 상황에 처하면 자기 안에 잠자고 있는 잠재 능력을 깨워 생각 이상의 큰 힘을 발휘하는 특성을 이용하는 것이다. 그 힘이 가장 강력한 힘이 된다.

일반적으로 사람은 자기가 하고 싶어서 한 일도 남이 시키면 하지 않으려고 하는 경향이 있다. 그러므로 일차적으로 어떤 사람을 움직이게 하였다면, 타인의 힘이 아니라 온전히 자기 스스로의 힘으로 일어난 것임을 느끼도록 하는 것이 좋다. 설령 하지 않으면 안 되는 상황이기에 어쩔 수 없이 하게 된 것이라도, 이전부터 이미 하려고 마음먹었던 것을 행동으로 옮긴 것이라고 해야 한다.

상대방이 할 수밖에 없는 상황으로 만들어 가는 것은 『한비자』에서 말하는 '세법술'의 '세'에 해당하는 것이다. 『한비자』는 군주가 백성을 통치하기 위해서는 세와 법과 술이 있어야 한다고 말한다. 백성을 움직이게 하는 강력한 세력이 있어야 하고, 그 사람이 법에 의해 움직이게 해야 하며, 신상필벌과 전략적으로 움직일 수 있는 술책이 있어야 한다고 말한다.

이러한 세 가지 요건 중 사람이 어쩔 수 없이 움직이게 하는 것은 '세'에 해당한다. 강한 기운의 세력을 형성하고 있어야 사람들은 움직인다.

강자만이 살아날 수 있다는 분위기를 조성해야 한다. 그래야 위기의식을 가지고 강한 힘을 기르기 위해 힘을 쏟게 된다.

▼
▼
▼
▼

12
다름을 인정한다

어떤 사람에게 동기를 부여하기 위해서는 상대방의 성향을 잘 파악해서 상대방의 구미에 맞게 동기부여를 해야 한다. 이것은 강태공이 고기를 잡을 때, 잡으려고 하는 고기가 좋아하는 미끼를 쓰는 원리와 같다. 즉, 상대방이 좋아하는 것을 상대방이 선호하는 방법으로 주어야 하고 상대방이 즐겨 하는 방법으로 힘을 낼 수 있도록 해야 한다.

사람은 이익에 의해서 움직인다

『한비자』나 『군주론』을 보면, 사람을 움직이기 위해서는 그 사람에게 이익을 주어야 한다고 말한다.

여기에서 이익을 주어야 한다는 것은 유무형의 이익을 의미한다.

단순히 유형의 이익으로 끝나는 것이 아니라 무형의 성과물을 안겨 주어야 한다. 이는 모든 사람들에게 동일하게 나타나는 현상이다. 성격 심리 유형이나 특성에 따라 다르게 양상을 보이는 사람도 있지만, 공통적으로 나타나는 특징은 이익을 주어야 상대방이 움직인다는 것이다. 사람들은 이익을 주면 움직이게 되어 있다.

이에 더하여 그 사람의 특성에 맞는 이익을 주어야 한다. 이익을 주되 상대방이 좋아하는 이익을 주어야 한다. 성격 유형과 특성에 따라 그 사람이 원하는 이익을 주어야 한다. 그래야 한다. 상대방이 원하는 특성에 맞는 이익을 주어야 한다. 돈을 좋아하는 사람에게는 돈으로 보상을 해 주고, 명예나 권력을 원하는 사람에게는 그것을 주어야 한다. 또 사람과의 관계를 좋아하는 사람에게는 친밀감을 표시해야 한다. 그래야 동기가 부여된다.

사자와 젖소를 생각하면 된다. 사자는 육식동물이고 젖소는 초식동물이다. 사자가 좋아하는 것을 젖소는 싫어하고, 젖소가 좋아하는 것을 사자가 싫어한다. 내가 좋다고 상대방도 좋다는 생각은 상대방 입장을 고려한 것이 아니다. 상대방의 입장에서 상대가 좋아하는 것을 주어야 한다. 그래서 상대방의 만족감을 크게 하는 것이 상대에게 맞춤형으로 동기부여 하는 것이라고 볼 수 있다.

이보다 더욱 중요한 사실은 사람은 시간과 장소와 주어진 상황에 따라서 마음을 달리 한다는 것이다. 카멜레온처럼 마음의 변덕이 심한 사람이 많다. 그래서 사람의 마음을 사월의 날씨에 비유하기도 한다. 사람은 자기가 처한 상황과 환경에 따라 만족도를 달리한다.

어제 그것이 좋았다고 해서 그것이 오늘도 좋을 것이라는 생각을 버려야 한다. 그것 역시도 그 사람의 처한 상황에 따라 혹은 그 사람이 느끼는 분위기와 감정 상태에 따라 다르다.

그래서 상대방의 만족감을 잘 채워 주기 위해서는 평상시 그 사람에 대해서 알아야 한다. 평소에 그 사람의 처지와 그 사람이 처한 상황을 잘 알아 두어야 한다. 그래야 그 사람에게 적합한 방식으로 그 사람에게 동기를 부여할 수 있다.

사람은 아주 사소한 것에서 감동한다. 또 여성과 남성의 경우에는 서로가 다른 성향을 보이며 감동을 받는 포인트가 다르다. 자신의 경험에 따라 관심사가 다르듯 사람은 연령에 따라 관심 분야가 다르다. 그러한 것을 잘 헤아려서 동기를 부여하는 것이 가장 좋은 동기부여 스킬이다.

『손자병법』에서는 '지피지기'라고 한다. 전략을 짜고 상대방을 자기편으로 만들기 위해서는 상대방을 먼저 알아야 한다. 자기가 아무리 좋은 전략을 가지고 있더라도 상대방을 중심에 두지 않으면 그것은 좋은 전략이 아니다.

또한 자기가 먼저 자기를 알아야 하고, 자기가 아는 것을 토대로 타인을 알고 그 타인의 현재 시점의 성향을 진단해야 한다. 자기가 타인을 위해서 무엇을 준비해야 하고, 자기가 타인에게 맞춤형으로 지원을 하기 위해서 자기는 무엇을 해야 하는가를 생각해 봐야 한다. 그것이 타인에게 맞춤형의 동기를 부여하는 것이다.

역치가 다름을 인정한다

사람이나 생물이나 모두가 동일한 한계점을 갖는 것이 아니라, 금속에 용융점이 있듯 사람에게도 각자의 성격과 기질에 따라 상호 그 한계치가 다르다. 이것을 '역치threshold value, 閾値'라고 한다. 사람에게 동기를 부여할 때도 이에 따른 역치가 있음을 알아야 한다.

어떤 사람은 작은 관심만 보여도 크게 감동하고, 또 어떤 사람은 많은 것을 해 주어야 감동하는 사람도 있다. 작은 것에 만족하는 사람도 있고, 큰 것을 주어도 만족을 하지 못하고 더욱더 욕망에 사로잡혀 있는 사람도 있다. 마찬가지로 감사를 느끼는 한계치가 사람마다 다르듯 참아 내고 이를 견뎌 내는 역치도 사람마다 다르다.

사람의 역치를 잘 파악해서 역치에 이르도록 그 사람에게 동기를 부여해야 그 사람이 동기부여 된다. 또한 그 사람이 견뎌 낼 수 있는 인내의 한계점은 어디까지 인지를 알고 있어야 한다. 그래야 그 사람에게 맞는 동기부여를 할 수 있다.

사람에 따라 조금 동기를 부여하면 크게 동기를 부여받는 사람이 있고 크게 동기를 부여해도 동기를 조금 부여받는 사람도 있다. 모든 것이 사람에 따라서 다르다. 사람은 모두가 평등하지만, 그러한 것을 세밀하게 잘 파악해서 사람의 성향에 맞춰 동기부여 하는 사람이 동기부여 전문가다.

마라톤 선수의 경우 선수에 따라 힘든 구간이 서로 다르기 마련이다. 어떤 사람은 초반부터 힘들어 하는 경우가 있고 중반에 힘들어 하는 사람도 있다. 또 어떤 사람은 중반이 넘어서 힘이 넘치는 사람도 있고 어떤 사람은 막판에 힘이 나는 경우도 있다.

꽃들이 핀다고 해서 모두 동일한 시점에 꽃을 피우는 것은 아니다. 한날한시에 씨앗을 심어도 어떤 꽃은 나중에 피고 어떤 꽃은 빨리 핀다. 또 어떤 경우에는 씨앗을 심어도 발아하지 못하고 죽는 씨앗도 있고, 파릇파릇하게 새싹을 틔우는 씨앗도 있다.

바로 그러하다. 다 같을 수는 없다. 특히 같은 생산라인에서 생산된 제품이나 동일한 조건에서 만들어진 제품도 한계치가 서로 다르다. 그러므로 동기를 부여함에 있어서도 역치를 감안해야 한다. 어떤 사람은 동일한 조건에서 가볍게 말 한마디만을 던져도 자연 발화되어 자발적이고 능동적으로 열정을 다하는 사람이 있는가 하면, 어떤 사람은 수십 수백 번을 말해도 말귀를 못 알아듣기도 한다. 꼭 남이 옆에서 잔소리를 해야 움직이는 사람도 있다.

장작불과 같은 사람도 있고 희나리처럼 서서히 불이 붙었다가 쉽게 꺼지지 않는 사람도 있다. 어떤 경우에는 쉽게 꺼지는 경우도 있고 어떤 경우에는 아예 불이 붙지 않는 사람도 있다. 그러므로 사람에게 동기를 부여하는 경우에는 늘 이 점을 염두에 두어야 한다. 그래서 상대방이 스스로 발화하는 사람인가를 확인하고 동기를 부여해야 한다.

또 발화점이 어느 정도인가도 알아야 한다. 가장 이상적인 경우는 한계온도는 높되 발화점은 낮은 경우다. 쉽게 착화되고 오래도록 연소되어야 한다. 그래야 좋은 연료이고 좋은 사람이다.

사람을 자신의 마음에 맞는 방향으로 이끌기 위해서는 우선적으로 그 사람의 과거 행동을 이해하고 있어야 한다. 그래서 그 과거 행동으로 인해 현재 행동을 이해하고, 그 현재 행동과 과거 행동을 통해 그 사람의 미래 행동을 예측해야 한다. 그래서 미래 행동이 잘 되도록 현재 행동에 변화를 주어야 한다. 현재 행동이 시간이 지나면 과거 행동이 되고, 그러한 현재 행동의 지도 변화가 계속되면 미래의 행동습관으로 자리매김이 되어서 미래 행동에 변화가 생기기 때문이다.

동기부여 되지 않는 사람에게 동기부여 하는 법

사람은 누구나 리더가 되면 그로 인하여 현명한 사람이 된다. 아무리 현명하고 똑똑한 사람도 노예 생활을 하다 보면 그로 인하여 결국 멍청한 사람이 된다. 사람이 어떤 사람이 되는가는 주어진 역할과 책임과 닥친 현실에 따라 다르다. 그런 점에 비춰볼 때 말을 잘 듣지 않거나 실제로 동기를 부여해도 말이 먹히지 않는 사람은 리더 역할을 하게 해야 한다. 그래서 역지사지의 마음으로 현명한 리더의 마음을 갖도록 해야 한다.

하지만 그것 역시도 그렇게 하면 잘하는 사람이 있는 반면, 오히려 그것을 역이용하는 사람도 있다는 점을 알아야 한다. 바로 이 때문에 사람의 성격 유형 프로그램이 많이 유행되고 있다. 디스크, 로데오, 에니어그램, 신경 언어 프로그램 등 많은 성격 유형 모델들이 등장하고 있다. 사람마다 역치가 다르고 성격에 따라 말을 이해하는 정도가 천차만별 다르기 때문이다.

그래서 사람을 알기 위해서는 그가 지내 온 환경을 알아야 하고, 알고 있는 지식의 양이 어느 정도인지를 알아야 한다. 그래서 상대가 원하는 언어로 대화하고 상대가 원하는 언어로 상대에게 동기를 부여해야 한다.

동기부여에도 커뮤니케이션 스킬이 매우 중요하다. 사람과 사람 간의 관계, 사람과 조직과의 관계 등 모든 관계에는 궁합이 맞는 사람이 있는가 하면 궁합이 서로 맞지 않는 사람도 있다. 그러므로 역치를 감안하여 서로 궁합이 맞지 않아서 동기부여 되지 않는다면, 제3자의 힘을 이용하여 동기부여 하는 것도 좋은 방법이다.

필요하다면 강한 자극 기법으로 천적 기법을 활용하는 것도 동기부여를 하는 데 효과가 있다. 동물들의 세계에서도 서로 간에 위계질서에 따라 행동하듯이 경우에 따라 상대보다 더 강한 천적을 등장시켜 긍정적이고 부정적인 방법을 이용하여서 사람을 자극해야 한다.

일례로 남자들만 있는 조직에 여성이 들어가면 왠지 모르게 조직에 활력이 생긴다. 또한 자기가 일등이라고 생각하는 사람에게 그 사람보다 더 많은 것을 알고 있는 실력가를 투입하면 긴장감이 맴돌고 그로 인하여 더 숙연한 분위기에서 열정적으로 일하게 된다.

단체적인 속성을 부여하자

조직에 다양한 사람이 많은 경우에는 그 직원들의 성향에 따라 직위와 단체로 무리를 지어서 그에 상응하는 동기부여 정책을 강구하는 것이 바람직하다. 즉, 사람은 개인적인 개별적 특성과 단체적인 속성에 따라 다른 성향을 보이기도 하지만, 무리를 지으면 개인적인 성향을 내보이기보다 단체적인 속성을 드러내는 경향이 있다.

그러므로 단체적인 속성과 그룹에 상응하는 색상으로 동기를 부여하는 것이 좋다. 노는 것을 좋아하는 조직에는 노는 것으로, 연구 학습하는 것을 좋아하는 조직은 그런 조건으로 동기를 부여하는 등 그 속성과 특성과 여건에 따라 동기를 부여하는 것이 좋다.

그러기 위해서는 앞서 말한 것처럼 개인의 속성을 알듯 단체의 속성과 조직의 속성에 대해서도 알아야 한다. 이때 가장 중요한 것은 명분과 이익이다. 조직적인 차원에서는 명분을 가져야 하고 개인적인 차원에서는 이익을 주어야 한다. 이때, 조직은 명분을 갖게 하고 개인은 이익을 갖게 하는 것이 좋다.

동기를 부여하는 것은 의사가 수술을 하기 전에 마취를 하는 것과 같다. 가장 이상적인 경우는 동기부여 하는 사람이 동기부여 되어 있는 것이다. 동기부여 하는 사람이 먼저 동기부여가 되어 있지 않으면 남을 동기부여 시킬 수 없다. 그러므로 동기 부여의 힘을 충전하기 위해 노력해야 한다. 그래서 그것을 무기로 다른 사람에게 동기를 부여해야 한다.

자기가 타인을 동기부여를 할 때는 자기와 단짝에게 먼저 동기를 부여해야 한다. 자기 자신에게 잘 맞는 사람에게 먼저 동기를 부여하는 것이 다른 사람을 동기부여 하는 데 영향을 주기 때문이다.

사람에 따라서 동기부여가 되는 방식과 성향이 다르다. 어떤 사람은 자기의 성향에 맞아 쉽게 동기부여 되는 사람이 있는가 하면, 어떤 사람은 성향이 맞지 않아서 쉽게 동기부여 되지 않는 사람도 있다. 그러므로 먼저 자기와 단짝이 되는 사람에게 동기를 부여하여 그에서 얻어진 성과를 토대로 다른 사람에게 동기를 부여해야 한다.

▼
▼
▼
▼

13
쇼를 한다

상대의 마음을 움직이기 위해서는 일정 부문 쇼를 하거나 연극을 해야 한다. 사람은 주변의 현상에 현혹되거나 분위기에 휩쓸려 자기가 하고 싶지 않은 일도 하는 경향이 있다. 군중 심리에 의해서 어쩔 수 없이 하는 것이다. 그러므로 그러한 심리를 활용하여 상대방을 움직이게 하기 위해서는 쇼를 하는 것이 좋다.

일례로, "다른 사람은 모두 했다. 이제는 당신만 하면 된다.", "모두가 하지 않고 있다. 그러므로 우리도 하지 않아야 한다."고 말을 하는 등 자신이 원하는 방향으로 상대방을 유도하기 위해서는 어느 정도 쇼를 하는 것이 좋다. 그렇게 함으로써 상대방이 움직이게 해야 한다.

어차피 인생은 쇼다. 쇼를 통해서 이익을 얻고, 쇼를 통해서 사람을 자기편으로 만드는 것이다. 우리는 이것을 '정치'라고 말한다. 정

175
타인 동기부여법

치도 쇼다. 자기에게 유리하도록 여론몰이를 한다. 그런 점에 입각해서 어느 정도는 상대방에게 연기를 할 필요가 있다. 그래서 자기가 원하는 분위기를 형성해야 한다.

그런 것들이 하나하나 모여서 큰 물결을 이룬다. 삼일절 태극기 물결, 광화문의 빨간 붉은 악마들의 월드컵 응원 물결은 한 번에 이뤄지는 것이 아니다. 하나하나 시나브로 계속해서 그러한 분위기를 조성해 왔기에 가능했던 것이다. 수많은 여론에 의해서 그 여론의 힘으로 분위기가 형성되고 그 무드에 의해서 행동이 유발된다. 그러한 원리를 동기부여에 잘 활용해야 한다.

전략적으로 접근한다

리더는 동기부여를 하기 이전에 부하들에게 신뢰를 주어야 한다. 앞서 말했듯이 토사구팽하지 않고 끝까지 챙겨 준다는 인식을 심어 주어야 한다. 더불어 미명 전략을 너무 많이 구사하지 않아야 한다. 미명은 없는 것 같으면서 있는 듯이 보이고, 하지 않는 듯하면서 하는 것 같이 하고, 관심이 없는 척하면서 관심을 보이고, 관심을 보이는 것 같지만 결국에는 관심이 없는 것과 같은 형태를 취하는 것을 의미한다. 그러한 미명을 많이 구사하면 그로 인하여 오히려 부하 직원에게 불신감이 조성된다.

상사 중에서도 부하들에게 배신의 아이콘으로 불리는 사람이 있는가 하면, 충성의 아이콘으로 불리는 사람도 생기게 마련이다. 부하

직원들은 리더에 대해서 잘 안다. 리더는 100명의 부하를 알아도 단 한 사람의 부하를 진실하게 알 수 없지만, 부하들은 리더의 한 가지 행동만 보아도 그 리더에 대해서 전부 안다. 부하는 수면에 잠겨 있지만 리더는 항상 뭇 사람들에게 잘 드러나 있기 때문이다.

그러므로 리더는 평상시에도 자신의 언행에 주의해야 한다. 평상시에 부하들에게 진실성을 보이고 신뢰감을 주어야 한다. 그래야 부하들이 위기의 상황에 리더의 말에 순명하게 된다.

만일 자신이 사람들에게 인정을 받지 못하는 성격이거나 자신이 그간에 너무 많은 미명 전략을 구사하여 부하 직원들에게 신뢰를 잃어버린 경우라면, 사람에게 충성을 강요하고 자기를 믿고 따라오라는 형태로 동기부여 스킬을 구사하기보다 조직과 개인의 성장을 위해서 일을 해야 한다고 동기를 부여해야 한다. 개인의 발전이 조직의 발전이고, 조직의 발전을 위해서 일을 하다 보면 결국 개인의 성장과 이익을 도모할 수 있다는 논리로 사람들에게 동기를 부여해야 한다.

가끔씩 폭탄을 터트린다

상대방에게 동기를 부여하기 위해서 가장 신경 써야 하는 부분은 계속해서 동기를 부여해야 한다는 것이다. 단 한 번의 사기를 올려서 그 순간을 모면을 하는 정도의 동기부여가 아니라, 지속적으로 끊임없이 동기를 부여 하는 것이 중요하다. 그러기 위해서는 어떤 특정한 시점에 주기적·정기적·반복적으로 상대방에게 자극을 주어야 한다.

그렇게 함으로써 상대방이 자극을 받아서 움직이게 되고 동기를 부여받아야 한다는 것을 스스로 느끼도록 해야 한다. 즉, 동기를 부여받지 않으면 계속해서 상대방이 자기를 귀찮게 할 것임을 알게 하는 것이다. 그러다 보면 상대방의 입장에서는 똥이 무서워서 피하는 것이 아니라 더러워서 피한다는 생각을 갖기 때문에 아무리 하기 싫어도 내색하지 않고 어쩔 수 없이 하게 된다.

타성에 젖어 있는 사람 혹은 하려고 하지 않는 사람, 조직에 대한 충성심도 자긍심도 없고 일에 대한 흥미가 없는 사람, 그런 사람을 어떻게 다뤄야 하는가? 이에 대한 답은 뻔하다. 하기 싫어하는 사람, 즉 다른 방향으로 가려는 사람을 내리게 하고, 같은 방향으로 가는 사람만을 버스에 태워 적재적소에 자리를 배치하면 된다는 생각을 가져야 한다.

그런데 조직을 이끌다 보면 같은 방향이 아닌데도 불구하고 계속해서 버스에 남아 있거나 무임승차하려는 사람이 있다. 얄밉게도 일은 하지 않으면서 성과를 꼬박꼬박 찾아 먹으려는 사람이 바로 그런 사람이다. 그런 사람은 마치 일을 하는 것 같지만, 결국에는 공적인 이익보다는 사적인 이익을 위해 일한다.

선공후사先公後私라는 말이 있다. 공적인 이익을 먼저 생각하고 사적인 이익을 나중에 생각해야 한다는 말이다. 그런데 많은 사람들이 선사후공을 한다. 겉으로는 마치 공적인 이익을 위해서 일을 한다고 하면서 속으로는 사적인 이익을 위해서 일하는 사람이 많다. 그러므로 리더의 입장에서는 그런 사람들을 발본색원하여 계도해야 한다. 그런 안일한 생각을 가지고 직장 생활을 하는 사람이 발생되지 않도록 주의해야 한다.

가장 좋은 경우는 앞서 말했듯이 계속적으로 자극을 주는 것이다. 상대방을 잘 관찰해서 상대방이 특별히 부정적인 반응을 보이거나 평상시와는 다른 방만하고 거만한 태도를 보이는 징후가 느껴지면, 그것을 진정시키기 위해서 자극을 주어야 한다.

우리가 주전자에 보리차 물을 끓이다 보면 물이 끓어서 넘치는 경우가 발생된다. 그래서 지혜가 있는 사람은 물이 넘치면 주전자의 뚜껑을 열었다가 다시 닫는다. 이를 통해 물이 끓어 넘치는 것을 미연에 방지할 수 있기 때문이다. 또한 뚜껑을 열지 않고 불의 세기를 조절해서 물이 끓어 넘치지 않게 한다.

이처럼 사람의 동기를 부여할 때는 너무 오버해서 자칫 실수할 우려가 있거나 방만하고 자만한 언행을 일삼거나 혹은 조직의 룰에서 조직의 기본과 원칙에서 벗어나는 행동을 할 우려가 있는 사람에 대해서는 미연에 자극을 주어야 한다. 그 상대방을 잘 관찰하여 어떠한 징후를 보이는지를 파악하다가 조짐을 보이면 즉시 자극의 채찍을 가해야 한다.

사람을 쳐내고 역적을 없애기 위해 가장 많이 활용하는 방법은 상대방의 사소한 잘못을 모아서 그것을 특정 시점에 터뜨리는 것이다. 또한 적의 침입을 미연에 막기 위해서 적정하게 적정한 구간에 지뢰를 설치해 놓듯 상대방이 궤도에서 벗어나는 순간, 특별한 자극을 받을 수 있도록 지뢰를 군데군데 설치해 두어야 한다. 그렇게 해서 상대방이 스스로 장애물을 만나서 스스로 고민하고 그것을 극복하기 위한 해답을 스스로 찾을 수 있도록 하는 것이 중요하다.

직접적으로 얼굴을 붉히는 상황이 발생되지 않도록 상대방이 스스로 미연에 인지할 수 있도록 넌지시 정보를 제공하는 것이 중요하다. 왜냐하면 조직에서 일을 하면서 서로가 얼굴을 붉히면서 업무를 할 필요가 없기 때문이다. 가급적이면 상대방과 좋은 관계선상에서 업무가 이루어지도록 해야 한다.

실제로 조직을 다스리다 보면 평상시 잘하던 사람이 배반하는 경우도 있고, 전혀 생각지 않게 두각을 나타내지 않는 사람이 위기의 상황과 어려운 상황에서 조직을 위해서 헌신하는 경우도 있다. 그러므로 모든 사람을 원석으로 봐야 한다. 원석을 잘 다듬어야 그것이 보석이 된다. 원석을 보석으로 만들기 위해서는 그에 상응하는 노력을 해야 한다. 사람이 좋은 사람인지 인내력이 있는 사람인지 사람을 평가하고 알아 가는 것은 단기간에 할 수 있는 것은 아니다. 사람이 사람을 아는 것은 오랜 시간을 필요로 한다. 한두 번의 만남으로 사람을 판단하는 것은 어리석은 짓이다.

아울러, 칭찬을 해도 무반응이고 상을 주거나 벌을 주어도 특별한 반응을 보이지 않는 사람은 조직에서 내쫓아야 한다. 그것도 전략적으로 쫓아내야 한다. 그러기 위해서는 결정적인 순간에 그런 사람을 내쫓을 수 있는 명분을 확보해야 한다. 아울러 어느 때 내치는 것이 좋은가에 대한 시점도 저울질해서 최적의 적정한 시점에 타이밍을 잡아서 내쳐야 한다. 그것이 바로 조직을 승리로 이끄는 길이다.

간접적으로 훈육한다

'넛지'라는 말이 있다. 이 말은 상대방에게 하고 싶은 말을 직접적으로 이야기하는 것이 아니라, 간접적으로 돌려서 말을 하는 것을 의미한다. 또 '우직지계'라는 말이 있다. 가고 싶은 길이 있어도 지름길로 가는 것보다 멀지만 우회해서 돌아가는 것을 의미한다. 마찬가지로 상대방에게 동기를 부여하기 위해서는 상대를 직접적으로 자극하지 않고 다른 경로를 통해서 상대방이 자극받도록 해야 한다.

일례로 방송 광고에서 나오듯이 부모가 자식에게 직접적으로 보일러를 사고 싶다는 말을 하는 대신, 옆집에는 보일러가 있어서 참으로 겨울에도 따뜻하게 잘 살더라는 말을 하면서 자식들의 마음속에서 부모에게 보일러를 사 주고 싶어 하는 생각이 들도록 하는 것이다.

이와 같이 직접적으로 말하기는 곤란하고 어떡하든 자신이 하고 싶은 것을 상대방이 하도록 하기 위해서 넌지시 상대방에서 말을 하거나 행위를 하도록 재촉하는 것을 '넛지nudge'라고 한다. 마치 자신은 그런 생각이 전혀 없는데 주변에서 그렇게 해야 한다고 해서 어쩔 수 없이 떠밀려서 한다는 느낌이 들도록 말을 하는 것이다.

그래서 회장이나 총무 등의 추천을 받으면 일부러라도 한두 번은 사양하면서 고수해야 한다. 한 번에 승낙하지 않고 여러 번 생각해서 그 자리를 받는 것이 좋다. 남들이 추천한다고 해서 그냥 배고픈 사자가 고기를 먹듯 덥석 문다면 그 역시도 자만에 겨운 것이다. 가능한 조금은 겸손한 태도를 보이는 것이 좋다. 겸손한 태도를 보이는 것이 넛지의 포인트다.

자신은 전혀 그럴 생각이 없다는 표정, 자신은 전혀 자신감이 없고 아직도 부족해서 더 단련해야 하는 새내기라는 점을 부각시켜야 한다. 집착이나 애착을 갖기보다는 자신은 결코 욕심이 없으며 하기 싫지만 어쩔 수 없이 하는 것이라는 느낌을 갖도록 하는 것이 바람직하다.

연애의 비결 중 "사랑하는 사람을 얻기 위해서는 관심이 없는 척하라."는 말이 있다. 반대로 행동하는 것이다. 자기가 원하고 바라는 여성일수록 일부러 싫은 표정을 지으면서 전혀 관심이 없는 척 멀리해야 한다. 집착하고 잡으려고 대들면 오히려 도망간다. 이러한 원리를 타인을 동기부여 하는 데 활용하면 효과가 크다.

일례로 일을 하라고 말을 하기보다 옆 사람이 열심히 일을 해서 참으로 그러한 모습이 보기 좋다고 옆 사람을 칭찬하는 것이다. 또 일을 하지 말라는 말을 하기보다 옆 사람이 일을 하고 있는데, 그 일을 하는 것은 조직을 위해서 전혀 도움이 되지 않는다고 말한다. 그 사람은 뭔가 잘못 생각하고 있고 그 사람이 일을 함으로써 조직이 역행한다고 하는 등 상대방으로 하여금 그 일을 선뜻 하지 못하게 만드는 것이다.

어떻게 보면 '그렇게 상대방에게 동기를 부여해서 그것이 얼마나 효과가 있을까?'라고 생각하는 사람도 있을 것이다. 왜냐하면 그러한 권유는 상대방의 본심이 아니기 때문이다. 하지만 그럼에도 불구하고 그렇게 해야 하는 것은 일단은 어떡하든 상대방을 움직이게 하는 것이 중요하기 때문이다. 일단은 움직이게 하고, 그다음에는 시시각각 처한 환경이나 변화에 따라 유연하게 내응하면 된다.

특히 사람은 군중 심리에 의해서 혹은 남의 눈치를 보면서 생활하는 경향이 있다. 사람은 일반적으로 자기 주도적으로 자기 신념과 자발적인 마음에서 움직이고 행동하기보다는 남의 눈과 체통과 체면 때문에 어쩔 수 없이 하는 경우가 많다. 그러기에 이러한 넛지를 잘 활용하면 효과가 있다는 것이다.

남의 눈치를 잘 보는 사람이나 남다르게 남을 의식하는 사람들의 공통적인 성질 중 하나는 남과 비교를 많이 한다는 것이다. 그래서 자기가 보기에 자기의 실력이 남보다 못하거나, 남이 하는데도 자신은 하지 못한다고 생각하거나, 남과 비교해서 자기가 남보다 뒤쳐진다고 생각하면 가만히 있지 못하고 무리수를 두는 경우가 많다. 그런 사람에게는 넛지가 잘 통한다. 이 말인즉 상대방에게 넛지를 활용해서 동기를 부여하는 상사라면, 상대방의 심리적인 성향을 잘 고려해서 판단하라는 것이다.

14

실적을 관리한다

타인의 실적을 관리하면서 타인을 계속적으로 움직이도록 하기 위해서는 상대방이 늘 그 일에 대해서 초점을 가지고 생활하도록 해야 한다.

상대방은 늘 자기 일에 바쁘게 지내려고 한다. 집안의 일도 해야 하고 자기 친구들과 사회생활도 해야 하고 신앙생활도 해야 하고, 가족들과 여행을 해야 하고 혼자서 낚시도 해야 하는 등 얼마나 바쁜 나날인가? 하루 30시간이어도 바쁘고 시간이 없는 상황인데, 특별한 프로젝트를 수행을 하도록 하면 그 프로젝트에 온전히 집중해서 일하는 것이 매우 힘들 것이다.

"눈에서 멀어지면 마음에서도 멀어진다."는 말이 있듯 실제로 관심에서 멀어지면 무관심으로 일관하게 되고, 그로 인해서 어느 정도 시간이 흐르면 망각하게 된다. 그러므로 어떠한 특정한 일이 발생되고 그러한 것을 처리해야 하는 상황에 이르렀다면, 그러한 일이 계속적으로 일관되게 관리되도록 해야 한다.

이에 대한 가장 좋은 방법은 눈으로 계속 바라보고 귀로 들려주며 입으로 말하게 하는 것이다. 눈을 감고서 기도하고 주기도문을 암기하고, 군인의 길을 암기하고 군가를 들려주고, 거대한 포스터나 벽보를 보여 주는 것은 바로 그러한 것을 망각하지 않게 하기 위해서다.

흔히 보험회사에서 설계사들의 할당된 목표를 그래프로 게시해서 상호 그 실적을 매월 보도록 함으로써 성장을 도모하고 성취감과 선의의 경쟁을 유도하기도 하는데, 바로 그러한 것이 일련의 가시화 경영에 해당한다고 볼 수 있다. 이정표나 신호등을 자주 보게 하는 것도 일련의 가시화 경영이다. 눈에서 보이게 하는 것이다.

에펠탑효과에서 말을 하듯이 흉측스럽고 미운 것도 자주 보면 괜찮아 보이게 마련이다. 자주 보게 되면 그에 대해서 주인 정신이 생기게 되고, 자주 접하면 그것에 대해서 더욱 친밀해진다는 점을 알아야 한다.

자주 보고 듣고 말하게 하는 것은 일련의 세뇌다. 자기 최면에 걸리게 할 정도로 자기가 자기를 세뇌시키면, 자기가 성장하고 힘을 내게 된다. 그래서 하면 된다고 계속해서 말하는 사람은 정말로 하면 되는 사람이다. 또 할 수 있다고 말하는 사람이 할 수 있는 자신감을 갖게 된다. 이처럼 자신감과 행동은 상호 밀접한 관계가 있다. 모든 것은 마음먹기에 따라서 달라진다.

육체적인 행동이 마음과 감정에 영향을 주기도 하지만, 마음과 감정이 행동에 영향을 주기도 한다. 그래서 "일류는 감정으로 행동을 제어하지만, 진짜 일류는 행동으로 감정을 제어한다."고 말한다. 이 말의 의미를 깊이 있게 새겨 보자.

▼
▼
▼
▼

15
관심을 보인다

타인에게 동기를 부여하는 가장 좋은 방법은 그 사람에게 관심을 보이는 것이다. 관심을 보이고 그 사람이 하고 있는 일에 대해서 관심을 가져 주면 그 사람이 하는 일에 대해서 자발적으로 동기를 부여받게 된다. 자기가 하는 일에 대해서 다른 사람이 아무도 관심을 가져 주지 않으면 자기가 하는 일이 별달리 중요하지 않는 일이라는 생각에 맥이 빠지게 마련이다.

그러므로 타인에게 동기를 부여하기 위해서는 그 사람이 하는 일에 대해 지속적이고 간헐적으로 관심을 피력하면 된다. 그런데 너무 자주 관심을 피력하면 사사건건 간섭을 하는 것으로 비춰질 수 있으므로 그러한 오해가 생기지 않도록 주의해야 한다.

시골에서도 사람이 살지 않는 곳에 사는 대추나무에는 대추가 잘 열리지 않는다. 폐가에 있는 감나무도 그러하다. 사람이 사는 곳에서 자라는 감나무와 대추나무에는 과실이 잘 열리는 데 반해 폐가나 사람이 살지 않는 곳의 나무에서는 과일이 열리지 않는다. 관심의 문제다.

자기가 화장을 하고 옷을 잘 차려 입었는데 아무도 바라봐 주는 사람도 없고 축구 선수가 골인을 시켰는데 아무도 환호성을 지르지 않는다면 아마도 다음에는 점점 그러한 행위를 하지 않을 것이다.

그러므로 상대방에게 동기를 부여하기 위해서는 먼저 관심을 가져 주어야 한다. 머리를 깎았으면 머리를 깎았다고 혹은 새 구두를 신었으면 새 구두를 신었다고 혹은 넥타이가 멋지다면 넥타이가 멋지다고 하면서 관심을 보여야 한다. 상대방 입장에서는 자신이 하는 일에 대해서 다른 사람이 관심을 가지고 보고 있다고 생각하면, 다른 사람에 비해서 자기가 더욱더 잘하고 있음을 알리려고 하는 선의의 경쟁심이 발동하게 마련이다.

집안에서 평범하게 생활하던 사람도 집에 손님이 오는 날에는 자기 집을 청소한다. 또한 귀한 곳에 가거나 특별한 곳에 갈 때에는 특별한 옷을 입게 되고 평상시 그냥 타던 차도 세차를 한다. 그렇듯이 우리는 자기가 아닌 다른 사람들에게 자신을 내보일 때에 뭔가 특별한 행위를 하게 된다. 그러한 것을 하고자 하는 마음과 태도가 동기부여의 마음이다.

더욱 중요한 사실은 정말로 동기가 부여 되었다는 것은 타인이 자기에게 관심을 보이지 않아도 자발적으로 노력하는 것이다. 어떤 경우에도 타인의 시선에 신경 쓰지 않고 자기가 하고자 하는 일을 자기 주도적으로 하는 사람이 진정으로 동기가 잘 부여된 사람이다. 오리지널 동기부여 전문가는 바로 자기 스스로 동기가 부여되는 사람이다. 타인의 관심이 없어도 말이다.

떡 하나 더 준다

성서에는 방탕한 생활을 하고 귀가한 둘째 아들에게 융성하게 대접하는 아버지에 대한 이야기가 나온다. 집에서 착하게 사는 첫째 아들보다 집 나가 재산을 탕진하고 거지가 되어 돌아온 둘째 아들에게 살진 송아지를 잡아서 융성하게 대접하고 좋은 옷을 입혀서 금의환향한 아들처럼 잘해 주는 말이 나온다. 미운 놈에게 떡을 하나 더 주는 형국이다.

사실 사노라면 미운 사람이 생기게 마련이다. 자기에게 이익이 되고, 자기의 말에 순종하고 자기에게 잘하는 사람에게 잘해 주고 싶은 사람은 많다. 하지만 자기에게 피해가 되고 같이 있으면 손해가 되는 사람에게 잘하는 사람은 드물다.

그런데도 많은 선각자들은 "원수를 네 이웃처럼 사랑하라."고 말한다. 일반적으로 공감이 가지 않는 이야기다. 그 원수 때문에 잠을 못 이룬 날이 몇 날이며 하물며 그 원수로 인해서 식음을 전폐하고 잠 한숨 푹 자지 않고 이를 갈면서 살고 있는데, 그런 원수를 사랑하라니? 차라리 인간이기를 포기하고 신이 되라는 말과 같다. 그만큼 일반적으로 평범한 사람에게 있어서 미운 사람 혹은 원수 같은 사람을 사랑한다는 것은 극히 힘들다.

그럼에도 불구하고, 미운 놈에게 떡 하나를 더 주어야 한다. 그것은 미운 사람을 위해서라기보다는 자기 자신을 위해서다. 미운 사람에게 복수를 하려는 것은 자기 마음 안에 폭탄을 짊어지고 사는 것이다. 그만큼 남을 미워하고 시기하고 질투하는 것이 얼마나 자기 자신에게 나쁜 것인가를 알 수 있다. 남을 미워하는 것은 자기를 미워하는 것이라고 볼 수 있다. 또 남으로 인해 자기 생활에 지장을 초래하고 잠을 못 이루는 것은 자기 마음의 주인 자리를 남에게 내놓은 것이라고 볼 수 있다.

사노라면 힘들고 어려운 때가 있기 마련이다. 하지만 잘못을 순순히 인정하기보다 자기 스스로 자기를 합리화하고 유연하게 생각하는 본능이 있다. 또한 남으로 인해서 자기 생활에 지장을 초래한 경우에는 모든 것을 남의 탓으로 돌리는 경향이 있다. 사실 그것이 마음 편하다. 그냥 모든 문제를 자기 안에서 찾으려고 하기보다는 남의 탓으로 돌림으로써 자기는 일차적으로 문제에서 해방되는 것이라고 생각하는 것이다.

그러므로 타인의 문제로 돌리기보다는 자기 문제라고 생각하고 자기를 먼저 돌아봐야 한다. 타인의 문제로 치부하면 타인으로 인해서 자기가 발전하지 못하고, 타인에게서 문제를 찾으려고 하는 것은 바로 자기 인생을 타인에게 맡기는 것이라고 볼 수 있기 때문이다.

미운 놈에게 떡 하나 더 주어야 한다는 것은 미운 놈이 떡을 먹고 배가 터지게 하는 것과는 다른 개념이다. 미운 놈에게 떡 하나 더 줌으로써 미운 놈을 배부르게 하는 것이 결국 자기에게 유리하다는 의미이다. "이는 이로 갚고 눈에는 눈으로 갚는다."는 말은 복수가 복수를 낳는 것에 비할 수 있다. 불이 나면 물로 불을 꺼야 하고, 추우면 덥게 해야 하고 더우면 시원하게 하는 것이 음양의 이치다.

회는 용시로 풀어야 하고, 미움은 사랑으로 풀어야 한다. 양과 음이 서로 조화를 이뤄야 평안하고 안정된 상태를 유지한다. 그렇지 않고 음이 강하면 어둠에 쌓이게 되고 양이 강하면 메마른 삶이 된다. 한없이 태양만 있어도 안 되고, 그렇다고 어둠이 계속되어서도 안 된다. 어둠과 빛은 상호 교차되어야 한다. 그러므로 극과 극이 아닌 서로가 원만하게 서로가 조화를 찾아가는 삶을 살아야 한다.

그러기 위해서는 미움은 사랑으로 채워야 하고, 원수는 은혜로 갚아야 한다. 그것이 세상사는 지혜로운 처세다. 앞서 말한 사례에서 아버지가 방탕한 생활을 하고 집에 찾아온 둘째 아들을 극진하게 환영해 주었던 것은 어렵고 힘든 생활을 했던 아들의 과거를 측은하게 생각했다기보다 이제라도 결연한 각오로 집에 찾아온 아들을 따스하게 가슴에 품어 줌으로써 아들에게 새로운 활력을 주고 다시 살아갈 수 있는 희망을 주었던 것이다. 그런 점에서 볼 때, 아버지의 행위는 아들을 미워하기보다 그 미움을 사랑으로 채워 주었던 것이라고 볼 수 있다.

사실 아버지의 입장에서 얼마나 자식이 미웠을까? 재산을 분할해서 자기 혼자 독립해서 잘 살겠다고 나간 자식이기에 미워할 수 있다. 또한 힘들게 모은 돈을 가지고 나가 방탕하게 술이나 마시며 낭비했으니, 자식에게 본때를 보여 주기 위한 마음도 있었을 것이다. 아버지에게 있어서 둘째 아들은 그야말로 화약고이고, 아버지의 가슴에 멍들게 한 주범이다.

그런 아들을 온정으로 맞아 주었던 것은 단순히 부자지간의 혈연으로 인해서 맺어진 정 때문은 아니다. 아버지는 그야말로 둘째 아들의 미래를 위해서 그랬을 것이다. "죄는 미워하되 사람은 미워하지 말라."는 말에서 빚어진 생활의 지혜다. 더불어 정말로 중요한 것은 아버지는 아들에게 새로운 희망을 주려고 했던 것이다. 과거의 잘못과 시행착오로 인해서 생긴 경험이 얼마나 중요한 것임을 알기에 그랬을 것이다.

한편으로 생각하면 탕자처럼 방황하다가 아버지를 찾아와 도움의 손길을 보냈던 아들, 아버지의 자식이 아니라 머슴으로라도 쓰게 해 달라고 간청했을 정도로 자신의 잘못을 깊이 뉘우친 아들의 태도에서 그런 아버지의 사랑과 은혜가 발생한 것이라고도 볼 수 있다.

결과적으로, 미워하는 놈에게 떡 하나 더 주는 것은 미워하는 사람에게 힘을 주기 위함이다. 미워하는 사람이 무심코 던져 준 떡을 먹고 예쁜 행동을 할 수도 있기 때문이다. 또 미워하는 사람이 자기가 상대방이 자기를 미워할 것이라고 생각했는데, 사실은 알고 보니 그런 것이 아니며 단순히 자기 오해에서 비롯된 것이라고 느껴야 한다. 그렇게 될지도 모른다.

또 싫어하고 미워하는 사람에게 떡 하나 줌으로써 일단은 자기가 마음의 안정을 얻을 수 있다. 미워하는 사람이 생각의 가시가 되어서 결국 자기가 다른 일을 하지 못할 정도로 마음의 근심이 있었는데, 미워하는 사람에게 '떡 하나'라는 아량을 베풂으로써 자기 마음 안에 있는 미움의 씨앗을 하나 죽인 것이라고 볼 수 있다.

이처럼 미워하는 사람에게 떡 하나 주는 것은 미워하는 사람에게 사랑과 아량과 용서를 베푸는 것이다. 그러면 자기 마음이 편안하다. 또한 상대방보다 마음 그릇이 크고 바다보다 더 넓다고 볼 수 있다. 그런 대인이 되어야 한다.

미움보다는 오히려 사랑으로

때려죽이고 싶을 정도로 밉고 함께하면 전혀 도움이 되지 않는 사람이라고 생각되는 사람일수록 더 잘해 주어야 한다. 마이너스 백에 해당하는 사람이 마음을 돌려 플러스 백이 되면 단순히 백이 증가한 것이 아니라, 이백이 증가한 것이다. 두 배로 증가한 것이라고 볼 수 있다. 플러스 99인 사람에게 하나를 주어서 100을 만드는 것은 단순히 일이라는 숫자가 증가한 것이다. 하지만 마이너스 값이 큰 사람일수록 그 사람을 플러스로 하면 두 배 이상의 큰 가치가 증가한 것이라고 볼 수 있다.

"일등과 꼴등은 종이 한 장 차이"라는 말이 있듯 사실 사람의 능력은 크게 차이가 나지 않는다. 하지만 부정적인 태도와 긍정적인 태도의 차이는 크다. 그것도 시간이 지날수록 더 큰 차이를 보인다. 왜냐하면 가는 방향이 다르기 때문이다. 그래서 시간이 지나면 지날수록 차이가 크다.

그런 점에 비춰 볼 때, 미워하는 사람에게 떡 하나 주고 원수를 네 몸 사랑하듯이 사랑하는 것은 결국 자기 힘을 배가시키는 것이라고 볼 수 있고, 때로는 자기 입지를 더 견고하게 하는 것이라고 볼 수 있다. 은혜를 베풀고 더 관심을 보이면, 제일 먼저 자기 마음이 평온해지고 미워하고 싫어하는 마음이 자기 마음 밖으로 밀려 나감으로써 그 이후에는 자기 마음에 사랑이 채워지게 된다.

성당에서 복사하는 아이가 잘못해서 초를 떨어뜨리자 호되게 꾸짖음을 당한 아이는 도둑놈이 되었고, 그런 똑같은 상황에서 "괜찮다. 너는 아마도 이번 실수를 계기로 해서 더 큰 주교가 될 것"이라는 말을 들은 아이는 정말로 많은 신자들에게 사랑과 존경을 받는 주교가 되었다. 이처럼 잘못을 했을 때 어떻게 꾸짖을 것인가로 인해 다시금 개과천선을 해서 갱생하는 사람이 될 수도 있고 어떤 경우에는 더 나쁜 사람이 될 수도 있음을 명심해야 한다.

자기가 잘못한 것을 자기가 가장 잘 알고 있는데, 그런 사람에게 호통과 질시와 질책을 하는 것은 죽은 사람에게 총을 다시 발사해서 확인 사살하는 것과 같다. 기댈 곳이 없고 일말의 희망이 없는 사면초가의 상황에 처한 사람에게 희망을 주는 것이 오히려 좋은 선도 방법이다. 게다가 자기를 미워한다고 생각했던 사람이 자기에게 그토록 든든한 사람이 되어 준다고 생각한다면, 그것만으로도 힘을 내서 행동을 하게 될 것이다. 상대가 밉고 원수처럼 느껴져도 그것은 어디까지나 자기 마음이라는 생각을 가져야 한다. 자기 안에 미움이 가득하기 때문에 상대방을 미워하는 것이라고 생각해야 한다. 또한 자기도 상대방처럼 실수할 수 있는데 오히려 상대방이 실수해 줘서 자기는 그런 실수를 하지 않는 것이라고 생각해야 한다.

그러므로 미안해하고 더욱 죄송스러워 하는 사람일수록 더욱 친근하게 다가가서 말을 걸어야 하고, 더욱더 관심과 정성을 다해야 하는 사람이라고 생각해야 한다. 그러면 그 사람은 진정으로 반성하고 참회의 눈물을 흘릴 것이다.

초나라 장왕이 자신의 애마를 배가 고파서 잡아먹은 마을 사람들에게 벌을 내리기보다는 말고기를 먹을 때 술을 함께 마시게 했던 아량으로 인해 전쟁터에서 장왕 대신 목숨을 걸고 죽은 마을 사람들의 이야기는 잘못한 사람에게 더욱더 사랑의 손길을 더해야 하고, 미운 사람에게 떡을 하나 더 주어야 하는 이유를 알게 해 준다.

힘들 때 힘이 되어 주자

타인을 동기부여 하는 가장 좋은 방법은 상대방이 어려운 상황에 처해 있을 때 조그마한 힘이라도 되어 주는 것이다. 상대방이 어려운 상황에서 일어설 수 있는 힘이 없을 때, 손을 내밀어서 상대방이 일어설 수 있도록 도움을 주어야 한다. 그래야 상대방이 희망을 가지고 살아가게 된다.

어렵고 힘든 상황에 처해 있는 상대방에게 지원과 협력과 협조를 베푸는 것은 바로 상대방에게 더없이 큰 힘을 주는 것이다. 그것은 단순히 상대방에게 힘을 주는 것이라기보다 상대방을 내 편으로 만드는 최고의 방법이다. 상대방의 입장에서는 얼마나 은혜롭고 얼마나 감사할 것인가? 그러한 은혜를 갚기 위해 혼신의 힘을 다할 것이다.

평상시에는 전혀 관심을 보이지 않고 자기에게 전혀 무관심한 사람이 자기가 힘든 상황에 처하게 되었을 때, 전혀 예상 못한 분에 넘치는 호의를 베풀고 뜻하지 않는 큰 사랑을 베풀어 준다면 정말로 감사하는 마음을 가지게 된다. 전혀 생각지도 않는 사람에게서 보답을 받으면 그야말로 기쁨이 클 수밖에 없다.

그렇다고 해서 전략적으로 그렇게 하라는 것이 아니다. 진심이 담긴 마음으로 해야 한다. 잘못을 한없는 사랑으로 포용해 주는 마음, 실수를 아량으로 받아주는 마음, 그런 마음이 상대에게 힘을 준다.

칭찬하라

타인에게 그 사람을 칭찬하면, 무려 세 명이 좋은 기분 상태에 머물게 된다. 즉, 칭찬을 하는 사람과 칭찬을 듣는 사람 그리고 그 당사자가 기분이 좋아지는 것이다. 칭찬은 많이 해도 부작용이 없다. 칭찬 중에서 가장 좋은 칭찬은 바로 그 칭찬을 받은 사람이 모르는 가운데 칭찬받을 수 있게 하는 것이다. 그런 측면에서 볼 때, 칭찬을 할 때는 일부러 특정된 상대방에게 칭찬을 한 사실이 그 사람에게 전달되도록 해야 한다.

실제로 일을 하다 보면, 조직이나 단체에서 자기가 칭찬을 받는 것은 좋아하지만 남을 칭찬하는 것을 싫어하는 경우도 있다. 사람은 일반적으로 자기보다 잘나가는 사람이 있으면 그것을 시기하고 질투하는 경향이 있기 때문이다. 그래서 자기 영향력을 행사하고 자기의 주도권을 늘리기 위해서 일부러 타인을 끌어내리는 사람들을 많이 볼 수 있다.

그러한 조직문화에서 남을 칭찬하는 것은 조직 문화를 즐거운 분위기로 이끌 수 있는 단초가 된다. 그러므로 가능한 칭찬하는 것을 습관화해야 한다. 남을 칭찬하면 그로 인하여 그 사람이 다른 사람을 칭찬하게 된다. 칭찬 릴레이 문화가 형성되는 것이다.

어떤 사람에게 힘을 줄 때는 칭찬을 적정하게 활용해야 한다. "이러한 일을 이렇게까지 하다니, 당신의 능력은 참으로 대단하다고 생각한다." 혹은 "당신은 노력하고 인내하는 것이 남다르다."고 진심을 담아 말하는 것이다.

다른 사람에게 특정인을 칭찬하는 것은 특정인에게 힘을 주는 것이기도 하지만, 그 칭찬을 듣는 사람을 자기편으로 만들 수 있는 계기가 된다. 그 사람은 칭찬을 하는 당신에게 호감을 느낄 것이고 선의를 느낄 것이다. 이처럼 칭찬은 다른 사람에게 좋은 파장을 제공해서 그 사람까지 긍정적으로 만들게 된다.

다른 사람에게 특정인을 칭찬할 때 일부러 그 칭찬이 당사자에게 흘러가도록 해야 한다. 자주 그 사람을 칭찬하다 보면, 그 사람이 힘을 얻게 될 것이다. 이때 타인에게는 그 사람을 칭찬하면서 그 당사자는 아주 호되게 꾸짖는 것도 그 사람을 수련하고 단련시키는 좋은 방법이다. 어렵고 힘들게 하는 수련일수록 오래 기억하기 때문이다.

어렵고 힘든 상황에서는 칭찬 한마디가 큰 힘이 되기도 한다. "앞으로 장래가 촉망이 되는 사람"이라는 기대감을 심어 주어야 한다. 사람은 현재 가치보다는 미래 가치를 가지고 그 사람을 대하면 미래 가치에 상응하는 사람이 되기 위해서 더욱더 열정을 다해서 노력을 한다는 점을 명심하길 바란다.

플라시보 효과와 피그말리온 효과

가짜 약을 먹어도 그 약이 진짜 약이라고 생각하면, 그 약으로 인해서 기적적인 체험을 하게 된다. 또한 아무리 좋은 약이라고 해도 별로 좋지 않은 약이라고 생각하면, 그 사람은 그 약의 효과를 볼 수 없다. 바로 '플라시보 효과'이다.

또한 믿고 간절히 원하면 그것이 이루어진다는 피그말리온 효과처럼 상대방을 인정하고 상대방이 이미 동기부여가 잘되어 있는 사람이라고 믿고서 동기를 부여해야 한다.

그리고 상대를 동기부여 하기 위해서는 자기가 동기부여 전문가이고 자기가 행하는 방법과 자기가 말한 방법으로 인해서 성공하고 성과를 거둔 사람들이 많다는 사실을 알게 해야 한다. 그래야 다른 사람들이 당신의 말을 신뢰하게 되고, 당신의 말에 의해서 효과를 보

게 된다. 플라시보 효과에 의해서 당신의 말에 의해서 동기가 부여
되는 신비한 체험을 하게 될 것이다.

▼
▼
▼
▼

16
호기심을 갖게 한다

줄 듯하면서 주지 않는 것, 진정으로 그것을 원하는 사람에게는 정말로 미칠 노릇이다. 손만 닿으면 금방이라도 취할 것 같고 자신이 조금만 노력을 한다면 금방이라고 그러한 결실을 맺을 수 있다고 생각하는 것에 대해서는 큰 관심을 가지고 호기심을 가지고 노력하려는 사람이 많다.

특히 아슬아슬한 상황에서 자기가 조금 노력을 하면 그것을 취할 수 있다고 생각하면 사람은 더 동기를 부여받는다. 그래서 도박에 중독되고 결국에는 인생을 망치는 것이다. 사람을 일단 유혹하고 그 유혹과 스릴에 중독이 되면 더 큰 미끼를 던져서 일확천금의 꿈을 꾸게 하고 로또의 대박을 상상하도록 한다. 그로 인해서 사람들이 환상에 젖어 결국은 도박에 중독이 된다.

마찬가지로 사람들에게 그러한 미끼나 유혹을 던져야 한다. 그래서 상대가 필요로 하는 것을 가졌다고 해도 한 번에 왕창 전부를 줘서는 안 된다. 상대방의 입장에서 애간장이 타도록 야금야금 조금씩 주는 것이다. 베일에 가려진 판도라의 상자와 같이 호기심을 유혹하고 신비감을 유지하면서 상대방의 호기심을 점점 자극해야 한다. 그러면 상대방은 점점 그 신비감에 도취되고 그 호기심으로 인해서 동기를 부여받게 될 것이다.

담배를 피우는 사람 중에 대부분의 사람들이 청소년 시절에 호기심에 의해서 피어 본 것이 하나둘 늘다 보니 이제는 담배를 끊으려고 해도 중독되어 담배를 끊지 못하는 상황에 이르게 된다. 사람의 습관이라는 것, 그리고 중독이라는 것이 얼마나 무서운 것인지를 알게 한다. 그래서 사람들에게 배를 만들게 하기 위해서는 배를 만드는 방법을 알려 주기보다는 바다를 동경하게 하라는 말을 하는가 보다.

매몰비용을 늘린다

타인을 동기부여 할 때에는 매몰 비용의 원리에 걸려들도록 하는 것도 좋다. 회비를 내게 하고 시간을 투여하게 하고 정성된 봉사를 하게 하는 등 업무 분야에 대해서 계속해서 유형무형의 투자를 하도록 하는 것이다. 처음에는 별것 아니어도 눈덩이 효과가 말해 주듯 계속해서 그러한 행위를 하게 되면 어느 순간에 커다랗게 된다. 매몰비용이 늘어나는 것이다.

이제는 손을 떼고자 하는데도 실제로 자기가 하는 업무 분야에서 자기가 배제되면 그간에 내놓은 시간을 비롯한 땀과 돈과 열정이 너무 아깝다는 생각을 하게 해야 한다. 그래서 그만두려고 해도 매몰비용으로 인해서 섣부르게 이별을 고하지 못하는 상황에 놓이게 해야 한다. 그러면 상대방은 일차적으로 강제로 동기부여가 되는 것이다.

상대적으로 볼 때, 자기가 매몰비용의 함정에 빠지지 않도록 주의하는 것도 명심해야 한다. 동기부여를 시키려는 사람이 자기가 많은 시간을 소비하고 많은 에너지를 쏟아도 될 정도의 사람인지, 자기가 투자를 해도 손해가 나지 않을 사람인지 잘 파악해서 동기를 부여해야 한다. 자칫 고양이 새끼인 줄 알고 키웠는데 호랑이 새끼가 되고, 믿는 도끼에 발등이 찍히는 경우가 생길 수도 있기 때문이다.

변화를 준다

사람은 환경의 영향을 많이 받는다. 아무리 좋은 환경에 있어도 계속해서 같은 환경 속에서 지내면 자기도 모르게 감각이 무뎌지게 된다. 계속해서 그러한 환경에 노출되다 보니 다른 측면을 보지 못하는 것이다.

그러므로 상대방을 변화시키려는 사람은 조직 분위기이든 구성원의 변화 등 장소와 환경을 바꾸고 사람을 바꾸어서 조직문화의 변화를 시도해야 한다. 그 사람이 처한 환경에 변화를 줌으로써 그 사람 마음의 변화를 일으키게 하고 감정이 동화되어 행동의 변화를 유도하는 것이다.

사라져 본다

눈앞에 있으면 소중한지를 모른다. 그러므로 타인을 동기부여 하기 위해서는 계속적으로 그 사람의 곁에서 그 사람을 동기부여 하는 것보다는 가끔씩은 그 사람의 눈앞에서 사라져 있는 것도 좋다.

사람의 성향에 따라서 항상 곁에서 가이드를 해 주어야 좋아하는 사람도 있지만, 오히려 함께 있으면 거추장스럽게 생각하고 혼자 있는 것을 선호하는 사람이 있기 마련이다. 그러므로 그런 사람을 생각해서 사라져 보는 것이다. 항상 귀찮게 잔소리를 하던 사람이 어느덧 보이지 않으면, 왠지 모르게 궁금해서 다시 찾게 된다. 그러면서 있을 때는 귀찮은 존재였는데 막상 그 사람이 없어 보니 얼마나 그 사람이 소중하고 귀한 존재라는 것을 알게 된다.

그러므로 상대방이 어느 시점에 자신이 헌신적으로 동기부여 하는 것을 당연하게 생각할 때, 가끔씩은 그 사람의 곁에서 떨어져 봐야 한다. 그 사람의 곁에서 떠남으로써 자신의 존재감을 드러내야 한다. 그러면 다시금 만났을 때, 상대방이 자기의 말을 잘 듣게 된다.

주인을 잃어버린 적이 있는 개는 다시는 주인을 잊지 않기 위해서 자기만의 방식으로 주인의 움직임을 살핀다. 또한 자라 보고 놀란 사람은 솥뚜껑을 보고도 놀란다는 말이 있듯이 뭔가에 대해서 트라우마를 가지고 있는 사람은 다시금 그런 트라우마로 인해 자극받는 경향이 있다. 없으면 시원하게 생각할 것 같은 사람도 진짜로 없으면 얼마나 불편한지를 알게 된다.

사람은 무엇이든 반복해서 해오던 것을 선호하게 되어 있다. 아무리 불편하고 부자연스러운 것이라고 해도 계속 반복되면 그것에 중독되고 무의식적 습관이 되면, 그로 인해서 그것이 편안한 상태가 된다. 그러므로 상대방이 동기부여가 식거나 자극을 주어야 하는 상황이 되었다고 판단된다면, 그 상황에서 잠시 벗어나 있어야 한다. 그렇게 하여 없어짐으로 인해서 당신이 소중한 존재라는 것을 느끼도록 해야 한다.

병원이나 교도소에도 가 본다

사람을 동기부여 하기 위해서는 자기보다 더 나은 사람 혹은 자기보다 더 못된 사람을 찾아가거나 평상시에는 가 보지 않는 곳을 가 보는 것이 좋다. 그렇게 함으로써 다른 사람이 처한 환경을 보면서 타산지석이나 반면교사의 수단으로 삼아야 한다. 병원에서 호스피스 병동에 있는 사람을 보면서 생명의 소중함을 알고, 교도소에 있는 사람을 보면서 자유의 소중함을 느끼는 것이다.

자기가 현재 처한 상황이 정말로 감사하고 현재 불평불만을 하는 것은 사치라는 것을 느낄 정도로, 자기보다 더 어렵고 힘든 상황에서 사는 사람들을 보면서 경각심을 가질 수 있는 생각과 성찰의 기회를 가져야 한다. 그래야 자기가 성장하는 것이다.

　인간이 환경의 동물이라 환경의 변화에 의해서 사람이 가장 먼저 변화를 거듭한다는 것을 알아야 한다. 환경의 변화를 갖게 하는 것이 가장 좋은 변화의 길이다. 사람은 환경의 동물이어서 환경이 변하면 사람도 바뀌게 되어 있다.

17
정보를 차단한다

북한에서는 사람들에게 맹목적인 복종을 유도하기 위해 외부 접촉을 최대한 차단시킨다. 일반적으로 사람들은 자기가 접하는 정보를 토대로 자기만의 지식을 만들게 된다. 결국 좋은 지식을 갖기 위해서는 좋은 정보를 많이 가지고 있어야 한다.

북한에서 주민들이 다른 방송을 보지 못하게 하고 자기들이 전하는 인민방송만을 보도록 하는 것은 자유 민주주의 정보를 북한 주민들이 접하지 못하게 함으로써 자기들이 시켜 놓은 사상 교육이 무너지는 것을 방지하기 위해서다. 계속해서 거짓을 가르쳐 주는 데에도 결국에는 아는 정보가 없으니, 그것을 그대로 받아들일 수밖에 없다. 모두가 그것이 정답이라고 말하고 있고 계속해서 그것이 진짜라고 말을 하기 때문에 모든 사람들이 평생 그것이 진짜라고 생각하는 것이다.

이처럼 가끔은 상대방을 동기부여 하기 위해서는 상대방을 그릇된 방향으로 이끌게 하는 것을 제거해야 한다. 교육을 할 때 산속으로 들어가 교육을 하거나 도시에서 먼 곳으로 이동해서 교육하는 것은 다른 생각을 하지 못하게 하기 위해서다. 오감을 차단시킨 상태에서 자신이 전하고자 하는 목적만을 지속적으로 전달하면, 상대방은 결국은 세뇌 당하게 된다.

계속해서 같은 이야기를 하면, 말을 하는 사람도 그것이 거짓인 줄 알면서도 자기도 모르게 진실이라고 착각하게 된다. 마치 사기꾼이 계속해서 사기를 치다 보면, 자기가 하는 사기가 정당한 것이라고 착각을 하게 되듯이 말이다. 특히 정보를 차단하고 계속해서 사상 교육을 하게 되면 자기 목숨을 내걸고도 충성을 다하는 용사로만들 수도 있다.

그러므로 일정한 목적을 가지고 특정 기간 동안 특별한 프로젝트를 수행하게 하기 위해서는 오로지 특별 프로젝트에 관한 정보를 지속적으로 제공하여 그 사람이 정말로 특별한 프로젝트를 수행하는 것에 오로지 몰입하게 만들어야 한다. 아울러 오로지 프로젝트와 관련된 이야기만 하도록 하고, 만나는 사람도 그와 관련된 사람만을 만나며, 오로지 프로젝트를 생각하는 삶을 살도록 적정한 순간에 자극을 주어야 한다.

다른 정보는 차단시키고 그 프로젝트 관련 정보의 사실을 입증하는 정보, 그리고 그 프로젝트의 정보가 아주 귀한 정보라는 것을 뒷받침하는 정보를 지속적으로 제공해 주어야 한다. 이렇듯 때로는 불필요한 정보를 차단하고 오로지 동기부여에 필요한 정보를 제공하는 정보의 감옥에 상대방을 가둘 필요가 있다.

견문을 넓혀 준다

타인을 동기부여 하고 자기를 동기부여 하는 가장 좋은 방법으로 대개 여행을 꼽는다. 여행은 타인의 동기를 부여함과 동시에 상호 동기를 부여하는 효과도 있다. 자기가 자기를 낯선 곳에 드러냄으로써 스스로의 독립심을 알게 되고 자기가 얼마나 비좁은 세상에서 살아왔는가를 느끼게 된다.

사람들은 일반적으로 새로운 문물 속에서 살기를 원한다. 그래서 좀 더 편리한 방법으로 모든 것을 하고자 한다. 또, 자기보다 더 수준이 높은 사람과 어울리려고 한다. 그러한 사람이 되어야 한다. 자기보다 더한 능력을 지닌 사람, 자기가 사는 곳보다 더 문물이 발달하고 문화 수준이 높은 지역으로 여행해야 한다. 그래서 자기의 문화 의식수준을 늘려야 한다.

또 미지의 세계나 예측하기 어렵고 힘든 상황에 자기를 드러내야 한다. 마치 정글을 탐험하며 두려움의 한계를 체험하고 극한의 상황에서 자기를 견뎌 내는 사람처럼 말이다. 그러한 일련의 경험이 자기를 성장시키는 기반이 되기도 한다.

아울러 자기보다 먼저 깨달은 사람의 것을 벤치마킹해서 따라 가야 한다. 시행착오를 최소화할 수 있는 최고의 방법은 바로 자기보다 더 잘하는 사람, 자기보다 더 잘 사는 사람, 자기보다 더 수준 높은 생활을 하는 사람을 통해 배우는 것이다.

　또한 가능한 낯선 곳에서 자기의 또 다른 모습을 찾고, 그간에 경험해 보지 않는 환경을 접하면서 실제로 자기가 느끼는 것과 자기 내면의 것을 상호 비교히면시 검증하는 성찰과 숙성의 시간을 보내야 한다. 그것이 자기와 타인과 상호 작용을 통해서 성장하는 길이다.

▼
▼
▼
▼

18
일관성을 보인다

일관성이 있어야 한다는 말에는 지조가 있어야 하고 부화뇌동하지 않으면서 올곧음이 있어야 한다는 의미가 담겨 있다. 그렇다. 상호 동기를 부여하기 위해서는 서로가 신뢰가 두터워야 한다.

설득의 법칙에서 말하는 일관성은 잘못 선택을 한 것이라도 자기가 선택한 것에 대해서는 잘한 것이라고 생각하는 것을 의미한다. 그러므로 상대방이 스스로 선택을 하도록 유도하여 상대방이 자신의 선택에 책임감을 가지고 열정을 다하게 될 것이라는 뜻으로 해석할 수 있다.

이러한 경우, 실행과 그에 따른 책임마저 상대방에게 주는 것은 상대방에게 너무 큰 짐을 주는 것과 같다. 그러므로 그 선택에 기인하여 상대방이 책임과 권한을 가지고 역량을 다할 수 있도록 아낌없이 지원해 주어야 한다. 아울러 그러한 선택으로 인해서 자칫 좋지 않는 결과가 나오더라도 그에 따른 책임을 공동으로 떠안아야 한다. 둘이 함께하는 이상 누가 선택을 하든 그에 대한 운명을 함께한다는 생각을 갖는 것이 일관성에 대한 것이다.

동기를 부여하는 차원에서의 일관성이라는 것은 자기가 선택하는 것은 다른 것에 비해서 최고리고 생각하는 일관성에 대한 것이다. 그런 측면에서 상대방을 일관성 있게 소중하고 귀하게 대우하는 것이 타당하다.

일단 상대방과 상호 공동 선전을 구축했다면, 그 상대방이 최고의 파트너라는 생각을 가져야 한다. 만일 파트너에 대해서 최고 의식을 가지고 있지 않거나 파트너에 대해서 다소 자기가 손해를 본다는 생각을 가지면 충분히 성과를 극대화할 수 없다. 그러므로 그러한 시너지를 극대화하기 위해서는 1차적으로 상대방이 최고의 파트너라는 생각과 최고의 파트너에 상승하는 예우와 대접을 하는 것, 그리고 자기 역시 최고가 되어야 한다. 그래서 최고의 파트너가 되려고 일관성 있게 노력하는 것이 바로 동기부여 차원에서의 일관성의 법칙이다.

변하지 않는 가운데서 변화를 추진한다

또한 항상 변하지 않고 반복적으로 정형화된 것을 제공하는 차원의 일관성이 아니라, 수없이 많은 변화무쌍함을 갖는 창의와 혁신이 일관되게 추진되는 일관성을 확보해야 한다. 기본과 원칙에 준하는 것은 일관성이 있게 그것을 준수하고, 그렇지 않고 새롭게 변화되는 여건과 동향을 반영해서 여건 변동을 시도해야 하는 사항에 대해서는 끊임없이 변화를 거듭하는 일관성을 유지해야 한다.

흔히 변하지 않는 가운데에서 변함을 추구해야 한다고 말한다. 또한 변하지 않으려면 무엇인가를 끊임없이 움직여 주어야 한다고 말한다. 아무것도 하지 않고 정지해 있으면 그것은 퇴보이고 답보다. 변화의 향기는 땀의 향기이고 고통의 향기이고 쓰디쓴 인내의 맛을 가진 꽃이다. 그냥 이뤄지는 변화는 없다. 피와 눈물과 땀을 흘려야 한다.

아울러 항상 일관된 마음을 유지해야 한다. '지유조심'이라는 말처럼 처음 상호 동기를 부여받기 위해서 상호 의기투합을 하던 그 시절을 떠올리면서 초심을 돌아봐야 한다. 일관된 마음으로 권력을 남용하지 않기 위해서는 항상 초심을 생각하면서 일관된 마음을 유지해야 한다.

▼
▼
▼
▼

19
호감을 갖게 한다

얼굴이 잘생기고 호감이 가는 사람은 사회적으로 이익을 얻을 확률이 높다. 또 경차를 운전하는 것보다는 중형차를 가지고 있으면 그 중형차로 인하여서 더 좋은 예우를 받는다. 또 그런 사람이 이야기를 하면 대체적으로 설득이 잘된다고 말하는 것이 설득의 법칙에서 말하는 호감의 법칙이다.

아무리 좋은 실력을 가지고 있고 남과 탁월한 실력을 가지고 있어도 복장이 세련되거나 단정하지 못하면 그로 인하여 불이익을 받는다. 즉, 일단은 표면적으로 보기에 어느 정도 합당해야 한다. 누가 봐도 어느 정도의 품위와 품격을 갖추어야 한다. 그래서 우리는 유명한 연예인이나 저명한 작가 혹은 스타가 말을 하면, 그들의 말을 곧잘 들어준다.

국민들의 호감을 자극하기 위해 연예인이나 유명 스타 혹은 국민적인 영웅을 비례 대표로 영입하여 선거를 치르는 것도 그 때문이다. 국민 정서를 감안하여 그런 사람들을 비례대표로 내세우면 그 사람으로 인하여 지지율이 상승하고, 유권자의 마음을 움직일 수 있기에 그런 사람을 후광 효과로 최대한 활용한다.

그렇다면 이러한 호감의 법칙을 어떻게 동기부여의 기술로 응용이 가능한가? 바로 상대방에게 동기를 부여하는 사람이 먼저 잘나고 잘생겨야 한다. 상대방이 보기에 부러워하고 어느 정도 동경의 대상이 되고 선망의 대상이 되는 정도가 되어야 한다. 그래야 상대방이 그와 같은 사람이 되기 위해서 희망을 가질 것이다.

일반적으로 사람은 희미하고 명확하게 상상이 되지 않는 긴가민가한 상태의 것보다는 또렷하게 그 희망에 달하는 것을 보았을 때 혹은 자기가 직접적으로 자기가 이루고자 하는 꿈을 이룬 사람을 보았을 때, 그 사람과 같이 되기 위해서 적극적으로 자신이 세운 계획을 행동으로 옮기려는 속성이 있다. 그렇지 않고 막연히 동경만 하는 대상에 대해서는 그저 가끔씩 부푼 상상을 하는 정도로 꿈을 인지하는 경향이 있음을 알 수 있다.

사실, 자기와 무관한 사람이 유명 대학에 합격하면 크게 감정이 흔들리지 않는다. 하지만 같은 동네 자기 자녀의 친구가 합격했다면 상황은 달라진다. 자기와 직간접적으로 연관이 되어 있기 때문에 체감지수가 올라간다.

그러므로 상대방을 동기부여 하는 입장에서는 늘 상대방에게 이상이 되고 로망이 되고 그 사람의 우상이 되도록 이미지를 관리해야 한다. 그래서 그 사람이 자신을 롤 모델로 삼아서 자신과 같은 사람이 되기 위해서 항상 자극을 받고 늘 의식이 깨어 있도록 해야 한다. 그것이 설득의 호감의 법칙에서 응용해서 활용하는 동기부여 기술이다.

한편 스스로에게 동기부어가 필요하다고 생각이 든다면, 가능한 자기의 감정을 자극하고 자기의 게으름과 나태함을 일깨워 주는 강한 자극을 주는 사람을 영입해야 한다. 그래서 자기가 나태해지고 중간에 포기하려고 하는 생각이 들 때마다 그런 사람을 보면서 다시금 채찍질하는 용도로 삼아야 한다.

어느 중소기업에서는 우수한 인재가 도시로 자꾸 떠나는 것을 방지하기 위해서 인근의 여자들이 다니는 회사와 정기적으로 미팅을 주선한다고 한다. 이를 통해 배필을 찾아 주거나 서로 친교를 나눌 수 있는 기회를 갖는다고 한다. 그렇게 해서 유능한 총각들이 도시로 이직하지 않도록 한다.

또 지방에 있는 대기업의 연구소에서는 유능한 박사급 연구원들이 처우가 좋은 곳으로 옮기는 것을 방지하기 위해서 정년 이후에 사내 대학에서 대학 교수로 활동할 수 있도록 하고 있다. 그래서 퇴직을 해도 아무 걱정이 없이 사내 대학에서 대학 교수로 안정된 노후를 보낼 수 있게 함으로써 고급 기술이 경쟁회사로 넘어가는 것을 최대한 예방하고 있다.

바로 그러한 것이 호감의 법칙에 준하는 것이다. 동기부여에서 말하는 호감은 상대방에게 동기를 부여할 수 있는 원천적인 근원이 어디이며, 상대방이 동기를 부여받아서 힘을 폭발시키는 분화구를 찾는 과정이라고 볼 수 있다. 상대방의 의욕과 에너지가 샘솟는 원천, 상대방이 총력을 다할 수 있는 포인트가 어디인지, 그리고 상대방이 불빛을 보고 달려드는 불나방처럼 만들기 위해서는 그 불빛을 어디에 비출 것인지 또 그 불빛에 중독되도록 하기 위해서는 어떻게 해야 하는지에 관한 사전 준비작업이 병행되어야 한다.

좋은 영화가 나오면 홍보를 하듯이 미리 마케팅하고 광고를 해서 사전에 마음에 새기도록 해야 한다. 실제로 막상 보면 별것 없다. 그 순간뿐이다. 하지만 오래도록 그러한 생각을 갖게 하기 위해서는 홍보하고 마케팅을 하면서 어느 정도 기다림의 시간을 갖도록 하는 것이 매우 중요하다. 기다리게 함으로써 그 가치를 증폭시키는 것이다.

아울러, 호감이 가는 대상과 어느 정도 신비감을 갖도록 적정한 거리를 유지 하는 것이 좋다. 너무 투명하고 진실되게 모든 것을 공개하는 것은 그다지 실익이 없다. 그러므로 어느 정도 신비감을 유지해야 한다.

20
귀하게 예우한다

"같은 값이면 다홍치마"라는 말이 있듯 희소하고 귀하다고 생각하면 그것에 대해서 크게 의미를 부여하고 특별하게 생각하는 경향이 있다. 그래서 다른 것과는 판이하게 차별적으로 대우를 하고 특별한 의미를 부여하여 귀하게 대한다. 또 희귀한 것에 대해서는 소중하게 생각하고 오래 간직하려는 애착을 보이기도 한다.

사실 희귀한 것에 대한 가치는 비교가 없기 때문에 무한 가치를 지닌다. 또한 그 희귀성의 가치 여부에 대한 것은 그것을 볼 줄 아는 눈을 가지고 있는 사람만이 적정하게 평가를 한다. 천리마를 볼 줄 아는 혜안을 가진 사람이 있어야 천리마를 천리마로 기를 수 있지, 천리마를 볼 줄 아는 백락의 눈이 없으면 평범한 말로 취급하기 마련이다.

일례로 골동품에 대해서 역사적인 가치를 전혀 모르는 사람은 불상을 보면 그냥 불상으로 볼 것이다. 하지만 그것을 연구하는 역사학자나 고고학자 혹은 예술가가 보면, 그것이 어느 시대에 만들어졌고 그 불상에 얽힌 사연은 어떠하며 그것이 만들어진 시점에는 어떠한 역사적인 배경이 있고 그것이 어떤 귀족과 어느 왕족과 연관이 되어 있다는 등의 많은 사실들을 알고 있게 마련이다. 그러한 역사적인 사실과 신화적인 히스토리가 더해져서 그 불상이 더욱 가치를 더하는 것이다.

또한 희귀한 정도가 어느 정도로 희귀한 것인지에 대한 설명이 부가되면 그에 따른 가치가 더 증폭될 것이다. 희귀한 것을 구매하고 소장하려는 사람들이 많으면 많을수록 경매가가 올라갈 것이다. 이처럼 희귀한 것에 대한 전반적인 사실을 알고 있을 정도의 지혜를 지녀야 한다.

동기부여 차원에서 희귀성의 원리를 활용하기 위해서는 상대방을 우선적으로 특별한 사람으로 예우해야 한다. 그 일을 하는 데 있어서 최적임자이고 조직에 없어서는 안 될 아주 중요한 핵심인재라는 것을 먼저 인식시켜 주어야 한다. 그래서 그 사람이 앞서 말한 바와 같이 책임감을 가지고 그 일에 대해서 특별한 사명을 가질 수 있도록 하는 것이 중요하다.

이와 같이 1차적으로 특별한 인재에게 특별한 일을 맡긴다는 것을 인식시켜 주었다면, 그 사람을 특별한 인재로 예우해야 한다. 다른 것과는 특별한 규칙을 만들어서 운영하고, 일상적인 것과는 다른 특별한 권한을 주어서 상대방이 나름으로 자기 전략에 맞춰서 특별한 행위를 할 수 있도록 해야 한다. 그런 다음에 그 일은 아무 때나 하는 것이 아니라, 아주 특별한 상황에서 이뤄지는 것임을 알려야 한다. 그래야 상대방도 아주 귀한 것으로 인식하게 된다.

사실 희귀한 것을 보고도 그에 따른 희귀성을 쉽게 인정하기는 어렵다. 그냥 평상시에는 아무런 가치를 부여하시 않았는데, 어느 날 갑자기 그에 대한 지식과 정보를 알았다고 해서 그 순간부터 특별한 의미가 부여되는 것은 아니다. 어느 정도 시간이 지나야 한다. 그런 시간적인 말미를 주고 업무를 배정하고 의미를 지속적으로 부여해서 상대방이 그에 대한 희귀성을 스스로 공부하고 학습하는 정도의 시간적인 여유를 주어야 한다.

사실 희귀한 것은 사람마다 그에 대한 가치를 매기는 정도가 다르다. 같은 보석을 두고서 어떤 사람은 백만 불의 가치를 부여하는 사람이 있는가 하면, 어떤 사람은 그보다 십 분의 일이 적은 십만 불의 가치를 부여하기도 한다. 이처럼 가치를 부여할 수 없는 무한한 가치를 가지고 있는 것일수록 그에 대한 가치를 부여하는 정도가 제각각 다르고, 아주 극명한 차이를 보이며 다양하게 표현된다. 그러므로 상대방이 희귀성에 대해서 충분히 인식을 하고 그에 대한 지식과 정보를 제공해서 그 일에 대해서 중요성을 느낄 수 있도록 해야 한다.

아울러 자칫 상대방에게 특별함과 중요함에 대해서 너무 과하게 주입하다 보면, 오히려 심적인 부담을 가질 수 있으므로 적당하게 긴장이 풀어지지 않을 정도로 하되 상대방이 편안하고 여유를 가지고 생활할 수 있도록 해야 한다. 그렇지 않고 너무 부담을 주게 되면 자기가 가진 실력을 십분 발휘하지 못하고 자충수를 둬서 실수를 할 수 있으므로 항상 그 점을 인지해야 한다.

더욱더 중요한 것은 그러한 특별한 업무를 수행하는 상대방을 각별하게 예우해야 한다는 점이다. 사람에게는 자신이 그러한 특별한 업무를 수행하고 있다는 것 자체를 다른 사람이 알아주기를 바라는 인정의 욕구가 강하다. 그러므로 특별한 의미를 부여하고 칭찬하고 인정의 욕구를 십분 채워 주어야 한다.

그런데 여기에서 중요한 사항이 있다. 서로 차별을 하는 것은 장기적으로 볼 때 분란을 일으킬 수 있는 아주 중요한 요인이 되기도 한다는 점이다. 그러므로 특별한 사람을 특별하게 예우할 때는 그에 맞는 특별한 상황에서만 특별한 동기를 부여하는 상황을 연출하되, 그 외의 일상적인 일에서는 다른 사람과 동등하게 대우해야 한다. 그렇지 않으면 빈대 한 마리를 잡으려다 초가삼간을 다 태우는 상황이 발생된다.

사람을 특별하게 만드는 힘

이건희 회장의 "천재 한 명이 일반 사람들 백만 명을 먹여 살린다."는 말의 의미를 잘 새겨 봐야 한다. 이 말은 자기 조직이나 단체에서 생기는 특별한 업무를 맡겨 놓고 그러한 일을 하게 함으로써 그 사람을 특별한 사람으로 인재를 양성해야 한다는 말이다. 먼 미래를 위해서 평범한 사람을 특별한 사람으로 양성하는 후진 양성에도 힘써야 한다.

일을 하다 보면 어떤 사람에게는 매우 어렵고 힘든 특별한 일이라고 생각하는 반면, 어떤 사람에게는 그 일이 별로 신통치 않은 일상적인 일이라고 치부되는 경우도 있다. 같은 일을 두고서 어떤 사람에게는 매우 특별한 일이 되고 또 다른 사람에게는 아주 평범한 일이 되는 것은 일의 차이라기보다 개인의 역량에 의한 차이에서 빚어지는 문제라고 볼 수 있다.

그러므로 인재를 양성하는 것이 우선되어야 한다. 그래서 그 특별한 사람이 평범한 일을 함에 있어서도 특별한 재능을 발휘하여 남과 다른 특별한 성과를 내도록 하는 것이 조직의 성과를 올리는 핵심요인이 된다. 아울러 희귀한 것도 장롱 속에 감춰 놓으면 일반적인 것과 다르지 않다.

따라서 그 특별한 사람의 활동 성과와 활동 사례를 홍보 매체를 활용하여 일반 사람들에게 홍보하거나 그 사람이 전국 순회강연을 하도록 해야 한다. 그렇게 함으로써 다른 사람이 긍정적인 영향을 받아 특별한 사람이 되기 위해서 스스로 열정과 집념을 불사를 수 있도록 해야 한다. 그것이 씨앗이 되어 제2, 제3의 특별한 인재가 발굴되고 양성된다.

일반적으로 사람들은 자기가 남들과는 특별하다고 생각하면서 산다. 거울을 보면서 자기가 못생겼다고 생각하는 사람은 없다. 또 고슴도치도 자기 자식은 예뻐하는 것처럼 사람들은 자기가 하는 일에 대해서도 아무리 하찮은 일이라고 해도 그것을 특별하게 생각하는 경향이 있다. 그렇다. 누구나 사람은 특별한 인생을 살고 있다.

그러므로 이러한 심리적이고 본능적인 속성을 감안하여 누구나 특별하고 고귀하고 희소성을 가진 사람이라는 생각으로 대우하고 그렇게 섬겨야 한다. 이 세상에 있는 모든 사람은 특별한 재능을 가지고 태어났으며 누구나 특별한 능력을 가지고 특별한 업무를 특별하게 수행할 역량을 가지고 있다고 생각해야 한다. 그런 마음과 그런 태도로 대하면 그 사람이 아주 특별한 사람이 될 것이다.

선물한다

자기가 소중하게 생각하는 애장품을 상대방에게 줌으로써 상대방과의 관계를 더욱 친밀하게 형성하고, 상대방이 자신에게는 아주 특별한 존재임을 인식시킬 필요가 있다. 그러면 상대방의 입장에서는 자기가 상대방과 특별한 관계가 형성된 사람이라는 생각으로 그 사람의 말에 대해서 전폭적으로 신뢰하고 따르게 된다.

그것도 뜬구름 잡는 이야기가 아니라, 직접 자기가 평소에 아주 소중하게 생각하는 소장품을 준다면 상대방은 과분한 사랑과 배려를 받았다고 생각할 것이다. 그러므로 자기의 동기부여를 잘 받아들일 수 있는 여건을 미리 조성하기 위해서는 이렇듯 상대방에게 마음의 호감을 얻어 둬야 한다. 상대방이 무척이나 고마워하고 상대방이 감사하는 마음을 갖도록 상대방에게 선물을 주는 것이다.

그러면 선물을 받은 상대방은 선물을 받았고 자신이 상대방과 특별한 관계라고 생각하기 때문에 일반적으로 긍정적인 태도로 접하게 마련이다. 좋은 선입감을 가졌고 그 사람에게 대해서 감사하는 마음을 갖고 있으면, 그 사람에 대해서 적개심을 드러내지 않고 그 사람이 하는 말에 스스로 의미를 부여하게 된다. 그 사람에 대한 호감이 결국 일을 대하는 태도로 연농되는 것이다.

선물의 힘은 대단하다. 선물을 싫어하는 사람은 없다. 특별히 생각지도 않는 사람에게서 받은 선물은 효과가 크다. 그러므로 일단 선물을 주기 위해서는 극적인 장면을 연출해서 선물하는 것도 좋다.

다른 사람의 고통도 선물이다

일반적으로 사람들은 자기가 겪는 고통이 타인이 겪는 고통 대비 낮다고 생각하면, 자기 고통을 경감시킨다. 고통의 크기도 남과 비교하는 것이다. 그러면서 한편으로는 자기가 겪는 고통이 항상 다른 사람보다 더 크다고 생각한다.

지구 반대편에서 지진이나 태풍으로 많은 사람들이 죽어도 자기 목에 걸린 생선 가시에 몰두하고 다른 일에는 신경 쓰지 않는 것이 사람들의 일반적인 심리다. 팔은 안으로 굽는다는 말이 있듯 자기 일에 대해서 더 많이 신경 쓴다.

아울러 사람은 아무리 행복하더라도 항상 자기 마음 안에 어떠한 고민을 가지고 살기 마련이다. 늘 웃고 밝은 사람도 항상 그 마음 안에는 고통이 있기 마련이다. 그러므로 그러한 고통을 느낀다면, 그래도 자신이 겪는 고통은 다른 사람들이 겪는 커다란 고통에 비하면 아무것도 아니라는 생각이 들도록 고통의 비교 대상을 크게 해야 한다.

마음 아파하는 사람에게 세월호의 아픔을 생각하게 하고, 이웃집과의 갈등으로 인해서 걱정하고 고민하는 사람에게 남북통일과 세계 평화를 운운하면서 마음의 지평을 아주 넓혀 주는 것이다.

또한 자기 개인의 이익만을 위하고 자기 가족의 생활만을 생각하는 우물 안 개구리와 같은 마음을 버리고 사회를 위하고 많은 주변 사람들을 위해서 헌신하고 희생하는 큰마음을 갖도록 하는 것이 아주 중요하다.

바다가 깊고 넓은 이유는 냇물이든 시냇물이든 물의 종류에 상관없이 모든 물을 수용했기 때문이다. 마찬가지로 상대방이 그 어떠한 말을 하더라도 긍정적으로 이를 받아들일 수 있는 포용력을 갖게 하기 위해서는 자기가 다른 사람보다 괜찮은 삶을 살고 있다는 생각 혹은 자기는 다른 사람이 느끼는 고통에 비하면 별로 고통을 겪지 않고 행복하게 살고 있다는 생각을 하게 만들어야 한다.

아울러 이기적인 마음이 아닌 남을 먼저 생각하는 이타적인 마음을 가지고 생활할 수 있도록 해야 한다. 그래야 성공과 성장을 열어갈 수 있는 것이다. 상대방이 넓은 마음을 가지면 어지간한 부탁을 하거나 지시를 해도 부정적인 태도를 보이지 않고 대부분 긍정의 의사표현을 하고, 순종한다.

책을 선물한다

타인에게 동기를 부여하기 위해서는 책을 선물하는 것도 좋다. 그것도 상대방이 관심을 두어야 하고 상대방이 알아야 하는 분야의 책을 선물하는 것이다. 또 상대방이 일을 함에 있어서 용기와 힘이 부족한 경우에는 그에 대한 지식과 간접적인 경험을 쌓을 수 있도록 상대방이 공부하고 학습할 수 있는 책을 선물하는 것이 좋다. 그것도 옆에서 객관적으로 보기에 상대방의 결핍을 채워 주는 책을 선물해야 한다.

사실 책을 받으면 기분이 좋다. 그것도 자기가 수행해야 하는 업무와 관련된 책을 받으면, 더없이 좋다. 늘 그 책을 보면서 공부를 하도록, 가끔씩 함께 그 책에 대한 이야기를 나누면서 친분을 나누는 것도 좋다. 상대방과 대화를 할 수 있는 연결고리가 없어도 어느 정도 서로 공감하고 공유하는 포인트가 되는 것이 바로 책이다. 서로가 책에 대한 내용을 이야기 하다 보면 자연스럽게 공동의 관심사가 되어서 이야기를 나누는 기회가 많아지게 된다.

아울러 그 책과 관련된 다른 책도 계속 선물하고 자기가 읽어서 힘이 되었던 책을 선물하면 상대는 더 좋아할 것이다. 자기가 하는 일에 있어서 자신이 혼자서 공부해야 하는데, 책을 선물하고 그 책과 관련된 내용을 코칭해 주는 멘토가 있다면 중도에 포기하지 않고 끝까지 할 것이다. 사람은 누군가 관심을 가져주고 자기에게 애정을 주는 사람에게 호감을 느끼기 마련이다.

자기가 지속 성장한다고 생각하면 조직에서 보람을 느낄 것이고 그로 인해서 일에 대한 소중함을 느낄 것이다. 사실 보람을 느낀다는 것은 매우 중요하다. 그 일에 대해서 애착을 갖는 것이고, 그 일에 대한 열정으로 인해서 더 큰 힘을 발휘하게 하는 단초가 되기 때문이다.

사람은 어렵고 힘든 상황에서 자신이 기댈 언덕이 있을 때 힘을 낸다. 그 기댈 언덕에 비빌 것인지 혹은 지원하고 도움을 주는 사람에게 의지를 할 것인지의 여부에 상관없이 든든한 후원군이 있다는 사실에 힘을 내게 된다. 또 책을 선물 받은 사람은 책을 볼 때마다 책을 준 사람을 생각하면서 감사하는 마음을 가질 것이다. 책을 보면서 힘을 내고, 그 사람을 생각하면서 자발적으로 자신과 그 사람을 위해 힘써 노력할 것이다.

특수성을 부여한다

사람은 각자에게 특수한 임무를 부여하면 그 임무를 사명감을 가지고 적극적으로 수행하려는 본능이 있다. 특별한 보상과 특별한 인정을 해 주면 특별함을 인지하고, 자기가 다른 사람과 아주 특별한 대우를 받고 있다는 것에 대해서 매우 특별함을 가지게 된다. 그러면 특별한 임무를 수행하기 위해 적극적으로 일하는 사명의식을 내보인다.

그래서 특별한 사람에게는 특별한 제복을 입게 하거나 특별한 임무를 가진 사람들에게는 특별한 소속 단체의 이름을 부여하여 그 사람들이 특수한 집단에 있고 특수한 역할을 수행하는 사람이라는 자긍심을 갖게 해야 한다.

빨간 자동차 혹은 빨간 명찰 등 뭔가 자극적이면서 다른 사람의 눈에 유별나게 티가 나도록 하거나 혹은 아무도 모르는 긴밀한 정보원이나 비밀 감독관등 특수하면서도 남이 알아서는 안 되는 극비의 비밀 결사대가 되는 것과 같은 임무를 부여하면, 사람들은 크게 동기를 부여받게 된다.

대표성을 갖게 한다

당신의 행동이 자기 개인의 행동이라기보다는 단체를 대표하고 많은 사람들을 대변하는 것이라고 생각하게 하는 것이 바로 동기를 부여하는 것이다. 동기를 부여하기 위해서는 이처럼 대표성을 띠어 주어야 한다. "당신이 우리 그룹의 대표다." 혹은 "당신이 하는 모든 언행은 우리 조직의 공식적인 입장을 표명하는 것"이라고 말하면 사람은 개인의 입장보다는 단체적인 이익을 취하려고 한다.

개인적인 이익을 취하고 단체적인 명분을 취하는 것이 일반적인 사람들의 심리다. 한 조직의 대표로서 활동을 하고 그러한 명분을 기반으로 해서 개인의 이익을 취하는 사람들이 많이 있다. 그러므로 단체장으로서의 명예와 직위에 만족하지 않고 개인의 사익을 취하려고 하는 사람인지에 대한 품성을 먼저 잘 따져 봐야 한다. 상대방에게 동기를 부여한다고 해서 그 그릇이 되지 않는 사람에게 대표성을 주는 우를 범하지 말아야 한다는 것이다.

만일 소인에게 대인이 해야 하는 업무를 맡기면, 열정을 다해서 열심히 하겠지만 오히려 조직의 성과가 퇴보하고 조직의 이미지에 타격을 받을 수도 있다. 따라서 조직의 대표성을 가지고 그 조직의 이미지와 브랜드 가치를 향상시키는 정도의 내공과 재능과 공력을 가진 사람이 대표가 되어야 한다. 그래야 그러한 역할을 수행하게 되는 것이다.

아울러 대표성을 띤다면 그 사람이 대표로서의 소양을 충분히 발휘하고 조직과 단체를 위해서 희생할 수 있을 정도의 정보를 제공해 주어야 한다. 대표로서 활동을 하도록 철저하게 보필해야 하고, 조직을 가동할 수 있도록 권력을 주고 혹은 품위를 유지할 수 있는 품위 유지비와 활동을 하는 데 부족함이 없도록 활동비를 어느 정도 제공해 주어야 한다. 자칫 꼭두각시 노름을 하는 얼굴 마담과 같은 대표성을 띠지 않도록 실질적으로 예우를 하는 것이 바람직하다.

자주 만나서 자주 대화를 한다

부부가 오래 살면 서로 닮아 간다고 말한다. 서로 오래도록 함께 지내다 보니 서로가 닮아 가는 것이다. 마찬가지로 서로 동기를 부여하기 위해서는 자주 만나서 근황을 물어보고 서로가 서로에게 관심을 보여야 한다. 서로의 장단점을 몸과 마음으로 체득하는 것이다.

"자기 눈에 끼인 들보는 보지 못하고 남의 눈에 끼인 티만 본다."
는 말이 있듯이 사람은 자기의 흠을 잘 보지 못한다. 또한 "남이 하
면 불륜이고 자기가 하면 로맨스"라는 말이 있듯이 자기가 하는 일
에 대해서 합법적이고 이성적이라고 생각하는 경향이 있다.

그러므로 자신의 눈이 아닌 남의 눈을 통해서 자신을 평가하는 기
회를 가져야 한다. 그러기 위해서는 위징이 이세민에게 조언하듯 자
기를 냉정하게 바라보고 상호 피드백을 해 주는 위징과 같은 사람이
있어야 한다. 그래야 상호 발전을 도모할 수 있다.

서로가 서로의 단점을 지적하고 장점을 말하며, 서로가 서로의 발
전을 위해서 발전적이고 긍정적이며 도전적인 목표를 향하여 정진
할 수 있도록 품앗이를 하는 것이 좋다. 서로가 서로를 감찰하고 상
대방이 오버해서 자충수를 둘 수도 있으므로 그러한 것을 사전에 인
지시켜 주는 것이 바람직하다.

21

포커페이스를 한다

지속적으로 동기부여를 하기 위해서는 자기가 가진 패 전부를 상대방에게 보여 주지 말아야 한다. 상대방이 자신의 말을 따르는 가장 근본적인 이유는 바로 상대의 말을 들으면 언젠가는 자신에게 이익이 있을 것이라고 생각하기 때문이다. 본인이 힘을 발휘하여 열정적으로 일하면 좋은 보상이 있을 것이라고 생각하기에 순종하는 것이다.

대부분의 사람들이 그러하다. 자기가 하고 싶은 생각에서 하는 사람보다는 어쩔 수 없이 조직에서 하라고 하니까 혹은 자신이 조직에서 살아남기 위해서 남의 눈이 무섭고 남들이 하는 말이 두려워서 혹은 남들이 다들 하고 있으므로 한다.

그러므로 상대방을 동기부여 하는 입장에서는 자신이 상대에게 보상으로 줄 수 있는 유무형의 모든 것을 일시에 다 주지 말아야 한다. 시나브로 그 양을 늘려 가고 그 강도를 점진적으로 올려 가는 정도의 보상이 뒤따라야 한다. 바로 그러한 것이 바로 보상을 통해서 상대를 지속적으로 동기부여 하는 스킬이다.

자기가 가진 패를 다 보여 주지 않으면 상대방은 어느 정도 호기심을 가질 것이고, 그러한 보상책이 아직도 많은 것이라는 생각에서 힘을 발휘하게 될 것이다.

사람은 사람에 대해서 너무 많은 것을 알게 되면 그로 인해서 그 사람과 화통하고 투명하게 보낼 수는 있지만, 반면에 너무 많은 것을 알아 버리면 위기의 상황에서 이익을 저울질해서 자기가 손해라고 생각하면 떠나는 경향이 있다. 앞서 사람들을 자기보다 수준이 높은 사람과 어울리려고 하는 본능이 있다고 말했다. 이처럼 자기가 열정을 다해서 노력을 하고 수준이 높은 사람과 어울리려고 하기 때문에 어느 정도 신비감을 가지고 있어야 한다.

그렇지 않고 허심탄회하게 오랜 시간을 지내다 보면, 그 사람에 대한 신비감이 없어지고 처음에는 대단하게 보였던 것이 이제는 별 것이 아닌 것처럼 느껴져서 그리 말을 잘 듣지 않을 것이다. 자기에게 그다지 이익도 없고 그렇다고 이미 바닥을 봤기 때문에 더 이상은 자기에게 나올 것이 없다고 생각해서 힘을 내지 않는다.

있어도 없는 척, 없어도 있는 척을 해야 하는 이유가 바로 여기에 있다. 있어도 없는 척을 하고 없어도 있는 척을 하면 상대방이 쉽사리 예상이나 예측을 하지 못하게 된다. 감을 잡지 못하는 것이다. 그러한 상태가 좋은 상태다. 그래야 신비함에 대한 기대감에서 상대방이 힘을 내게 된다.

직장인
동기부여의
기술

3

상호
동기부여법

▼
▼
▼
▼

1

창신해야 한다

계속해서 동기를 부여하는 것은 상황에 따라서 그것을 달리해야 한다. 처음에는 시동을 켜서 워밍업을 하게 하고 엔진을 돌리는 형태의 동기부여를 했다면, 이제는 주행을 하면서 기어를 변속하고 브레이크와 가속 페달을 밟는 기술을 적용해야 한다. 즉, 일단은 사람을 동기부여 해서 그 사람을 움직이게 하였다면 그다음에는 원하는 방향으로 가도록 하는 동기를 부여해야 한다.

일반적으로, 사람들은 계속해서 반복적으로 하는 것을 가장 좋아하고 그것을 가장 쉽게 생각하는 경향도 있지만, 우리의 두뇌는 동일하게 하는 것을 가장 싫어한다는 점을 알아야 한다. 반복해서 계속하는 것은 의식하지 않고 무의식적으로 하도록 만들어 버린다. 그러므로 동기를 부여하는 과정에는 카멜레온과 같은 변화무쌍한 수를 쓰는 것이 좋다.

가장 좋은 수는 상대방의 예측을 벗어나 상대방의 허를 찌르는 것이다. 상대가 전혀 예측하지 않은 기술을 구사하여 상대방에게 호기심을 유도하고 상대가 지루해하지 않도록 해야 한다. 물론 훈련 중 가장 좋은 훈련은 반복이라는 말이 있듯 계속해서 반복적으로 동일한 자극을 주는 것이 좋은 경우도 있지만, 그것이 반복되다 보면 만성적 습관으로 굳어지므로 가능한 변화를 주어야 한다.

동일한 동기부여 스킬은 사람을 기계적인 사람으로 만든다. 즉, 사람의 창의성을 말살하고 무감각한 상태에서 무조건적인 반응을 보이는 마루타가 된다는 점을 알아야 한다. 그러므로 단계별로 점점 진화되고 종전과는 색다른 창의적인 방법으로 상대방에게 동기를 부여하는 기술을 제공해야 한다.

일반적으로 "전략도 진화해야 한다."고 말한다. 동일한 전략과 같은 전략을 계속해서 활용하면 오히려 상대방에게 역공을 당하는 경우가 생길 수 있으므로 전략을 구사하는 것도 적정하게 창조적인 전략을 구사해야 한다. 동기부여 스킬도 마찬가지다. 자신이 원하는 목적을 달성하기 위해서 상대방의 마음을 움직여야 하므로 항상 전략적인 마인드로 접근해야 한다.

특히 상대방의 마음을 움직여야 하는 과정에서는 상대방이 어떤 반응을 보일 것인지, 상대방이 어떤 상태에 놓이게 될 것인지 등을 예측하면서 이에 대한 전략을 구사해야 한다.

'기초-향상-심화'의 단계별로 시간이 지날수록 강도를 점진적으로 더욱 강하게 한다거나 혹은 변화를 줘서 상대방의 예측에서 벗어나야 한다. 그래야 상대방이 호기심을 느끼고 재미를 느끼면서 쉽게 지루함을 느낄 여유가 없이 움직이게 된다.

단계적 · 점진적으로 동기부여 하는 법

처음에는 흥미를 주고 그다음에는 집중하게 하고 선택하고 사람들이 물건을 구매하게 하는 구매 프로세스 전략으로 동기부여를 하는 것도 좋다. 일단은 관심을 유도하고 스스로 호기심이나 의문을 갖도록 하고 난 후, 자신이 원하는 문제를 해결하는 과정에서 보람을 얻도록 하고, 그 성취감에 기인하여 스스로 좋은 성과를 내도록 하는 것이다.

또한 독립을 해서 다른 사람에게 동기를 부여할 수 있는 정도의 직위와 직함을 주고, 그 직함을 가지고서 다른 사람을 동기부여하면서 자기 역시 스스로 동기를 부여받도록 하는 것이 중요하다.

일반적으로 혼자서 공부하는 것보다 더 좋은 것은 자기 스스로 다른 사람을 가르쳐 보는 것이라고 말한다. 혼자서 공부해서 얻는 성과보다 함께 공부하고 다른 사람을 가르치는 과정에서 더 많은 공부를 하게 되기 때문이다.

또 역지사지의 마음으로 부모의 마음을 알기 위해서는 자기도 아이를 낳아서 길러 보는 부모의 자리에 있게 되면 부모의 마음을 많이 알게 되는 것과 같이, 다른 사람을 가르치는 과정에서 동기부여하는 사람의 마음과 자신이 동기부여 스킬을 받아 봤기에 상대방의 입장을 이해하게 된다.

그런데 자칫 잘못하면 단 한 방에 모든 것이 물거품이 되는 경우도 있다. 가장 좋은 것은 무엇이든 꾸준히 하는 것이 중요하다. 어느 한순간에 그냥 머무르는 것이 아니라 끈기 있게 해야 한다. 그러기 위혜서는 반복석으로 끈기 있게 하기 위한 힘을 제공해야 한다. 바로 창의력이 그러한 힘이 된다.

"창의가 없는 열정은 무모한 열정"이라는 말이 있듯 변화가 없고 굴곡이 없는 것은 바로 창의력을 말살시키는 것이라는 점을 알아야 한다. 아인슈타인의 말처럼 새로운 결과를 얻기 위해서는 새로운 방법을 적용해야 한다. 기존의 방법을 고수하면서 더욱 새로운 결과를 얻으려고 하는 것은 어리석은 짓이다. 콩을 심으면 콩이 나오게 마련이다. 콩을 심어 놓고 팥이 나오기를 기대하지 말아야 한다.

배움의 길과 성장의 길로 인도하는 여정

교육학에 "ARCS 모형"이 있다. 이것은 켈러keller의 학습자의 동기를 증진시키기 위한 모형으로 Attention(주의집중), Relevance(관련성), Confidence(자신감), Satisfaction(만족감)의 의미를 담고 있다. 즉 주의를 집중시키고 관련성을 언급하며 자신감을 갖게 하고 만족감을 주어야 한다는 의미다. 공부가 하기 싫어하는 사람을 공부를 하게 하기 위해서는 앞서 말한 바와 같이 "ARCS 모형"에 의해서 동기를 부여해야 한다.

특정한 사람을 동기부여 하도록 한다는 것은 결국은 배움의 길과 성장의 길로 인도하는 여정이라고 볼 수 있다. 가르치고 배우면서 함께 성장하는 과정이 동기부여 과정이다. 대개의 경우에 많은 사람들은 하고 싶지만 알지 못해서 혹은 여건이 마련되지 않아서 움직이지 않는 경우가 있기 마련이다.

아는 만큼 보이고 보이는 만큼 느끼며 느끼는 만큼 행동을 하기 마련이다. 먼저 앎을 주어야 한다.

그렇다고 허심탄회하게 한다고 모든 것을 알려 주는 것은 그리 바람직한 현상은 아니다. 때로는 "모르는 것이 약이고, 아는 것이 병"이라는 말이 있듯이 모르는 척해야 한다. 모르는 척하는 것이 좋다.

아니, 호기심을 적정하게 유도해야 한다. 사람들이 너무 많이 알아도 걱정이지만, 전혀 몰라도 좋지 않다. 사람들은 전혀 모르는 것에는 흥미를 가지지 않기 때문이다. 어느 정도 기초 지식이 있는 것에 대해서는 조금 노력하면 잘 알게 될지도 모른다는 생각, 자신이 조금만 더 노력하면 더 많은 성과를 얻을 수 있다는 생각에 더 많은 관심을 가지게 마련이다.

또한 새롭게 변화하기 위해서는 기득권을 내려놓아야 한다. 상대방을 동기부여하고 계속해서 그 사람을 자신이 원하는 사람으로 만들어서 충성스러운 사람이 되게 하기 위해서는 그 사람에게 권한을 위임하고 그 사람에게 힘과 용기를 주어야 한다. 그것이 그 사람을 성장시키는 힘이 된다.

2
서로 배우고 익힌다

상대와 어울리면서 상대와 긍정의 선한 영향력을 주고받아야 한다. 좋은 힘과 선한 에너지를 주고받아야 그로 인해서 두 사람이 공동으로 발전하는 것이다. 『논어』에 말하기를 "삼인행필유아사三人行必有我師"라는 말이 있듯 사람은 세 사람이 가면 그 세 사람 중에서 반드시 스승이 있기 마련이다. 그러므로 자기가 만나는 사람은 누구나 스승이라고 생각해야 한다.

말이 많은 사람에게는 말을 잘하는 법을 배우고 말을 하지 않는 사람에게는 침묵의 중요성을 배우듯이 사람은 어떤 경우에든 배우고자 하는 마음만 있으면 어디서 누구를 만나도 모든 것이 배울 것투성이다. 사람은 평생을 다해서 배우는 동물이다. 그러므로 배우고 익히는 것을 즐기는 마음가짐을 가지고 있을 때, 진정으로 함께하는 모든 사람이 스승으로 보이고 세상의 모든 것이 배울 것투성이라는 사실을 스스로 알게 된다.

사람은 누구에게나 자기만의 개성에 의해서 남과 다른 자기만의 특성이 있기 마련이다. 자기가 남보다 못하는 것도 있고, 남보다 잘하는 것도 있다.

또 나에게 강점으로 작용하는 것이 상대방에게는 단점으로 작용하는 경우도 있다. 비단 강점과 약점의 성격과 자질이 다를 뿐 아니라, 동일한 상황이나 현상에서도 어떤 사람은 그것이 좋은 것으로 받아들이고 다른 어떤 사람에게는 그것이 나쁜 영향을 주기도 한다.

또한 어떤 경우에는 발생된 상황이나 사건 사고가 자기에게 이익이 되고 영광이 되기도 하고, 경우에 따라서는 그러한 사건 사고로 자기가 손해를 입게 되기도 한다. 동일한 사건에 대해서도 그것에 영향을 받는 상황도 아주 다양하다.

그러므로 타인을 바라볼 때 자기와 타인은 분명히 다르다는 사실을 먼저 인정해야 한다. 상대와 다른 것이지, 상대가 틀린 것이 아니라는 생각을 갖는 것이 중요하다. 그래야 상대방으로부터 배울 것을 찾아서 배우게 된다. 만일 그렇지 않고 상대가 나와 틀리다고 생각하면, 오르지 자기 것만 고수하는 협소하고 편협한 생각으로 인해 큰 세상을 열어 갈 수 없다.

뭔가 배울 것이 많을 것이라고 생각하면 사람들은 그 사람에게 호감을 보이게 마련이다. 또한 배울 것이 있다고 생각하는 사람은 자기를 낮춘다. 자기가 스스로 겸손한 태도로 다른 사람에게 배움을 청하는 것이다. 그로 인해서 상대방에게 좋은 이미지를 주어서 상대방이 아는 것을 가르쳐 주고 싶어 하는 생각을 갖게 한다. 그래서 상대가 잘하는 것은 타산지석으로 삼고 상대방이 잘못하는 것은 반면교사의 교훈으로 삼아야 한다.

상대방과 함께 성장한다는 마음가짐으로

'근묵자흑近墨者黑'이라는 말이 있다. 검은 것을 가까이 하면 검어진다는 말이다. 그런 점에서 볼 때, 이왕이면 좋은 사람을 만나야 한다. 아무리 건강하고 면역력을 갖추었다고 해도 오랜 시간을 병든 사람과 함께 있으면 그로 인해서 감염되게 마련이다.

이와는 반대로, 좋은 사람과 함께해야 좋은 영향력을 받아서 좋은 사람이 된다. 그래서 사람은 사람을 잘 만나야 한다. 행복과 불행도 결국 사람이 가져오기 때문이다.

사람에게 선한 영향력을 발휘하는 사람도 있고, 악한 영향력을 주는 사람도 있다. 중요한 것은 자신이 어떤 마음 상태로 사람을 대하는가이다. 자신이 상대방으로부터 배우려고 하는 자세로 접근하면 상대로부터 좋은 배움을 얻을 수 있고, 상대방을 자기 마음대로 좌지우지하려는 무모한 생각을 가지면 그로 인해서 상대방으로부터 좋은 배움을 얻지 못한다.

그러므로 상대방과 상호작용을 통해서 서로 동반성장을 하기 위해서는 서로가 서로에게 호감을 느끼고 상대방에게 좋은 호기심을 유발하는 사이가 되어야 한다. 마치 꿀벌이 향기를 피우고 암컷이 암내를 풍겨서 수컷을 유혹하듯 상대방이 좋아하는 것, 상대방이 관심 있어 하는 것, 상대방이 배우고 싶어 하는 것을 자기가 보유하는 정도의 실력을 지녀야 한다.

아울러, 서로가 서로에게 도움이 되고 서로의 성장에 이바지하는 상호작용을 하기 위해서는 그만큼 상대를 위해서 서로 노력해야 한다. 내가 상대를 위해서 노력하고 헌신하며 내가 나를 성장시키려고 하기보다는 상대방과 함께 성장한다는 태도로 접근하면, 상대방 역시 그러한 기운을 느끼고 나에게 호감을 보일 것이다.

특히 상호 작용을 통한 성장을 할 때는 서로가 서로에게 좋은 질문을 하고 그 질문에 답하는 과정에서, 서로가 몰랐던 사실을 새롭게 아는 기회의 장을 마련해야 한다. 사람은 질문하면 생각하고 궁리하려는 본능이 있다. 내가 상대를 위해서 질문하고 상대방 역시 자신이 모르는 것을 상대방에게 질문해서 그에 따른 대답을 알아 가는 과정에서 서로 성장해야 한다.

불치하문不恥下問의 지혜

어른이 아이에게 배울 것이 있고 신입사원이 기성사원에게 배울 것이 있듯이 기성사원 역시도 신입사원에게 배울 것이 있다. 서로가 교류하면서 상호 작용을 통해서 배워야 한다.

그럼에도 불구하고 대부분 윗사람은 아랫사람에게 모르는 것을 물어보는 것을 꺼려하는 경우가 많다. 공자는 『논어』에서 '불치하문'이라고 하여 아랫사람에게 모르는 것을 물어보는 사람이 군자라고 말한다.

　최근 들어 시대적인 변화로 인해서 신세대들이 구세대보다 많은 문화를 접촉하고 최신의 스마트 폰이나 각종 전자기기를 접함으로써 구세대가 모르는 것을 낳이 아는 시대가 되었다. 그래서 이제는 선배가 후배에게 모르는 것을 배우고 익혀야 하는 역逆 멘토링이 대세다.

　하도 시대가 빠르게 변하고 2년에 그간의 지식과 정보가 두 배로 늘어나기 때문에 이제는 자기 혼자서 모든 것을 배울 수 없을 정도로 다양한 지식과 정보들이 난무하고 있다. 자칫 함부로 잘난 체를 했다가는 자기보다 더한 전문가에게 곤란함을 처하는 상황에 처하게 된다는 사실을 알아야 한다.

3

부자의 편이 된다

상호 작용을 통한 동기부여를 할 때 상대를 선택하는 입장에 있다면, 가능한 부자를 선택해야 한다. 가능한 자기보다 더 잘하는 고수를 만나야 한다는 말이다. 실력이 동등하거나 서로 간에 우열의 차이가 없으면 그다지 크게 실력이 늘지 않는다. 그러므로 실력이 있다면 자기보다 더 좋은 실력자를 대상으로 동기를 부여하고 받아야 한다.

　일반적으로, 사람들은 자기보다 잘나가는 사람을 벤치마킹하고 롤 모델로 삼아서 활동하기 마련이다. 그런 점에 비춰 볼 때, 자기를 롤 모델로 삼아 상호 작용하는 사람은 일반적으로 자기보다 하수일 확률이 높다. 하지만 자기보다 더 훌륭한 사람은 그럴 확률이 낮다. 그러므로 자기 역시 자기보다 더 큰사람 혹은 자기보다 잘나가는 사람과 상호작용을 하려고 애써야 한다.

"부자가 되려면 부자에게 점심을 사야 한다."는 말이 있다. 부자가 되기 위해서는 부자와 어울려서 부자들의 생각은 어떠하고 그들은 어떤 것에 관심이 있고, 그 부자들은 대개 무슨 정보를 듣고 어떤 생각을 하며 어떤 대화를 나누고 어떤 사람들과 어울리며 어떤 노력을 하면서 사는지를 배워야 한다.

사실 가난한 사람이 부자가 되지 못하는 이유는 어쩌면 자기 주변에 부자로 사는 사람이 없거나 있어도 자기와는 하등의 관련이 없다고 스스로 생각하기 때문인지도 모른다. 그렇지 않고 자기가 부자들과 자주 어울리고 그들과 대화를 하면서 생활한다면, 아마도 자기도 시나브로 부자의 대열에 들어서게 될 것이다.

흔히 하는 말로 "가난하다고 꿈조차 가난할 수 없다."는 말이 있는데, 우리는 가능한 좋은 꿈, 행복한 꿈을 꾸어야 하고 가능한 큰 희망을 가져야 한다. 사는 것은 거지와 같은 생활일지라도 마음에는 왕자의 꿈을 가져야 하고, 거위의 삶을 살고 있더라도 항상 마음에는 백조의 꿈을 가지고 있어야 한다. 그래야 꿈에 도달하는 것이다.

우리가 꾸는 꿈은 반드시 이뤄지게 되어 있다. 이러한 꿈을 현실화하기 위해서는 그러한 꿈의 대상이 되는 사람들과 어울려야 하고, 그들과 많은 대화를 나누면서 그들로부터 좋은 정보를 얻고 그들과 상호 연계된 프로젝트를 수행하면서 그들과 함께 좋은 성과를 내야 한다. 그렇게 함으로써 상호 성장의 성장을 거듭해야 한다.

인정의 욕구를 건드려라

못 먹고 못 살아도 부자를 도와주어야 한다. 부자와 잘나가는 사람은 시기와 질투의 대상이 아니라, 그 사람들은 도와주어야 하는 대상으로 삼아야 한다. 그들과 친해지고 그들과 교류해야 한다. 그래야 바닥에 떨어진 콩고물만 챙겨도 그로 인해서 실익을 챙길 수 있다.

부자 입장에 있거나 고위직에 있는 사람 혹은 높은 곳에 있는 사람이 자신을 잘 만나 주지 않을 것이라는 생각은 오해다. 사람 사는 것은 다 똑같다. 권위와 권력과 부를 가진 사람일수록 자기가 가진 권력과 부를 다른 사람들에게 자랑하고 싶어 하고, 그것을 이용해서 자기를 알리고 싶어 하는 인정과 명예의 욕구가 강하다.

그러므로 그런 사람들이 좋은 기분 상태에 놓이도록 그 사람들을 칭찬하고 인정을 해 주면서 겸손한 태도로 그 사람들을 대해야 한다. 그래서 그 사람과 동일한 선상에 놓일 수 있도록 끊임없이 노력해야 한다. 그래서 결국에는 그 사람들과 어깨를 나란히 해야 한다.

서당 개도 삼 년이면 풍월을 읊는다

누구나 처음에는 가난했고, 처음부터 전문가가 된 것은 아니다. 누구나 초보에서 시작했고 무일푼에서 시작한다. 그러므로 그들이 성공한 경험을 듣고, 어떻게 해서 부자가 되었는지, 또 어떻게 해서 권력을 가지게 되었는지에 대해서 알아야 한다.

"서당 개도 삼 년이면 풍월을 읊는다."는 말이 있다. 계속해서 부

246
직장인 동기부여의 기술

자를 만나고 계속해서 자기보다 의식수준도 높고 내공도 높고 실력이 높은 사람을 만나다 보면, 그로 인해서 서로가 좋은 사람이 되어가는 것이다.

그러기에 상호 작용을 하되 자기보다 수준이 높은 곳이나 수준이 높은 사람늘이 어울리는 곳에서 어울려야 한다. 잔챙이들과 어울리지 말라는 말이다. 백수의 제왕들은 늘 강한 자와 용맹한 자들과 어울린다. 노는 물이 달라야 한다.

사람은 대개 어디서 누구와 어떤 이야기를 하는가에 따라서 달라진다는 점을 알아야 한다. 아니, 사람은 어디에서 누구와 어떤 이야기를 나누는가에 따라서 그 사람이 만들어지는 것이다. 가난해도 부자의 대열에 서야 하는 이유가 바로 여기에 있다.

4

예로 대하고 충으로 섬긴다

상호 동기를 부여하고 받기 위해서는 서로가 예절을 잘 지켜야 한다. 서로가 예의를 지키면서 예로 대하고 서로가 충성을 다해야 한다. 『논어』에 "임금이 신하를 대함에 있어서 예로 대하면 신하는 임금에게 충성을 다하게 된다."는 말이 있다. 예로 대한다는 것은 상대방의 기분을 좋게 하여, 결국에는 상대의 마음을 얻는 과정이라고 볼 수 있다.

함부로 막말을 하고 상대의 기분을 나쁘게 하는 말을 하는 것이 아니라, 상대의 기분을 좋게 하는 말을 해야 한다. 그로 인해서 상대방을 내 편으로 만들어야 한다. 결국 상대의 마음을 내 편으로 만드는 가장 좋은 방법은 상대방에게 겸허하고 겸손한 태도를 보이는 것이다. 상대의 기분을 좋게 하면, 그로 인하여 결국에는 상대방이 나에게 그에 대한 이익을 가져다줄 것이다.

『사기』에 있는 예양의 고사에 나오는 말처럼, 여자는 사랑하는 남자를 위하여 화장을 하고 남자는 자기를 알아주는 사람을 위해서 충성을 다한다. 자기를 알아주고 자기에게 잘하는 사람에게 충성을 다한다는 것이다. 그러므로 서로가 서로에게 잘하는 사람이 되어야 한다. 서로 잘하고 서로가 힘을 합쳐서 서로가 인내하고 서로가 열정을 다하고 서로가 응원하고 서로 다독이면서 승승하는 것이다.

한쪽에서 잘하면 그것을 역이용해서 뒤치기를 하는 사람도 있다. 상대방이 잘하면 그것을 좋게 받아들여야 하는데, 상대방이 자기에게 잘하면 그것을 역이용해서 하염없이 그 사람의 것을 빼앗고 그 사람을 속이면서 그 사람의 것을 노리고 욕심을 내게 된다. 그래서 선한 사람보다는 악한 사람이 부자가 되고 권력을 가진 권력층에 오르는 것이다.

착한 생각을 가지고 착하게 접근하면 그 사람을 호구로 보는 사람도 있다. 너무 순하고 착하고 너무 선하니, 그것을 역이용하는 것이다. 그런 사람에게 예로 대하는 것은 한계가 있다. 그래서 사람은 이중인격자가 되어야 하고 페르소나를 써야 한다. 그래야 살아남는다.

냉엄한 생존의 서바이벌 현장에서 내가 살아나기 위해서는 이제는 내가 스스로 상대에게 좋은 사람이 되어야 한다. 서바이벌 경쟁시대에서 내가 의연하게 살아나야 남을 살리고, 동반 성장하고 승승하는 기반이 조성되는 것이다. 그러므로 열정을 다해서 자기를 개발해야 하고 선을 가장한 악인이 되어야 한다. 그것이 서로가 상생하는 길이다. 결국은 힘이 없으면 강자에게 잡아먹히는 시대가 아닌가?

▼
▼
▼
▼

5
추억을 나눈다

상호 동기를 부여하는 입장에서 둘이서 지난 시절에 영광을 누렸던 추억을 떠올리면 힘이 나는 경우도 있다. 하기 싫고 까마득해서 더 이상을 올라갈 수 없는 나락으로 떨어졌다고 실망하는 순간에도 둘이서 그러한 전성시대를 생각하면서 영광의 그날을 반드시 재현하겠다고 서로가 서로의 손을 꼭 잡아 주는 것만으로도 큰 힘이 되고 크게 용기가 생기는 경우도 있다. 큰 힘이 되고 큰 도움이 되고 큰 용기가 되는 추억은 그야말로 황금 같이 귀하고 귀한 추억이 아닐 수 없다.

지난 시절을 생각하면서 때로는 과거의 안일한 영광에 휘둘려서 인생을 망치는 사람도 더러 있지만, 대개의 경우 많은 사람들이 과거의 영광을 재현하려는 노력을 한다. 나아가 그러한 영광을 초월하여 이제는 새로운 영광을 써야겠다는 다짐을 해야 한다.

"내가 왕년에 잘했어.", "우리가 왕년에 이렇게 잘나갔다."고 하면서 그냥 추억에 젖어 있으면 더 이상은 발전이 없다. 어떠한 경우든 그 추억에서 벗어나 냉정하게 현실을 직시해야 한다. 그래야 그 추억이 앞으로 힘차게 나아가게 하는 추진 작약이 되는 것이다. 아름다운 추억, 영광스러운 과거, 그날의 추억이 바로 앞으로 나아가게 하는 힘을 주는 역할을 한다.

그렇지 않으면 추억이 미래의 삶을 갉아 먹게 된다. 그러다 보면 과거의 추억에 빠져서 과거의 환상 속에서 착각의 삶을 사는 가련한 인생을 살게 된다. 이렇듯 지난날의 성공이 디딤돌이 되고 더욱 성장하고 번영하는 원천이 되어야 하는데, 그렇지 않고 미래로 나아가는 여정에 장애물이 될 수도 있음을 알아야 한다.

그러므로 다시 시작을 해야 하고 과거의 영광을 재현해야 하는 경우에는 과거의 영광이 미래를 향해 나아가게 하는 힘찬 연료가 되게 해야 한다. 과거의 추억이 좋은 경험이 되어야 한다. 그래서 더 이상은 무모하다고 생각하는 도전이 목전에 이르러도 그러한 상황을 극복해 왔던 과거를 생각하고 회상하면서 그것을 극복하고 넘어서야 한다. 그래야 과거의 추억이 큰 산을 넘어서는 단초가 되고 힘이 되고 원동력이 된다.

둘이서 함께했던 좋은 지난날을 생각하면서 의기투합해야 한다. 그래서 새로운 힘을 자아내야 한다. 그것이 서로 승승하는 힘이 된다.

6
호적수가 된다

한국과 일본 축구 대표팀의 실력을 높여 주기 위해서 상호 선의의 경쟁 차원에서 축구 경기를 한 적이 있다. 현재는 국민성을 감안하고 경기가 과열되는 부작용이 있어 하지 않고 있지만, 자기 팀의 실력이 어느 수준인가를 가늠하고 실제로 시합을 준비하는 과정에서 실력이 향상되도록 하기 위한 일환으로 호적수와 상호 경기를 하는 방식을 취하고 있다.

즉, 준비하는 과정에서 훈련을 통해 실력을 기르고, 상호 경기를 하는 과정에서 자웅을 겨뤄 서로의 실력을 가늠하는 것이다. 또 자체 진단 평가를 통해서 자기의 강점과 약점을 발굴하고, 선의의 경쟁 선을 넘어 다른 사람들과 상호 경기를 할 때 어떻게 할 것인가에 대한 것을 준비하는 기회로 삼아야 한다. 그것이 호적수와 상호 자웅을 겨루는 과정에서 상호 실력이 향상되는 것이라고 볼 수 있다.

바둑이나 장기를 둘 때 하수와 시합을 하면 일정 수준으로 실력이 향상되지 않는다. 하지만 고수와 시합을 하면 실력이 일취월장의 단계에 이르게 된다. 그래서 실력을 향상시키기 위해서는 상호 호적수를 상대로 시합을 하면서 경쟁하는 선의의 경쟁 구도를 취하는 사람들이 많다.

배구나 축구, 야구 등 친선 초청 경기를 통해서 하거나 평가전을 통해서 상호 실력을 다지는 기회로 삼고 있다. 이는 단순히 스포츠뿐 아니라, 경쟁 상대와 상호 시합을 해야 하는 상황에서 많은 노력의 노력을 거듭하고 있다고 봐야 한다. 벤치마킹과 롤 모델로 삼아서 호적수에 버금가는 실력을 기르기 위해서 적과의 동침을 하는 것이다.

이러한 실력을 향상시키는 원리는 비단 스포츠 경기에만 국한하는 것은 아니다. 직장이나 학교 수업에서도 마찬가지이다. 상호 학습 능력을 향상시키기 위해서 상호 경쟁하는 것이고, 직장에서도 상호 부서 간 경쟁과 개인 간 성과 경쟁을 통해서 상호 실력을 강화하는 수단으로 이러한 경쟁 제도를 활용하고 있다.

이상과 같은 형태로 상호 간 동기를 부여하면 동반성장하는 효과를 자아낼 수 있다. 진정으로 좋은 성과를 내고 지속적으로 힘을 발휘하기 위한 방법으로 이 방법을 많이 활용하고 있다. 또한 주기적·정기적으로 올림픽이나 월드컵과 같은 경기를 치르듯이 둘만의 경쟁이 아닌 유사한 분야의 사람들과 상호 경쟁을 함으로써 글로벌 수준에서 자기들이 차지하고 있는 현실의 좌표를 확인하고 진단하는 기회로 삼아야 한다.

그래서 세계적인 수준으로 자신의 실력을 끌어올리기 위해서는 어떤 점을 보완해야 하고 어느 부문에 주력하여 실행해야 하는가를 생각해야 한다. 그것이 진정으로 좋은 실력, 알찬 실력을 길러 내는 길이다.

좋은 실력, 착한 실력

좋은 실력, 착한 실력이란 단순히 어느 일정한 시점에 실력을 발휘하고 마파람에 게 눈을 감추듯이 일정 기간 흔적도 없이 사라지는 것이 아니라, 계속해서 오래도록 힘을 발휘하는 것이다. 그것도 단순히 매번 동일한 힘을 발휘하는 것이 아니라, 시간이 지날수록 더욱 강한 힘을 발휘하는 것이다. 그것이 좋은 실력이고 착한 실력이라고 볼 수 있다.

상호 실력을 향상시키는 과정에서는 상대방이 서로의 약점과 강점에 대해서 피드백을 해 주어야 한다. 자기가 자기만을 평가하고 진단하는 것을 초월하여, 진정으로 상대의 실력이 늘었으면 하는 진실한 마음에서 상대방 실력의 강점과 단점 그리고 보완해야 하는 사항에 대해서 피드백을 다해야 한다. 함께 자중을 겨루는 과정에서 상대방의 입장에서 본인이 발견하지 못하는 것을 알아내는 효과를 볼 수 있다.

이때 중요한 것은 선의의 경쟁을 통해 승리를 하였다면, 상대방에 대해서 자신이 우월하다는 우월감을 갖지 않아야 않다. 상호 동반 성장하는 입장에서는 상호 승리를 향하여 상호 경쟁 상대를 존중해 주어야 한다. 서로를 칭찬하는 관계가 되어야 한다.

즉, 상대방의 약점이나 취약점을 다른 사람에게는 내보이지 않아야 하며 그러한 정보를 극비리에 둘만이 가지고 있어야 한다. 상호 보안保安을 유지하면서 신사적인 플레이를 해야 한다. 그래야 그 관계가 오래 유지된다.

7

서로 경계한다

역사적으로 볼 때, 군주가 혼자 독재하는 경우는 드물다. 역사적인 흐름을 보면, 개국 초기에는 군주가 강한 시대를 보내게 된다. 그러다 역사가 흐를수록 군주가 강하기보다는 신하가 강해지는 경우가 생기게 된다. 즉, 군주가 계속해서 강한 경우도 없고 계속해서 신하가 강한 경우도 없다.

주로 태평성대에는 군주가 능한 신하를 잘 등용하거나 능력 있는 신하가 군주를 잘 보필한다. 당나라 이세민과 위징, 이성계와 정도전, 태종과 하륜, 중종과 조광조, 세조와 신숙주, 선조와 류성룡, 정종과 채제공, 인조와 최명길, 세종과 황희 등 위대한 업적을 이룬 군왕의 곁에는 항상 유능한 참모가 있었다는 사실을 알 수 있다.

대개의 경우, 군주가 능력 있는 신하를 다스릴 수 있는 마음의 그릇이 크다는 것을 알 수 있다. 그리고 신하의 입장에서는 자기

상호 동기부여법

이익을 내세우고 자기가 잘되려고 나서기보다는 자기 권력을 뒤로 하고 군주에게 충성을 다하는 과정에서 그러한 성과가 나온 것이라 고 볼 수 있다.

앞에서 언급했듯이 『논어』에 말하기를 "군주가 신하에게 예로 대 하면 신하는 군주에게 충으로 답을 한다."고 한다. 즉, 군주가 신하 를 예로 대하는 것이 우선되어야 한다. 상사가 부하에게 혹은 선배 가 후배에게 혹은 형이 동생에게, 갑의 위치에 있는 사람이 을에게 먼저 예로 대하면 부하나 후배, 동생이나 을의 위치에 있는 사람은 충성을 다하게 된다.

상기에서 언급한 군주와 신하의 관계가 찰떡궁합을 이뤄서 역사에 길이 남을 위대한 업적을 이룬 것은 바로 군주가 신하를 인정해 주 고 그 실력이 자기보다 뛰어난 신하임에도 시기하거나 질투하지 않 았기 때문이다. 그러나 더욱더 중요한 것은, 신하의 입장에서 군주 가 자기에게 전권을 위임하고 힘을 실어 주었더라도 결코 그러한 권 력을 사익화하지 않고 월권하지 않았기에 그러한 동반성장의 관계 가 오래도록 유지될 수 있었다는 점이다.

'호사다마好事多魔'라는 말이 있듯이 그들이 서로 절친한 관계가 형 성되어 막역지우와 같은 친분을 맺어 지내오는 동안에 주변에서 얼 마나 많은 시기와 질투와 음모가 있었으랴. 그러한 것을 무시하고 군주로서 능력 있는 신하의 강점을 취하는 전략을 썼기에 신하가 군 주에게 충성을 다한 것이라고 볼 수 있다.

군주의 입장에서는 신하에게 취약하고 단점이 있음에도 불구하고 신하의 강점을 취하고 그 실력을 인정을 해 주었다는 것에서 예를 다한 것이라고 볼 수 있다. 그러한 것에 감명하여 신하가 자신의 목숨을 내놓고서 군왕에게 충성을 다한 것이다. 이처럼 리더와 부하, 이끄는 자와 따르는 자, 갑과 을의 주종 관계에 있다면 먼저 윗사람이 아량을 베풀고 선의를 실행해야 한다.

수직관계에서 동반 성장하는 법

탑다운 형태의 군대식과 같이 수직적으로 위계질서를 매우 중요시하는 관계에서 서열은 매우 중요하다. 그러한 조직문화에서는 대개의 경우 상사 혹은 리더가 어떻게 행하는가가 매우 중요하다. 윗사람 말 한마디에 의해서 모든 것이 좌지우지가 되는 경우가 많이 생기기 때문이다.

그러므로 그러한 조직에 있다면, 최우선적으로 상위 레벨에 있는 사람이 하위 레벨에 있는 사람에게 아량을 베풀어야 한다. 아울러 아랫사람에게 무한대의 신뢰를 보여야 한다. 주변의 시기와 음모와 정치 전략에도 그것을 감싸 주어야 하며, 상대방의 능력이 신장되고 상대방의 강점이 발휘되도록 여건을 조성해 주어야 한다. 그래서 성과를 내고 실력이 향상되었다면, 그러한 힘을 조직의 힘으로 사용해야 한다.

조직의 성장을 위해서 애쓴 부하 직원으로 인해서 조직에 성과가 달성되었다면, 그에 따른 이익은 조직원이 취하도록 해야 한다. 그리고 리더와 상사의 입장에서는 조직의 파워, 즉 조직력을 취해야 한다. 다시 말해서 조직의 수장은 명분을 취하고 조직원에게 이익을 주어야 한다. 이것이 주종관계, 즉 수직관계에 있는 사람들의 상생과 승승의 비결이다.

일반적으로 상호 수직적인 관계에 있는 사람과 상호 수평적인 관계선상에 있는 사람과의 상호 동반성장의 정도는 사뭇 다르다. 즉, 상호 수평적인 관계선상에 있는 사람과는 상호 협조가 잘되고, 허심탄회하게 서로의 발전 방향을 위해서 토론하면서 상호 발전을 도모할 수 있다.

하지만 상호 수직적인 관계에 있을 때는 사뭇 분위기가 다를 수밖에 없다. 특히 상호 갑과 을의 위치에 있다면, 대개 갑의 위치에 있는 사람은 거만한 경우가 많다. 또한 을의 위치에 있는 사람도 자신이 갑의 위치에 있는 사람에게 자기 스스로 자격지심이나 자굴지심의 모습을 보이는 경우가 많다. 그러다 보니 서로의 마음이 멀어지고 서로에게 지배자와 피지배자간의 종속관계의 선상에 놓이게 됨으로써 서로가 동반 성장하는 무드가 잘 형성되지 않는 경우가 많다.

그러므로 상호 동반 성장을 약정한 상대방과 자신이 종속 관계선상에 놓여 있다면, 종속관계의 끈을 먼저 끊어야 한다. 그래야 상대방과 친근한 관계 속에서 좋은 관계를 오래도록 유지할 수 있다. 공식적으로 이뤄진 주종의 관계여도 사적으로는 이것을 허물 수 있다.

즉, 공적으로 주종의 관계에 있다면 앞서 군주와 같이 신하에게 예를 다하듯이 해야 하고, 아랫사람은 윗사람을 모시고 봉양을 함에 있어서 부족한 점이 없도록 해야 한다. 그래서『한비자』에서는 "군주가 신하에게 일을 시킬 때는 신하와 친밀감을 이룬 다음에 일을 시켜야 한다."고 말한다. 그렇지 않으면 부하는 상사가 자신을 일부러 힘들게 한다고 생각하기 때문이다.

아울러 신하가 군주, 즉 부하가 상사에게 조언을 하고 문제점에 대해서 건의를 할 때는 자신의 실력을 먼저 인정을 받은 연후에 해야 한다고 말한다. 자기 실력을 어느 정도 인정받은 연후에 조언을 해야 하며, 이에 더하여 단순히 문제만을 언급하는 것이 아니라 그 문제에 따른 해결 방안도 함께 말해야 한다.

결과적으로 상호 주종의 수직관계에 있는 사람이 힘을 모아 상호 동반 성장을 도모하기 위해서는 상호 주종의 관계가 공식적으로는 이뤄지고 있지만 사적으로 혹은 인간적인 면에서는 서로의 친밀함을 유지하고 있을 때, 그것이 시너지를 발휘하게 된다. 그러기에 평상시 주인은 주인다운 언행을 구사하여 하인들에게 타의 모범이 되어야 하고, 하인은 하인의 입장에서 하인다운 언행을 구사하며 주인에게 성실하고 근면 성실한 이미지를 풍겨야 한다. 그렇게 함으로써 상호 동반성장의 좋은 관계가 유지되는 것이다.

8
생태계를 조성한다

쌀을 99섬을 가진 사람은 오히려 1섬을 가진 사람의 쌀을 욕심낸다. 딱 한 섬만 채우면 100섬이 된다는 생각에 가난한 사람의 입장을 헤아리기보다는 자신의 욕심을 채우려는 욕망이 먼저기에 그러한 욕구가 먼저 발동한다. 그래서 "가난한 사람보다는 있는 사람이 더한다."는 말을 종종 한다.

최근 들어 골목 상권이 많은 부문 위협받고 있다. 이제는 재래시장도 대형 마트에 의해서 설 자리가 점점 좁아지고 있다. 정부에서 재래시장 골목 상권을 살리기 위해서 많은 서민 복지 정책을 추진하고는 있지만, 결국 언젠가는 대형 마트에 의해서 재래시장과 골목 상권이 잠식될 것이다.

그러므로 그 전에 재래시장과 골목 상권에서 벗어나 새로운 일거리를 찾기 위한 준비를 해 두어야 한다. 계속해서 정부가 정책적으로 재래시장과 골목 상권을 지켜 주지는 못할 것이기 때문이다.

　마찬가지로 대기업과 중소기업의 경우도 그러하다. 중소기업과 강소기업 간 혹은 대기업과 중소기업 간 컨소시엄 체결 등으로 인해서 중소기업을 살리기 위한 정부의 정책이 많이 시행되고 있다. 그래서 대기업의 좋은 기술을 무상으로 이전받거나 중소기업에 일정 기간 독점으로 물품을 납품할 수 있는 기회를 제공하여, 중소기업이 독자적으로 성장을 거듭하도록 하는 중소기업 우대정책이 많이 시행이 되고 있다.

　하지만 그 역시도 오래가지는 않을 것이다. 중소기업을 도와주어야 하는 대기업에서 오히려 중소기업의 사업 기술을 탈취하여 생산함으로써 중소기업의 도산 사태가 번번이 발생하고 있다. 그야말로 약육강식의 시대, 피도 눈물로 없는 생존 서바이벌 시대가 계속되고 있는 것이다.

　이와 더불어 대기업과 대기업 간의 상호 목숨을 건 치킨 게임이 벌어지고 있다. 국가 간 경쟁, 기업 간 경쟁이 날로 심화되고 있기에 이제는 대기업도 중소기업을 도와줄 수 있는 힘이 점점 약해지고 있다. 그럼에도 불구하고, 강자는 약자를 보호하고 약자의 실력을 길러주는 정책을 펼쳐야 한다.

피동적인 생각에서 벗어나야 할 때

육식동물이 초식동물을 잡아먹기 위해서는 1차적으로 풀이 많아야 한다. 풀이 없어지면 초식동물이 사라지고, 초식동물이 사라지면 결국은 육식 동물이 먹을거리가 없어져 멸종에 이르게 된다. 말 그대로 '먹이사슬'이라고 말하는 생태계가 무너지는 것이다.

생태계 경영을 해야 한다. 플랫폼 경영을 해야 한다고 주장하면서 많은 경영학자들이 중소기업이 무너지면 결국은 대기업이 무너진다고 말한다. 그런데 엄밀하게 따지고 보면 무너질 수 없다. 없다가도 생기고 생기다가도 없어지는 것이 바로 중소기업이다.

세렝게티의 초원에서 거대한 맹수라고 해서 모든 초식동물을 다 잡아먹을 수는 없다. 그래야 생태계가 유지되기 때문이다. 전략적으로 적정한 숫자를 유지하기 위해서 자연이 조화와 균형을 유지하는 것이다. 어느 한쪽이 무너지면, 모든 것이 무너지고 만다.

이처럼 먹이사슬이 조화와 균형을 이루고 계속해서 그 틀을 안정되게 유지하기 위해서는 상호 협력이 필요하다. 다시 말해서, 대기업 중에서도 중소기업만을 위하는 대기업이 있을 수 있고 어느 정도 중소기업을 착취하는 대기업이 있을 수 있다는 사실을 그냥 인정하는 것이 좋다. 정부 정책이라고 해서 100퍼센트 순수하게 온전히 중소기업을 위하는 대기업은 없다.

시행규칙이나 법령에 맞게 어느 정도 적법하게 그것을 실행을 하면서도 형식적으로 그냥 중소기업을 위하는 척을 할 뿐, 실제로 중소기업을 위해서 자신의 재정을 아낌없이 지원하는 대기업은 드물다. 실제로 무한 경쟁의 글로벌 경쟁에서 살아남기 위해서는 자기 발등에 떨어진 불을 끄기에도 바쁜데 중소기업을 돌아볼 여력이 없는 대기업도 많다.

그러므로 중소기업 역시 대기업만 바라보면서 정부 지원 정책으로 자신의 생명력을 유지하려고 하지 말아야 한다. 자기에게 이익이 있으면 적극적으로 참여했다가 자기가 희생을 해야 하고 헌신적으로 봉사해야 하는 과정에서는 쥐도 새도 모르게 빠져 버리는 약삭빠른 중소기업도 있는데, 그것은 파렴치한 행위가 아닐 수 없다.

즉, 중소기업은 정부 정책에 의지하고 대기업에 의탁하려는 피동적인 생각에서 벗어나, 자기 스스로 자발적으로 일어서려는 독자적인 기술을 개발하여 대기업과 상호 공생할 수 있는 명분을 확보해야 한다. 대기업과의 공생공존을 위해서는 중소기업이기에 가능한 차별화된 업으로 승부를 걸어야 한다. 악어새가 악어의 치아에 끼어 있는 고기를 빼 먹으면서 악어의 치아를 청소해 주듯이 중소기업으로서 중소기업의 이익에 해당하는 것이 대기업의 이익에도 해당하는 것이어야 한다. 그래야 오래도록 동반 성장하게 되는 것이다.

마찬가지로 상호 동반 성장하기 위해서는 상호 이익이 되는 선에서 교점을 형성해야 한다. 배우고 익히며 상호 동기부여가 되는 소스가 서로에게 이익이 되어야 한다. 서로 힘을 모았을 때 혼자서 하는 것보다 더 많은 이익을 내야 하고, 함께 일을 하면 혼자서 하는 것보다 덜 힘들고 갈등도 적어야 한다.

상호 교류를 하고 상호 동기를 부여하는 포인트는 상호 승승의 포인트이어야 하고, 서로가 서로를 위해서 희생하려는 마음이 있어야 하며, 서로 공감하고 서로가 함께함으로써 서로 힘을 얻는 사이가 되어야 한다. 이를 통해 서로 학습하고 성장하는 것이다.

대기업과 중소기업처럼 서로 갑과 을의 관계이지만 독립성을 인정해 줘야 한다. 자신이 아는 것이 많고 자기가 유리한 위치에 있다고 해서 상대방의 모든 것이 자기의 소유이고 자신은 상대방에게서 결코 배울 것이 없다고 생각하는 사람은 상대로부터 동기를 부여받지 못한다.

그러므로 대기업의 위치에 있다면 자신이 하지 못하는 것, 그렇지만 그것이 있으면 자신의 성장에 큰 도움이 되는 것, 그러한 것을 상대방이 가진 것이라고 생각해야 한다. 상대방이 그러한 것을 가지고 있을 때, 상대방으로부터 동기를 부여받게 된다.

또한, 중소기업의 입장에 있는 경우라면 자신이 가진 것이 없고 아는 것이 없고 힘이 없어서 대기업에 아무런 도움이 되지 못한다고 생각하는 비굴한 마음보다는 자기가 실제로 상대방이 원하는 것, 상대방은 결코 할 수 없는 것, 상대방의 입장에서 상대방 발전에 이바지하고 도움이 되는 핵심적인 기술을 본인이 지니고 있다는 자부심을 가질 수 있어야 한다. 내가 잘할 수 있다는 자부심, 자기도 상대방에게 도움이 되고 독자적으로 결코 뒤질 것이 없다는 자신감을 가져야 상대방에게 도움이 된다.

상호 교류하고 상호 좋은 역량을 확보하고 좋은 동기를 부여하기 위해서는 서로에게 좋은 이익을 제공하고 상대방에게 만족을 주는 좋은 무기를 가지고 있어야 한다. 그것도 아무나 가지지 않은 특별한 무기를 특별한 사람만을 위해서 제공한다는 이미지를 상대방에게 풍기고, 실제로 그러한 특별한 무기와 신소재로 만든 무기만을 상대방에게 제공 한다면, 아마도 상대방의 입장에서는 은인처럼 대할 것이다. 그리고 그로 인하여 두 사람의 관계가 더욱 돈독하게 유지될 것이다.

대기업은 규모가 큰 반면에 디테일에서 부족하고, 중소기업은 규모가 작은 반면 디테일에서 강점을 가졌다고 볼 수 있다. 각자가 가진 강점으로 자기가 가진 단점을 메워야 한다. 그래야 상호 성장을 도모할 수 있다. 이것은 일반적으로 돌담을 쌓을 때 큰 돌만을 가지고 돌담을 쌓을 수는 없는 이치와 같다. 큰 돌이 쌓여지면 그 돌과 돌 사이에 작은 돌로 그 틈을 메워야 한다. 큰 돌만 있어서는 그 빈틈을 메울 수가 없다.

9

역지사지한다

자기가 가진 것을 상대방과 나누고 교환하는 과정에서 상호 성장을
도모할 수 있다.

『거지 왕자』라는 동화를 보면 왕자가 너무 심심해서 거지와 상호
입장이 바뀌게 된다. 궁궐에서 왕자로서만 지내던 왕자는 바깥세상
에서 거지처럼 지내는 것이 얼마나 즐겁고 좋은지를 알게 된다.

일반적으로, 사람은 자기가 가진 것을 3일 이상 가지고 있으면 지
루해 한다. 그래서 "아무리 신비스러운 영웅이라고 해도 그 신비스
러운 영웅에 대한 느낌이 3일이 지나면 희석된다."는 말이 있다. 또
한 예수님도 그 동네에서는 예수님으로 대우를 받지 못했다고 한다.
이것은 매일 숨을 쉬고 있으면서 우리의 생명을 이어 주는 것이 공
기인 줄을 알면서도 공기의 소중함을 모르는 경우와도 같다.

그런 측면에서 볼 때, 소중하고 신비스러운 것도 때로는 오래 가

지고 있으면 싫증내기 마련이다. 그러한 경우에는 다른 사람과 물물 교환해서 바꿔서 사용하는 것도 새로운 기분을 갖게 한다.

"남의 떡이 더 커 보인다."는 말이 있듯이 자기 것을 다른 사람의 것과 상호 바꾸다 보면, 자기 것의 소중함을 알게 된다. 자기가 가지고 있을 때는 몰랐던 다른 귀중함과 소중함을 알게 되는 것이다.

"조강지처糟糠之妻를 버린 사람은 천벌을 받는다."고 한다. 어렵고 힘든 상황에서 함께 고생했던 마누라를 버리는 사람은 그야말로 하늘이 천벌을 내린다는 말이다. 그렇다. 자기가 어려울 때 혹은 자기가 아쉬울 때는 소중하고 귀하게 생각을 하다가 막상 자기에게 불필요한 것이 되면 그것을 헌신짝 버리듯이 하는 사람이 있는데, 그러한 우를 범하지 않기 위해서는 때로는 익숙한 것에서 벗어나려는 노력을 해야 한다.

때로는 자기가 늘 가지고 있던 것을 다시금 새로운 눈으로 바라보는 시각을 가져야 한다. 그래서 혹자는 다른 낯선 곳으로 여행을 가는 것보다는 자기가 일상적으로 생활하는 평범한 것을 보는 관점을 달리하는 것이 생활을 더욱 유익하고 새롭게 한다고 말한다. 그와 마찬가지로, 자신이 가진 것을 남과 함께 물물교환을 해 보는 것이 좋다.

요즘 학생들이 친구와 옷을 서로 바꿔서 입는 경우가 종종 있다. 서로 옷을 바꿔서 입을 정도로 무척 친밀한 관계라는 것이다. 그러한 가운데에서 자기가 마치 옷을 새로 구입한 것 같은 느낌을 받을 수 있고, 자기 옷을 가장 친한 친구가 입고 있다는 것에서 마치 둘이 한 몸이 된 듯한 느낌을 가질 수 있다. 이렇듯 서로 물물교환을 함으로써 서로의 기분을 전환시키는 효과도 있다.

또한 서로 친구의 집에 바꿔 가면서 주거하는 교육 프로그램도 운영되고 있다. 자기 집에서 자지 않고 친구 집에서 생활하도록 함으로써 다른 사람은 어떻게 사는 것인지에 대한 이문화 체험을 해 보는 것이다. 그래서 집을 떠나서 남의 집이 나의 집과 어떤 점이 다른지를 알게 하는 것이다. 그러면 대부분의 많은 학생들이 자기 집이 제일이고 가난해도 자기 방이 제일이라고 말한다.

자기 것이라는 것, 자기가 다른 사람의 간섭이나 지시를 따르지 않고서 자기 마음대로 자율적으로 할 수 있다는 것에 대한 소중함을 새삼스럽게 느끼는 것이다. 이렇듯 소중함을 아는 것, 귀중함을 아는 것, 고마움을 아는 것, 감사함을 아는 것, 그러한 일련의 것을 아는 것만으로 사람은 자기 스스로 동기를 부여받는다고 생각해야 한다. 그것이 바로 물물교환을 통한 동기부여 방법이라고 볼 수 있다.

입장 바꿔서 생각을 해 보고, 자기가 부럽게 생각하는 것을 가져 보고, 일시 잠깐 자기 자리를 떠나서 남의 자리에 앉아 보고, 일정 기간 자기가 매일 거주하던 곳을 벗어나서 낯선 곳에도 가 봐야 진정으로 좋은 동기를 부여받을 수 있다는 사실을 알아야 한다.

여기서 말하는 물물교환은 단순히 자기가 사용하던 유형의 물건을 교환하는 것을 말하는 것을 넘어서 자기가 교환 가능한 모든 것을 의미한다. 단순히 유형의 물질뿐 아니라 보이지 않는 무형의 것도 포함하는 개념이라고 생각해야 한다. 공간적인 교환, 물질적인 교환 등 뭔가를 바꿔 보는 것은 서로에게 좋은 동기를 부여하게 하고, 자기가 가진 것이 얼마나 좋은 것인가를 알게 하는 기회를 갖게 한다.

집을 비우고 멀리 풍광이 좋은 곳에 있어도 초가삼간의 내 집에 가고 싶고, 아무리 빌딩 숲에서 고급 브랜드에 싸여 초호화 고급 생활을 해도 결국은 시골 농촌의 호수가 그립고 논두렁길이 더욱 그리운 것은 바로 자기의 추억이 서리고 자기가 편한 곳이기 때문이다.

외국에 나가 봐야 우리나라가 얼마나 좋은 나라이고 우리가 먹는 김치, 고추장, 된장이 얼마나 좋으며 사계절이 뚜렷한 한반도에 사는 것이 얼마나 좋은 행운이고 그런 나라에서 태어난 것이 얼마나 자랑스러운지를 알게 된다.

다른 사람과 교환할 수 있는 것이라면, 가치를 따지지 말고 한번 교환하는 것이 좋다. 책을 교환하든 옷을 교환하든 한 번은 서로 교환을 해 보는 것도 새로운 기분을 느끼게 하고, 더 나아가 자신의 것의 귀하고 소중함을 알게 하는 기회가 될 것이다.

10
마음을 교환한다

상대방에게 동기가 부여되는 일련의 심리적인 메커니즘 중 가장 중요한 단계는 바로 감정 변화의 단계이다. 사람은 일반적으로 자신의 감정이 변화되어야 행동의 변화로 이어질 수 있는 동기가 부여된다. 그러므로 사람의 동기를 부여하고 그 동기에 기인하여 행동을 유발하기 위해서는 상대방의 감정에 변화를 주어야 한다. 그것도 좋은 기분의 감정 상태로 유도하는 것이 바람직하다.

상대방의 기분을 좋게 하기 위해서는 상대방을 칭찬하거나 상대방이 원하는 것을 주거나 상대방이 바라는 것을 하도록 하는 것 등 상대가 필요로 하는 것을 해 주는 것이 좋다. 왜냐하면 사람은 자기가 원하고 바라고 필요로 하는 것을 얻으면 기분이 좋아지기 때문이다. 여기서 기분이 좋다는 것은 좋은 감정 상태라는 것을 의미한다.

사실 동기가 부여되었다는 것은 하고자 하는 의욕이 생겼다는 것을 의미한다. 또 하고 싶은 마음이 생겼고, 뭔가 일을 낼 것 같은 좋은 징후가 있음을 의미한다. 그래서 동기가 부여된 사람은 물불을 가리지 않고 그 일에 뛰어드는 경향이 있다. 과잉 충성이다. 사이비 종교 신자들의 맹목적인 충성을 보면, 동기가 부여된다는 것이 얼마나 큰 행동의 변화를 가져오게 되는 것인가를 알 수 있다

그런 점에 비춰 볼 때, 뭔가를 이루고 뭔가를 행하게 하기 위해서는 동기를 부여하고 동기를 부여받아야 한다. 동기를 부여하는 사람도 동기를 부여하려는 동기가 부여되어야 한다는 것이다. 가장 좋은 것은 앞서 말한 것처럼 서로가 서로에게 상대방의 필요를 충족시켜 주는 것이다.

농산품을 가진 사람은 공산품을 가지고 싶어 하기에 농산품과 바꾸려고 할 것이고, 공산품을 가진 사람은 농산품을 갖고 싶어 한다. 서로 필요에 의해서 상호 가진 것을 내어놓고 상대방이 가진 것과 상호 물물 교환을 하는 것이다. 무역거래처럼 서로가 손해 보지 않는 선에서 서로 원하는 것을 취하게 하는 것이 가장 이상적인 거래 관계라고 볼 수 있다.

즉, 상호 물물 교환을 할 때 어느 한 사람이라도 손해를 보면 안 된다. 물론 교환 이후에 상호 만족감이 다르겠지만, 그렇다고 그것이 표면적으로 다르게 나타나서는 안 된다.

가장 좋은 교환은 마음을 주고받는 것

가장 좋은 교환은 상호 마음을 주고받는 것이다. 상대가 필요로 하는 마음을, 아니 자신의 마음 안에 있는 사랑과 용서와 인정과 칭찬과 긍정의 마음을 상대방의 마음속으로 이동시키는 것이다. 그래서 자신의 마음이 상대방의 마음에 스며들도록 하는 것이 좋다.

아울러 상대방에게 마음을 보냄으로써 자기 마음 안에 생긴 마음의 공간 안으로 상대방의 마음을 채워 넣어야 한다. 자기 마음을 상대방에게 건네고 상대의 마음을 자기 마음속에 채워 넣는 마음교환이 이뤄질 때, 서로가 가장 크게 동기를 부여받게 된다.

마음 교환이 이뤄지는 것이 가장 좋은 교환이고 가장 이상적인 거래다. 또 가장 오래가고 그 효험이 가장 뛰어난 효과를 거둔다. 마음은 감정을 구성하는 원자와 같다. 마음의 씨앗이 자라서 감정이 생기는 것이다.

그러므로 서로에게 동기를 부여하기 위해서는 서로의 마음 밭에 서로의 씨앗을 많이 뿌려야 한다. 자기 자신의 마음 밭에는 상대방을 사랑하고 인정하는 씨앗을 뿌리고, 상대방의 마음 밭에는 자기가 상대방을 인정하고 사랑한다는 씨앗을 뿌려 주어야 한다. 그렇게 될 때 서로가 이심전심이 되는 것이다. 그래서 상대가 뭐라고 말을 하지 않아도 스스로 동기가 부여되는 것이다.

서로 마음이 통하는 사이가 되면 상대방이 아무 말을 하지 않고 가만히 있는 것 자체가 얼마나 많은 메시지를 전하는 것인가를 알 수 있다. 그런 말을 하지 않아도 상대의 속마음을 아는 사이가 되

었을 때, 서로의 동기 부여되는 감정이 좋은 감정으로 승화될 것
이다.

11

제3자를 끌어들인다

너무도 오랜 기간 동안 상호 동기를 부여받다 보면 어느 시점에는 그 패턴에 중독되어서 무의식적·습관적으로 행하게 된다. 의식을 하고서 동기부여가 되어서 일을 하는 것과 아무런 생각 없이 무의식적으로 행동하는 것 사이에는 큰 차이가 있다.

계속적·반복적으로 동일한 행동을 하면, 동일한 결과가 나올 수밖에 없다. 새로운 결과를 이끌어 내기 위해서는 새로운 방법을 적용해야 하고, 더욱 혁신적인 방법을 찾아서 이를 적용해야 한다. 그중에서 가장 좋은 방법은 제3의 인물을 등장시켜서 그 사람에게서 자극을 받아 상호 동기부여가 되는 것이다.

유명한 교수의 강의를 듣고 상호 동기부여 되는 경우가 있을 수 있고, 자기들보다 수준 높은 사람으로부터 좋은 지도를 받아서 상호 동기부여 되는 경우가 있을 수 있다. 마치 좋은 스승에게서 동문수학하는 사람처럼 좋은 스승에게서 좋은 깨달음을 구하여 상호 동기 부여가 되는 경우가 있을 수 있다.

또 그와는 반대로 호감을 주고 호기심을 자극하고 신비감을 주는 제3의 인물이 아닌 두려움을 주는 제3의 인물을 등장시켜서 상호 동기가 부여되도록 하는 방법도 있다. 쉽게 해결할 수 없는 어려운 문제를 제공한다든지 혹은 두 사람에게 두려움을 주는 사건을 발생시켜서 그 두려움에서 벗어나게 한다든지, 아니면 두 사람이 위기에 처하는 상황을 만들어 주는 것 등 예상하지 못한 제3의 상황을 만들어서 두려움과 위기감을 갖게 하는 것도 상호 동기를 부여하게 하는 데 효과가 크다.

일반적으로 사람은 천적을 만나거나 두려움을 느끼면 상호 화합하고 협력하려고 한다. 오나라와 월나라가 상호 원수지간인데, 항해를 하다가 바다에서 풍랑을 만나니 휴전하고 풍랑에서 벗어나기 위해 상호 협력하더라는 '오월동주吳越同舟'라는 고사성어에서도 알 수 있듯이, 사람은 동시에 서로에게 두려운 사건이 발생되고 위기의 상황이 도래하면 서로 힘을 모아서 그 상황을 극복하기 위해 노력하게 된다. 그러한 과정에서 상호 동기가 부여되는 것이다.

▼
▼
▼
▼

12

선의의 경쟁을 한다

상호 동기가 부여되는 가장 좋은 방법은 서로 배우고 익히는 가운데에서 상호 동기가 부여되는 것이다. 서로가 아는 것을 공유하고 서로가 모르는 것을 알아 가는 과정에서 눈을 뜨는 것이다.

사실 동기부여가 되었다고 해도 아는 것이 없으면 제대로 힘을 발휘할 수 없다. 아는 것이 없이 열정을 가하는 것은 무모한 짓이다. 알고서 지혜롭게 일을 해야 그로 인해서 열정을 가할 수 있다. 배움이 없는 열정을 무모한 것이라고 말하며, 열정이 없는 배움 또한 무모한 것이라고 말한다. 그런 점에서 볼 때, 열정을 가지고 배우면서 열정을 다하는 것은 지속적인 성장과 번영을 불러오는 것이라고 볼수 있다. 그러므로 배우는 것에 중요한 의미를 두어야 한다.

모든 사람들의 성장의 터전에는 배움이라는 것이 항상 수반되기 마련이다. 배움이 있기에 성장하고, 배움이 있기에 지속적인 성장과 번영을 추구하는 것이다. 그러한 배움의 여정에서 함께하는 도반의 관계가 될 때, 서로 힘을 합해 서로가 서로에게 도움이 되고 학문을 하는 어려운 과정에서 서로가 모르는 것을 함께 연구하고, 서로가 아는 것을 함께 토의하는 과정에서 더 성장하는 것이다.

혼자 하는 것보다 둘이 함께하면 더욱 좋은 지혜를 얻을 수 있다. 또 혼자 배우기보다는 둘이 배우면 더욱 오래도록 기억하게 된다. 왜냐하면 그냥 배우는 것보다는 서로가 서로를 가르치고 질문하고 대답하는 과정에서 한 번 더 생각하게 되고, 그러한 것을 타인이 잘 알도록 이해시키는 과정에서 서로에게 동기가 부여되기 때문이다.

가장 이상적인 상호 동기부여란?

사람은 고통에 대해서는 상호 분담을 하려고 하지 않는다. 또 어떤 경우에는 서로가 많은 이익을 차지하려고 한다. 배움의 여정에서도 그러하다. 순자의 같은 제자였던 이사 역시 자기 이익을 위해서 동문수학하던 한비를 죽인 파렴치한 사람이고, 귀곡자의 제자로서 동문수학을 했던 방연과 손빈 역시도 방연의 사리사욕에 눈이 멀어서 손빈을 궁지에 내몰고 결국은 손빈에게 죽는 안타까운 상황을 맞이하게 된다.

우리 역사에도 이색의 제자였던 정도전과 정몽주가 고려 말 조선 초에 서로의 성장을 위해서 애를 쓰다가 대의명분을 찾아야 하는 결정적인 상황에서는 뜻을 달리하는 상황에 내몰리게 되고 그로 인해

정몽주가 죽어야 하는 비운의 상황이 발생된다. 그러한 동기부여가 상호 동기부여의 나쁜 사례라고 볼 수 있다.

가장 이상적인 상황은 서로 배우고 익히는 과정에서 서로가 동기부여 되고 그로 인해서 서로가 성장을 하고 지속적으로 발전과 번영을 함께 거듭하는 것이다. 하지만 올라갈 길이 있으면 내려갈 길이 있고, 꽃피우는 봄이 있으면 낙엽이 떨어지는 가을이 있듯이 두 사람의 사이에도 굴곡이 찾아들게 된다.

산이 높으면 골이 깊은 것과 마찬가지로, 서로 의형제를 맺고 좋은 관계 속에서 시너지를 내는 동기부여의 관계가 되었다고 하지만, 자기와는 상관없이 자신들이 협력하고 동반성장을 하는 관계가 유지되지 못하는 상황이 발생되기도 한다. 이때 상호 성장을 도모하는 사이가 되면 동반 성장이 가능하다.

부귀영화와 권력은 함께 나누려고 하지 않는 것이 사람의 본능이다. 그럼에도 불구하고 상호 동기 부여되는 사이이고 서로가 서로에게 복된 이익을 주는 사이라면, 서로가 좋은 관계를 회복하기 위해서 상호 노력해야 한다.

또 어느 한 사람이 성공을 하면 그 사람을 앞에서 끌어 주어야 하고, 설령 자신이 뒤로 밀렸다고 해도 뒤에서 그 사람을 밀어 주어야 한다. 서로 함께 배우고 나아가 앞에서 끌어 주면 뒤에서 밀어 주는 관계를 형성해야 한다.

13

공유한다

상호 배우고 익히는 데 가장 좋은 것은 바로 이상 상황이 발생했을 때 혹은 정상적인 경우가 아닌 특별한 상황이 발생한 경우에 그것을 기회로 상호 배우고 익히는 것이다. 소 잃고 외양간을 고치는 격으로 꼭 무슨 일이 터지면 그러한 상황에서 사후 대책을 논의하고 버스가 떠난 뒤에 손을 흔드는 형국에 처하는 경우가 있는데, 그것은 결코 바람직한 상황이 아니다.

재발을 방지하고 사후약방문이 되지 않기 위해 하는 노력이 잘못되는 경우도 있다. 그러므로 항상 조심하고 주의해야 한다. 안전사고 발생 시에 그에 따른 원인을 함께 공유하고 다시금 그러한 사건이 발생되지 않도록 사고 원인과 대책을 머리를 맞대고 고민하고 연구하듯이 이상 사항이 발생이 되면 반성회와 윤독회를 통해 배우고 익히는 계기로 삼아야 한다.

아울러, 좋은 일은 함께 공유하여 기쁨을 두 배로 나누고 슬픈 일은 서로 나눠서 그 슬픔을 절반으로 경감시키는 노력을 해야 한다. 그렇게 하는 것이 바로 상호 동기를 부여하는 단초가 된다. 서로 동기부여가 되기 위해서는 서로가 알고 있어야 한다. 그래서 서로가 잘못한 것에 대해서 동료의 안전은 동료가 지켜 준다는 생각으로 서로가 일정한 선을 넘어서지 않도록 하는 노력이 병행되어야 한다.

아울러 상황을 발견하여 서로가 지적을 해 주고 서로를 지켜 주는 파수꾼이 되어야 한다. 바로 그것이 공동의 번영을 추구하는 동반자로서의 역할이다.

아는 사람이 모르는 사람을 이끌어 주고, 모르는 사람은 아는 사람을 통해서 배우고 익히는 학습문화가 조성되어야 한다. 그래야 서로 성장하는 것이다. 특히 이상 상황이나 특별한 상황에 대해서는 상호 토론하고 그에 대한 대처 방안을 연구하고 개발하는 과정에서 서로 시너지가 극대화되는 경우가 있으므로 그러한 기회를 잘 활용해야 한다. 그러면 상호 의견을 개진하고 이견을 나누는 과정에서 상호 동기가 부여된다.

성과를 공유한다

서로가 좋은 일을 공유하면서 좋은 방향으로 좋은 성과를 내기 위한 비결과 비법을 공유하는 성과 공유의 자리를 만드는 것이 좋다. 서로의 성과를 공유하고, 서로 아는 것, 서로가 자랑하고 서로의 실력을 함께 나누고 공유하는 자리를 만들어서 상호 동기가 부여되도록 해야 한다.

　일반적으로 기업이나 단체에서는 전체적으로 전 직원들을 일시에 마인드를 확산시키기 위해서 대형 행사를 기획해서 운영하기도 한다. 일시에 많은 사람에게 전하고자 하는 메시지를 전달하고 분위기를 조성하기 위해서 주로 활용한다. 단기간에 많은 사람들이 참석하게 함으로써 일시에 붐을 조성하는 것이다. 그렇게 함으로써 동시에 많은 사람을 동기부여 시키게 된다.

　상호 동기부여는 개인적이고 단수적인 성격이 아니라 단체적이고 복수적인 차원의 성격을 지녔다는 점을 염두에 두어야 한다. 그러므로 자기의 실제적인 경험으로 검증된 사실과 객관적인 사실을 공유해야 한다. 그렇지 않고 검증되지 않고 오해의 소스가 있는 정보가 일시에 전파되어 혼란을 야기할 수 있으므로 이러한 대중적인 성격을 띠는 정보에 대해서는 상호 크로스 체크를 통해 사전에 잠재되어 있는 리스크를 발굴하여 이를 해결하는 노력을 병행해야 한다.

　상호 동기 부여의 차원에서 공동으로 합작하여 성과를 공유하고 배우고 익힌 지혜를 나누는 자리를 갖는 것은 분명히 동기 부여 차원에서 유익함이 많다. 성공하는 사람 혹은 열정이 가득한 사람의 공통점은 일정한 시점에 자기에게 성취의 보람을 스스로 느끼는 의식을 치르는 것이다. 일정한 시점이 되면 자기가 해 온 것을 종합 정리하는 시간을 가져야 한다.

　예술 작품을 창작하는 사람들이 작품 전시회를 열고, 일정한 시점에 개인전이나 특정한 대회에 참가하여 종합 평가를 받듯이, 그러한 매듭의 과정이 필요하다. 하나의 매듭을 지어야 새로운 매듭을 엮을 수 있고, 하나의 일을 마무리하면 그에 따른 일을 마무리했다는 의식을 치름으로써 마음가짐을 새롭게 다지는 기회로 삼을 수 있음을 알아야 한다.

상호 동기 부여 차원에서 다 함께 성과를 공유하다 보면 그간에 지내온 과정을 돌아보게 되고, '더 잘할 수 있었는데' 혹은 '이러한 것은 이렇게 하고 저러한 것은 저렇게 한다면 앞으로 더 좋은 성과가 나올 것'이라는 생각을 하면서 반성과 성장의 다짐을 하게 된다. 그것도 대형 행사라는 점에서 기억에 오래도록 간직할 수 있다.

또한 많은 대중들에게 자신의 성과가 투명하게 드러나게 됨으로써 차기 발표대회나 성과 나눔 대회를 통해서 어떻게 하는 것이 바람직한 것인지에 대한 자기만의 전략과 방책을 세우게 된다. 그래서 차기 대회에서는 좀 더 수준 높은 작품과 걸작을 선보이게 되는 것이다. 마치 4년마다 열리는 올림픽 대회에서 더욱 좋은 기록을 세우기 위해서 절치부심 노력하듯이 말이다.

그러한 노력의 동기는 행사 과정에서 나타난 결과가 나쁘게 나올수록 혹은 후회와 반성이 많을수록 더 많은 노력을 한다. 대중 앞에서 창피를 당하고, 자기가 가진 실력이 성과를 나누는 과정에서 다른 사람과 비교했을 때 너무도 미천하다는 사실을 발견하면, 그로 인해서 잠을 자지 않고 노력할 것이다. 그러한 힘이 진정으로 참된 동기 부여의 힘이다. 더불어 그 행사에 참석하는 사람들이 경쟁에 의해서 순위를 정하고 또는 상호 기록을 논의하는 자리라면, 더욱더 그 상황은 치열하게 전개될 것이다.

치열함이 있어야 한다. 열정이 있어야 한다. 뜨거움이 있어야 한다. 에너지가 넘쳐야 한다. 활력이 넘쳐야 한다. 그러한 일련의 분위기를 자아내기 위해서는 일차적으로 사람이 많아야 한다. 참석하는 사람이 많으면 많을수록 그 행사에서 배우는 것은 더욱더 많아지고 동기부여 되는 소스도 점점 더 많아진다는 것을 알아야 한다. 그래서 대규모로 하는 것이다. 특별히 홍보가 되고 그러한 것들이 참석자뿐 아니라 많은 사람들에게 널리 알려지게 된다면 효과는 더 증폭될 것이다.

14
다수의 편에 든다

타인이 동기부여 되지 않을 시에 "다른 사람도 다했고 이제는 당신이 마지막이며 최종적으로 당신만 하면 100퍼센트 완료가 된다."고 말을 하는 것이다. 그렇게 함으로써 상대방이 마치 발등에 불이 떨어진 것과 같은 심경으로 하게 된다.

"많은 사람들이 하고 있으니 당신도 하면 좋다.", "이 동네의 많은 사람들이 했고, 당신과 함께 근무하는 모든 사람들이 했다. 그래서 당신도 해야 할 필요성을 느껴야 한다."는 측면을 강조하는 것이 좋다. 그러한 심리적인 변화를 이끌기 위해서는 다수가 했다는 사실을 알게 해야 한다.

국경일에 많은 사람들이 태극기를 게양을 했는데 자기 집만 하지 않으면 안 된다는 생각에서 국기를 늦게라도 게양하게 된다. 그렇게 뒤늦게라도 따라서 하도록 하기 위해서는 다수가 그렇게 하고 있음을 소문을 내거나 그러한 장면을 눈으로 보고 귀로 들을 수 있도록 하는 것이 좋다.

일반적으로 사람들은 다른 사람과는 차별화된 특별한 것을 가지고 싶어 하는 욕구가 있는 반면에 다른 한편으로는 다른 사람이 하던 것과 동일하게 행동하려는 속성도 있다. 다른 사람과 특별히 다르고 차별성을 피력하고 싶기도 하지만, 다른 사람과 유별나지 않고 그 공통된 조직의 속성에 원만하고 평범하게 지내고자 하는 욕망도 가지고 있다는 것이다.

이처럼 많은 사람들이 하고 있다면 자신도 해야 한다는 생각을 하는 경향이 있다는 점을 최대한 활용해야 한다.

군중 심리를 이용한다

사람은 모이면 단체에 속하려는 속성이 있다. 왠지 함께 유니폼을 입어야 하고 함께 소속감을 가지려고 하는 것이 인간의 속성이다. 그러므로 소속감을 갖도록 모임을 만들고 그 만들어진 모임에서 직위나 직책을 부여해서 활동을 하도록 하는 것이 좋다.

지위와 명예의 욕구를 채워 주고 '위원장님' 혹은 '부회장님'이라는 호칭을 불러 줌으로써 호칭에 의한 나르시시즘을 충분히 느끼도록 하는 것도 좋다. 그것이 사람의 명예 욕구를 자극하여 동기부여가 되게 한다.

아울러 단체에서 해야 하는 일을 정하고 비전과 실행 목표와 전략을 정해서 그것을 지표로 운영하는 것이다. 그렇게 함으로써 그 단체가 뭔가 사회를 위해서 기여를 하도록 하고, 그 기여 속에서 실적이 향상되도록 계속적으로 동기를 부여해야 한다.

15
양보한다

상호 동기를 부여하기 위해서는 상호 양보하고 상대방을 챙겨 주고 상대방에게 관심을 가져 줘야 한다. 정해진 기간 안에 특정한 프로젝트를 수행하라고 정신적인 자극을 주고 그러한 필요성을 언급하는 것보다는, 상대방을 진정으로 인정해 주고 이해해 주는 것이 중요하다.

사실 내가 알고 있는 것은 아무것도 아니다. 내가 많이 알고 있고 내가 상대방보다 더 나은 사람이라고 생각하는 것은 자기만의 착각이다. 가장 중요한 것은 자기만의 실력을 스스로 쌓되 타인이 가진 실력을 인정해 주고, 타인이 자기보다 경우에 따라서는 수십 배 혹은 수백 배 더 뛰어난 사람이라는 것을 인정해야 한다.

결국은 상대방의 입장에서 상대방을 위한 정책을 써야 한다. 가장 중요한 사실은 상대방도 능히 자기와 같은 능력을 지니고 있으며,

자기가 이룩한 성과가 장기간에 걸쳐서 그것을 이룬 것이라면 상대방은 조금만 주의를 기울이면 자기보다 더 빠른 속도로 그것을 이룰 것이라는 생각을 가져야 한다.

그러므로 특별한 목적으로 상대방을 동기부여 하기 위해서는 그 특별한 프로젝트를 겨냥해서 그것을 주입하고 그것에 열중하라고 말을 하기보다는 그냥 온전히 그 사람을 위한 마음으로 그 사람에게 모든 것을 양보한다는 미덕을 보여야 한다. 그러면서 자기는 온전히 특별 프로젝트를 몸으로 실행하는 것이다. 즉, 상대방이 자기를 따라오라고 말을 하기보다는 상대방이 실제적으로 그 일에 대해서 관심을 가지고 자발적으로 흥미를 보일 수 있는 기반을 잡아 주는 것이다.

그러한 기반을 잡아 주는 가장 기초적인 토대가 되는 것이 바로 상대방의 기분을 좋게 하는 것이다. 상대방에게 겸허하고 겸손한 마음을 보이고, 정중한 태도로 상대방을 대해야 한다. 그러면 상대방은 분명히 당신에게 호감을 보이게 될 것이고, 당신이 하는 일에 대해서 관심을 보이게 될 것이다.

로버트 차알디니가 말하는 설득의 법칙에서처럼 사람은 자기에게 호감을 갖는 사람, 자기가 호감을 느끼는 사람에게 친근감을 느끼고 그러한 친밀감에 기인하여, 그 사람이 하는 일에 대해서 관심을 가지게 된다는 점을 알아야 한다.

가장 좋은 것은 상대방에게 양보의 미덕을 발휘하여 상대방이 자기 주도적으로 자기 역량을 증진시키기 위해서 자기가 하는 일에 대해서 책임감을 가지고 행동하도록 하는 것이다. 더 이상적인 경우는 상대방이 주도적으로 행동하도록 섬기는 것이다. 사람은 자기가 주도권을 가지고 있다고 생각하면 자발적이고 능동적으로 행동하려는 속성이 있다.

또한 자기가 하는 일에 대해서 자기가 전적으로 책임을 져야 한다고 생각하면 자기에게 주어진 책임을 다하기 위해서 적극성을 보이게 마련이다. 따라서 일의 결과에 대해서도 모든 것을 당사자가 책임을 지도록 함으로써 가능한 상대방으로 하여금 일에 대한 보람과 성취감을 느끼도록 하는 것이 좋다. 아울러 상을 받아야 하는 사항이나 칭찬을 받고 인정을 받아야 하는 상황에는 늘 상대방이 좋은 포상을 받을 수 있도록 하고, 질책이나 꾸중을 들어야 하는 사항에 대해서는 본인이 전적으로 책임을 껴안도록 해야 한다.

사실 양보한다는 것은 타인에 대해서 타인보다 자신이 낮은 곳에 거하는 태도를 보이는 것을 의미한다. 상대방보다 자신의 위치를 낮은 곳에 두는 것이다. 양보는 상대방을 위하는 너그러운 마음이고, 상대방을 이해하는 따뜻한 마음이며, 상대방을 배려하는 마음이다. 즉, 자기보다 상대방을 먼저 생각하는 마음의 발로가 바로 상대방을 동기부여 시키는 것이다.

16
계속 두드린다

단 한 번의 변화 관리로 모든 것이 변할 수는 없다. 어느 시인의 말처럼 "대추나무에 대추가 열리기 위해서는 수많은 천둥과 번개를 동반한 고통을 견뎌 냈기에" 그러한 열매를 맺게 된 것이다. 사실 뭔가의 열매를 맺기 위해서는 수많은 고통과 수고를 필요로 한다. 그러므로 누군가와 함께 상호 동기를 부여받기 위해서는 서로가 서로를 위해서 계속적으로 끊임없이 변화 관리를 해야 한다.

단순히 내가 하는 변화 관리가 아니라, 함께 공존하면서 새로운 생각과 새로운 신념과 새로운 각오를 가지고서 끊임없이 두드려야 한다. 그러기 위해서는 서로가 서로를 격려하고 응원하고 확인하고 평가하고 조언해야 한다.

서로가 약속을 정해서 목표를 달성하는가를 서로가 평가하면서 잘된 점과 잘못된 점을 상호 지적하고 서로 조언을 하면서 함께해야 한다. 일례로 목표를 달성해야 하는 시점이 다가오면 그에 대한 일정을 상대방이 인지하도록 문자를 보내 주는 것이다. 또한 서로가 하고자 하는 목표를 향한 준비 과정에서 더 좋은 정보가 있다면, 그에 따른 유용한 정보를 상대방에게 제공해 주어야 한다. 그래야 상호 동반 성장을 기약할 수 있다.

서로 챙겨 주는 것이다. 서로 격려하는 것이다. 특히 어렵고 힘든 상황에서는 서로가 동료애와 전우애를 가지고서 힘든 상황을 견뎌 내기 위해서 안간힘을 써야 한다. 서로에게 응원의 메시지를 보내고 십시일반의 마음으로 서로의 아픔을 함께 보듬어 안아야 한다. 그래야 그로 인해서 더욱 힘을 내게 되는 것이다.

혼자가 아니라는 사실, 둘이 함께한다는 사실, 그리고 어렵고 힘든 상황에서 누군가에게 도움을 주고 누군가를 도울 수 있다는 사실만으로도 성장과 발전에 큰 힘이 된다.

▼
▼
▼
▼

17
주고받는다

사람은 일반적으로 다른 사람에게 뭔가를 받으면 그것에 대해서 보은하려는 심리적인 특징을 가지고 있다. "기브 엔 테이크Give and Take"라는 말이 있듯이 먼저 주면 그로 인해서 받게 된다. 이것이 상호성의 법칙이다. 이러한 심리를 이용하여 상대방을 동기부여 하는 것이다.

극단적인 말로, 상대방을 동기부여 하기 위해서는 어느 정도 상대방을 가르쳐야 한다. 상대방이 어느 정도 말귀를 알아듣는 정도에 이르도록 상대방을 가르쳐야 한다는 것이다. 그래야 어느 정도 레벨이 맞게 되고 그 수준에 머물러야 진정으로 동기를 부여할 수 있다.

또한 함께 가는 여정에 새로운 창조적·혁신적인 방안을 수립하여 오래도록 여행하는 목적지를 향해 함께하는 동반자가 될 수 있다. 상호 교류를 하는 것이다. 상호 소통을 하는 것이고, 상호 정보를 나누는 것이고, 상호 의견을 나누는 것이다. 허심탄회하게 말이다. 자주 보면 볼수록 호감을 갖게 되고 자주 티격태격하다 보면 있는 정 없는 정이 다 들게 되어 있다.

그러므로 일단은 서로 자주 접하면서 서로에 대해서 친밀감을 갖는 것이 중요하다. 왜냐하면 서로가 서로를 모르는 상태에서는 서로에게 맞는 조언을 할 수 없고, 서로가 잘 알고 있다고 하더라도 서로에게 인정을 받지 못하는 관계라면 상대방의 말에 대해서 신빙성을 느끼지 못하기 때문이다.

그러므로 상대방에게 믿음을 주어야 한다. 사람은 시간이 지나 봐야 그 사람이 진국인지를 알게 된다고 말한다. 이처럼 상대방이 진정으로 자기를 위하는지 서로가 교류해 봐야 한다. 그래서 서로 맞지 않는 사항에 대해서는 상호 조율을 하여 서로의 역할에 대해서 충분히 맡은 바 소임을 다할 수 있도록 해야 한다.

그러기 위해서는 서로가 서로에게 요구하는 역량을 상대방이 갖도록 어느 정도 정보를 제공할 필요가 있다. 즉, 상대방이 자신에 대해서 어느 정도 알 수 있도록 공개 가능한 정보는 상대방에게 정보를 제공해서 무지에서 오는 장애물과 오해와 실수가 생기지 않도록 해야 한다.

관심이 있어야 움직인다

대형 마트에 가면 시식 코너가 있다. 그곳에서 시식을 한 사람은 그렇지 않는 사람보다 더 많이 구매를 한다는 것은, 그것을 공짜로 받아먹어서 미안해서 사는 것이 아니라 어느 정도 그에 대한 정보를 오감으로 알게 되었기 때문이다. 자기가 알기 때문에 그 앎에 기인하여서 그것을 구매하는 것이다.

물론 시식을 했는데 전혀 맛이 없었거나 혹은 시식을 해 보았는데 전혀 자신에게 좋은 인식을 주지 못했다면, 아마도 구입을 하지 않았을 것이다. 이런 경우 1차적으로 시식을 했다는 것은 어떤 경우든 그에 대한 정보를 알고 싶어 하는 적극적인 의사표시라는 것을 알 수 있다. 만일 그것에 관심이 없고 구매할 생각이 전혀 없는 사람은 시식도 하지 않을 것이다. 그러므로 시식을 함에 있어서 이미 구매를 생각을 했을 가능성이 높다.

이처럼 자기에게 어느 정도 관심 사항이 있어야 사람이 움직이게 된다. 이는 다시 말해서 상대방에게 동기를 부여하기 위해서는 서로 그 해당 분야에 대해서 호기심을 가지고 상호 대화를 나눌 정도의 내공을 먼저 채워 주어야 한다는 의미다. 탁구공을 서로 주고받기 위해서는 라켓을 사 주고 탁구 치는 기술을 어느 정도 가르쳐 주어야 한다. 그리고 나서 서로 연습 경기를 하고 또 시합을 하는 것이다.

또한 상대방을 동기부여 하기 위해서는 어느 정도 상대방에게 자기가 어느 정도의 탁구 수준을 지니고 있으며 서로가 탁구 경기를 함에 있어서 상호 지켜야 하는 에티켓과 경기 규칙 등 탁구에 대한 정보를 제공하고 가르쳐 주어야 한다. 그래야 서로가 불쾌감을 주지 않고 상대방에게 어느 정도 그 역할을 수행할 수 있게 되고, 자기 역시 그에 따른 대응을 하게 되는 것이다.

서로의 실력을 상향평준화해야

중요한 것은 서로가 상대방의 발전을 위해서 최선의 노력을 해야 한다는 점이다. 자기 실력을 향상시키는 것이 타인의 실력을 향상시키는 것이고, 타인의 실력을 향상시키는 것이 자기의 실력을 향상시키는 것이다. 그러므로 자기가 타인 대비 부족한 점이 있다면, 그것을 보충해 주고 채워 주기 위해서 힘써 노력해야 한다.

　서로에게 힘을 주어야 한다. 만일 그렇지 않고 함께 교류하고 상호 관계를 하는 것이 서로에게 짐이 되고 부하를 주는 경우라면, 차라리 교류하지 않는 편이 낫다.

　서로 만날수록 실력이 상향평준화되어야 한다. 그러므로 서로의 실력이 일취월장하는 단계에 이르도록 보이지 않는 곳에서 각자 부단히 노력해야 한다. 눈을 씻고 다시 봐야 하는 정도로 실력이 향상되었다는 '괄목상대'라는 말이 있는데, 그러한 사람이 되어야 한다.

　사람은 누구나 자기가 타인보다 잘하는 분야가 있기 마련이다. 그 분야에 대해서 상대방에게 힘이 되어 주어야 한다. 만일 실력이나 일에 대해서 부족하다면, 다른 취미나 상대방보다 잘하는 것을 이용하여 상대에게 도움을 주는 관계가 되어야 한다. 그래야 좋은 관계가 유지 · 발전되는 것이다.

　서로가 서로에게 힘이 되어 주는 관계가 되어야 한다. 그러기 위해서는 진정으로 상대방이 필요로 하는 힘이 무엇이고, 상대방에게 부족한 것이 무엇인지에 대해서 알고 있어야 한다. 그래서 상대방이 원하는 것을 원하는 시점에 줄 수 있는 능력을 지녀야 한다.

내가 가진 것을 내려놓아야

내가 가진 것이 있어야 남에게 줄 수 있다. 내가 가진 것이 없는 상태에서는 남에게 줄 수 없다. 그러므로 늘 자기 실력을 키우고, 그것을 타인을 위해서 기꺼이 내려놓는 희생과 봉사의 정신이 있어야 한다.

기술과 정보와 능력은 공개하고 함께 나눌수록 커지게 마련이다. 자기가 가진 실력이 뭐가 그리 대단한 것이라고 내놓지 않는 사람이 있는데, 그러해서는 결코 큰 성장을 기대할 수 없다. 그러므로 크게 성장하기 위해서는 자신이 가진 것을 내려놓고 타인에게 정보를 기꺼이 제공해 주어야 한다. 그래야 타인이 그로 인해서 성장을 거듭하는 것이다.

지식과 정보는 나눌수록 눈덩이처럼 커지게 마련이다. 그러므로 점진적으로 그것을 키워 가는 노력을 해야 한다. 즉, 시간이 지나면 지날수록 서로가 서로의 내공에 힘이 되어 주고, 그 힘을 합쳐 역량을 발휘할 수 있는 업무 프로세스를 정해서 함께 도전하고 도약해야 한다.

이에 더하여 상호 동기를 부여하면서 상호 성장을 오래도록 유지하기 위해서는 서로가 서로에게 겸손해야 하고 서로가 힘이 되려고 노력해야 한다. 혼자서 하면 쉽게 지치는 것도 함께하면 즐겁게 할 수 있다. 그래서 "빨리 가려면 혼자 가고 멀리 가려면 함께 가야 한다."고 말한다.

영광을 재현하자

실전적인 체험을 바탕으로 실전 동기부여의 기술에 대한 책을 출간하는 이 시점에, 수많은 동기부여의 기술 중에서 가장 크게 동기부여의 힘을 주는 것은 무엇일까에 대해서 생각해 보았다. 그 결과, 과거의 영광을 재현한다는 생각을 갖는 것이 가장 강한 동기부여의 힘을 주는 것이라는 결론이 내려졌다.

내가 처한 현실에서 벗어나 많은 사람들의 스포트라이트를 주목을 받았던 과거의 영광을 재현하고 싶기 때문이다. 물론 나에게 가장 강한 동기를 부여하는 것이 타인에게도 강한 동기를 부여하는 단초가 되는 것은 아니다. 권고의 지혜다. 상황마다 다르며, 사람마다 다르기 마련이다.

현재 나에게 가장 강한 동기를 부여하는 단어는 바로 과거의 영광을 재현하는 것이다. 현재 내가 처한 현실이 너무도 비참하고 참담한 현실이기에, 최소한 과거에 누렸던 영광과 영화 이상의 수준으로 생활수준을 끌어올려야 한다는 생각이 지배적이다.

이유야 어떠하든 현재 상태에 머물지 않고 좀 더 새로운 세상을 향해 과거의 영광을 재현하려는 신화창조의 주역이 되고자 하는 결연한 마음을 가지고 있다는 것이 중요하다. 그렇다. 동기부여는 자기의 마음을 놓지 않는 것이고, 자신의 삶을 포기하지 않는 것이다. 끝까지 될 때까지 계속하는 근성이 동기부여의 힘의 원천이 되는 것이다.

가족을 위해서 사랑하는 사람을 위해서 자기를 희생하고 헌신하는 동기부여의 힘보다는 한(恨)을 품고 열정을 다하는 힘이 강한 동기를 부여하고 강한 행동을 유발한다. 갑으로부터 많은 횡포를 당한 을의 위치에서 배앓이를 하고, 체면을 구기고 자존심에 상처를 받고 몸과 마음에 피멍이 들어 본 경험이 있어야, 그것이 진정으로 오래가는 동기부여의 힘이 된다.

사람의 기억을 오래도록 기억하게 하는 것은 크게 두 가지로 구분할 수 있다. 계속적으로 반복하는 것, 그리고 강한 충격을 받는 것이다. 강한 충격을 받았던 과거의 상처, 강한 추억으로 다가오는 과거의 영광, 그것을 매일 수십 번씩 생각한다. 그러기에 10년째 계속해서 끊임없이 집필하면서 강의를 하고 있다.

과거의 영광에 그대로 안주했으면 결코 맛볼 수 없는 피땀 어린 맛을 봤기에, 이제는 과거의 영광보다 더 큰 성공적인 신화를 반드시 이뤄 낼 것이라는 생각, 희망찬 미래를 여는 열정의 화신이 될 것이라는 생각을 어느 한순간도 놓친 적이 없다.

기회라는 녀석은 분명히 오게 되어 있다. 평생에 걸쳐 세 번만 있는 것은 아니다. 기회는 수없이 많이 있다. 그런 수많은 기회 중에서 단 하나만을 잡아도 된다. 그 기회도 제대로 잡아야 한다. 그런 기회를 제대로 잡기 위해서는 결코 현실에 안주하거나 과거에 머물러서는 안 된다. 기회라는 녀석은 현재와 과거에 있지 않고 미래에 있기 때문이다. 그러므로 미래의 희망을 향하여 1분 1초의 촌음도 헛되이 쓰지 말아야 한다.

그러한 노력의 힘이 바로 동기부여의 힘이다. 그러므로 그 힘을 오래 가지고 있는 자가 가장 많은 기회를 잡는 것이고, 그러한 기회를 잡기 위해서 부단히 노력하는 사람이 바로 동기부여의 힘이 강한 사람이라고 볼 수 있다.

세상에 공짜는 없다. 얻기 위해서는 주어야 하고, 열매를 맺기 위해서는 꽃을 피워야 하고, 씨를 뿌려야 열매를 맺을 수 있다. 그냥 가만히 앉아 있으면 아무것도 얻지 못한다. 발품과 머리품과 손품을 팔아야 한다. 무엇이든 팔아야 한다. 그중에서 동기부여의 특효가 가장 큰 품은 바로 '마음 품'이다.

자기 마음 안에 잠자고 있는 잠재 능력이라는 마음을 깨우는 품을 팔아야 하고, 자기감정에 부화뇌동하고 나태하게 하는 감정을 박멸하기 위해 마음의 품을 팔아야 하고, 아무것도 하기 싫고 아무것도 생각하기 싫은 생각을 없애기 위한 마음의 품을 팔아야 한다. 그래야 성공하고 그래야 과거의 영광을 재현할 수 있다.

잘나가는 사람에게 사람이 몰리고, 돈이 있는 사람에게 돈이 몰리고, 행운이 있는 사람에게 행운이 몰리게 되어 있다. 빈익빈 부익부 현상이 가속화되고 있는 것이다.

돈 없고 권력이 없으면 사람들이 아주 우습게 생각한다. 갑의 위치에 있다가 을의 위치에 내려와 보면 알게 된다. 돈이 없고 권력이 약하고 배경이 없는 것이 얼마나 큰 비애이고 고통인지를 말이다. 그런 경험을 하고 나면, 누가 굳이 말하지 않아도 저절로 자기 스스로 동기부여가 된다. 동기부여에 대한 자극을 주는 가장 좋은 시금석이 바로 자기 자신이기 때문이다. 더 이상은 과거와 같은 치졸한 꼴을 당하지 않기 위해서 힘껏 노력하여 자기 인생을 개척하는 것이다.

사실 동기부여는 이론으로 설파하고 학문으로 연구해야 하는 것이 아니다. 동기를 부여받는 대상에 따라, 동기를 부여받는 사람이 처한 상황에 따라 다르고, 그 사람의 감정 상태에 따라 달리 해석을 하게 되며, 그 사람이 처한 환경과 시간적인 여건과 수백 가지의 조건들이 어우러져 만들어지는 것이기 때문이다. 그것은 삶의 실천에서 비롯된다. 그것도 을로서의 삶을 살아 봐야 하고 갑의 위치에서 부족한 것 없는 풍요로움을 느껴 봐야 한다.

자기가 귀족적이고 특별한 문화를 접해 보고 슈퍼 갑질을 하면서 만인지상의 특혜를 풍요롭게 누려 봐야 한다. 갑의 위치를 경험해 보지 않으면 영영 그런 세상이 있을 것이라는 것을 상상도 하지 못한다. 1층에서 사는 사람은 5층에서 사는 사람들이 바라보는 세상을 바라볼 수 없고, 5층에서 사는 사람들은 50층에서 사는 사람들이 바라보는 광경을 볼 수가 없다. 아니, 상상도 하지 못한다. 본 적이 없기 때문이다.

세상에는 평범한 사람으로서는 혹은 을로서는 결코 상상할 수 없는 세상을 사는 사람들이 있다. 바로 슈퍼 갑질을 해대는 사람들이다. 그런 사람들이 누리를 혜택을 한번 누려야 한다.

흔히 우스갯소리로 돈벼락을 한번 맞아 보고 싶다고 말한다. 그런가 하면, 로또가 당첨되면 오히려 더 불행한 삶을 살게 되기에 로또가 당첨되지 않은 것에 감사하게 생각하라고 말한다. 그런 말을 들으면, 불행해도 좋으니 한번 로또에 당첨되어서 여한 없이 돈을 한번 쓰고 싶다는 생각을 하는 사람들이 많다.

슈퍼 갑질로 인해서 억울한 짓을 당하면 슈퍼 갑질을 하는 사람을 욕을 하지만, 속으로는 자기도 그런 슈퍼 갑이 되고 싶다는 생각을 하게 된다. 그래서 자기가 갑이 되지는 못했지만, 자기 자식만은 갑으로 만들기 위해서 좋은 대학에 보내고 계속해서 자식 교육에 투자를 하는 것이 아닌가?

그렇다. 슈퍼 갑이 되어 보자. 언제까지 을로만 살 수야 없지 않은가? 그에 대한 해답을 이 책에서 구하기를 바란다. 오늘은 을이어도 내일은 갑으로 살겠다는 생각을 해 보자. 오늘은 돈에 쪼들리게 살지만, 내일은 넉넉하게 살게 될 것이라는 희망을 잃지 말자.

반드시 꿈은 이루어지게 되어 있다. 단, 그 꿈이 자기의 꿈이라는 것을 인지하면 된다. 그래서 계속 반복하고 그 꿈을 이루는 순간에 많은 충격을 받아 왔던 지난날을 대한 보상을 받게 될 것이라는 생각을 하자. 그러면 그것으로 인해서 자기가 더 큰 세상을 보게 될 것이다.

이 책을 읽으려고 손에 책을 잡는 순간, 당신은 이미 을이 아니다. 이제는 갑이다. 아울러 이 책에 있는 내용을 실천하고 이를 경험적인 자산으로 바꾼다면, 당신은 슈퍼 갑이 누리는 삶을 살게 될 것이다. 모쪼록 슈퍼 갑이 되어도 신의 성실에 입각하여 함께하는 모든 사람들에게 존경과 사랑을 받는 인간성이 제대로 된, 그야말로 슈퍼 갑중에서 가장 위대한 슈퍼 갑이 되기를 바란다.

일확천금을 노려서 슈퍼 갑이 된 돼 먹지 못한 슈퍼 갑이 되지 말고 졸부와 같이 사회적으로 지탄받는 슈퍼 갑이 되지 말아야 한다. 오리지널 양품의 슈퍼 갑, 세상 사람들에게 사랑과 존경을 받는 착한 슈퍼 갑이 되기 바란다.

김해원 동기부여연구소장

참고문헌

- **설득의 심리학**, 로버트 콩클린 지음/ 최달식 옮김, 아이템북스
- **설득의 심리학**, 로버트 차알디니 지음/ 이현우 옮김. 21세기 북스
- **동기부여의 힘**, 존 발도니 지음/ 이진원 옮김, 더난 출판
- **처신**, 이남훈 지음, RNK (랜덤 하우스 출판사)
- **사람을 쓰는 용인술**, 김성회 지음, 쌤앤파커스
- **모티베이션 경영**, 노무라종합연구소 지음, 이데이릴에듀
- **백만불짜리 설득**, 크리스 세인트 힐레어외 지음/ 황혜숙 옮김, 비즈니스북스
- **세일즈 끝내기 기법**, 브라이언 트레이시 지음/서기만 옮김, 비즈니스 맵
- **당신 자신이 되라**, 양창순 지음, 랜덤하우스 중앙
- **동기를 부여하는 모티베이터**, 조서환 지음, 책든 사자
- **유쾌하게 자극하라**, 고현숙 지음, 올림
- **지면서 이기는 관계술**, 이태혁 지음, 위즈덤하우스
- **마음력, 우종민 지음**, 위즈덤 하우스
- **패턴 PATTERN**, 커버 서프라이즈 지음/ 박지훈 옮김, 쌤앤파커스
- **품격**, 이시형 박사 지음, 중앙 Books
- **셀프대화법**, 이정숙 지음, 해냄
- **오래가는 소통**, 이경진 지음, 책과 나무
- **직장인 팔로워십**, 김해원 지음, 책과 나무
- **암시대화법 54가지**, 나이토 요시히토 지음/ 유준칠 옮김, 수화재
- **준비된 습관**, 후나이 유키오 지음, 김수경 옮김, 더난출판사

- **삶을 재정비 하는 법**, 전성민, 김원중 지음, 리드잇
- **나도 몰랐던 나만의 끼**, 와시다 고야타 지음, 이경미 옮김, 징검다리
- **미치도록 나를 바꾸고 싶을 때**, 안상헌 지음, 북포스
- **비전으로 가슴을 뛰게 하라**, 켄 블랜차드, 제시 스트너 지음, 조천제 옮김, 21세기 북스
- **열정의 중심에 서라**, 백정군 지음, 오늘의 책
- **자극**, 안성헌 지음, 쌤앤파커스
- **자기대면**, 마리오 알론소 푸의 지음/ 공지민 옮김, 아름다운 사람들
- **팔지 마라 사게 하라**, 장문정 지음, 쌤앤파커스
- **가슴 뛰는 삶**, 강헌구 지음, 쌤앤파커스
- **설득의 논리학**, 김용규 지금, 웅진지식하우스
- **자신감**, 로버트 앤서니 지음, 이호선 옮김, 청림출판
- **언품**, 이기주 지음, 황소북스
- **결핍을 즐겨라**, 최준영 지음, 림효 그림, 추수밭
- **마키아벨리의 인생지략**, 나이토 요시히토, 박지현 옮김, 더난 출판
- **사교의 기술**, 마빈 토마스, 전소영 옮김, 해바라기
- **프라임 타임**, 베레나 슈타이너 지음, 김시형 옮김, 위즈덤하우스